裁判事務手続講座［第21巻］

書式 成年後見の実務

第三版

―申立てから終了までの書式と理論

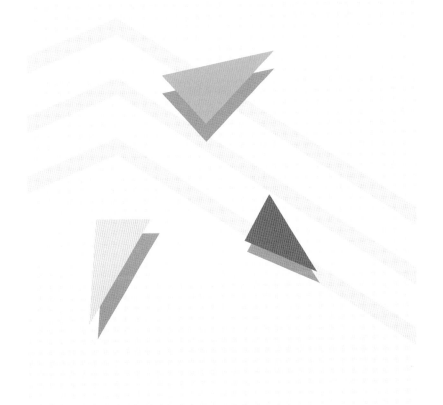

坂野征四郎 著

発行 民事法研究会

第三版はしがき

本書は、平成20（2008）年に初版を、平成25（2013）年に新しい家事事件手続法および家事事件手続規則の制定を踏まえて第二版を発行した。

今回は第二版の発行後新しく設けられた、成年被後見人に宛てられた郵便物等を成年後見人に配達（回送）すべき旨の申立ての制度（民法860条の２、家事事件手続法別表第一12の２の項）や成年被後見人の死後事務の許可申立ての制度（民法873条の２、家事事件手続法別表第一16の２の項）についての説明および書式のほか、全体を通して若干の記述の修正を加え、第三版として発行する運びとなった。

本書は、単なる書式本ではなく、成年後見関係事件の全容を体系的に説明し、これに書式例を加えたものである。成年後見制度を体系的に把握したうえで、個々の具体的事案に即し、当該事案についてどのような申立てが適切であるかを検討・選択し、目的に適合した申立書等を作成していただくことを狙いとするものあり、こうしたコンセプトは初版以来貫いている。繰り返しになるが、本書が実務家および市民の方々に少しでもお役に立てば幸いである。

なお、申立てにあたって必要な書類（添付資料、予納郵便切手を含む）は、家庭裁判所ごとに異なるため、申立てをする家庭裁判所に事前に確認していただきたい。

最後に、今回の改訂にあたっては、民事法研究会代表取締役の田口信義氏および田中敦司氏、松下寿美子氏、雪野奈美氏に多大な激励およびご支援を賜ったことに感謝を申し上げたい。

平成31年１月

弁護士　坂野　征四郎

はしがき（初版）

従来、家事事件全般について、『書式　家事審判・調停の実務（裁判事務手続講座第３巻）』（二田伸一郎・小磯治著、民事法研究会）が発行されていたが、人事訴訟法その他の法改正・施行を機に、これらの改正を取り込む一方、成年後見に関する部分を削除したうえで、平成16年６月に『書式　家事事件の実務〔全訂四版〕』が発行された。

そこで、上記経緯や新しい成年後見制度が施行後約７年を経過し運用も定着しつつあることを踏まえ、本シリーズの一環として、成年後見の実務・書式を中心とした書籍の発行が民事法研究会より企画され、本書を出版する運びとなった。

本書の著述にあたっては、シリーズの性格上、基本的には従来のスタイルを維持しつつ、成年後見制度の運用については各家庭裁判所において迅速・適正な事件処理のために努力・工夫が重ねられていることに鑑み、参考のために、一般的な書式に加えて、東京家庭裁判所後見センターの書式等も紹介し、また、申立てに利用する方々のためのみでなく審判に携わる方々の参考にもなるように審判書・主文の記載例も加え、さらに、事案に応じてできる限り多様な記載例を紹介するように努めた。

なお、問題を含む事項については、意見にわたる記述も加えられているが、その点は執筆者の私見としてご容赦を願いたい。

書式については評価・位置づけが分かれており、「たかが書式」と位置づけて、自分なりのスタイルで申立書を作成される方々もおられる。しかし、書式は、申立てに必要な事項を過不足なく記載でき、また、点検・審査する立場の側においても多数の事件を迅速にかつ遺漏なく点検・審査できるように工夫された、その時点における実務の水準の表現といってもよく、その意味では「されど書式」である。その事件の特殊事情を記載したいときは別紙を添付するなどして、できる限り書式を利用されることをお勧めしたい。一方、各家庭裁判所における工夫の結果、最近では、申立書さえも当該裁判所独自の書式が現れるようになった。一般的な書式を用いても、申立ての受理を拒否されることはないと思われるが、事前に受付相談等において入手することが望ましい。

ともあれ、本書が成年後見関係事件に携わる方々、あるいは自ら当事者・関係者となる立場におかれた方々に少しでもお役に立てれば幸いである。

最後に、本書発刊にあたっては、東京家庭裁判所主任書記官佐藤彰氏に大変お世話になった。この場を借りてお礼を申し上げる。また、脱稿・発刊が大幅に遅れ、民事法研究会および担当者鈴木真介氏に対しご迷惑をおかけしたことをお詫び申し上げるとともに、同氏から激励やご協力を賜ったことにお礼を申し上げたい。

平成20年２月

成年後見実務研究会代表　坂野　征四郎

『書式　成年後見の実務〔第三版〕』

目　次

第5章　後見等開始の審判前の保全処分事件 …… 142

第9章　法定後見の終了・成年後見人等の任務の終了

凡　例

《法律》

法	家事事件手続法
規	家事事件手続規則
民	民法
旧民	平成11年法第149号による改正前の民法
任意後見、任意後見契約法	任意後見契約に関する法律
後見登記、後見登記法	後見登記等に関する法律
公証	公証人法
裁	裁判所法
人訴	人事訴訟法
精神保健福祉法	精神保健及び精神障害者福祉に関する法律
非訟	非訟事件手続法
民執	民事執行法
民訴	民事訴訟法
民訴費用	民事訴訟費用等に関する法律
民法改正法	民法の一部を改正する法律（平11法149）

《判例集等》

民集	最高裁判所民事判例集
家月	家庭裁判月報
判時	判例時報
判タ	判例タイムズ
金法	金融法務事情

《その他》

判タ1100号	野田愛子＝若林昌子＝梶村太市ほか『家事関係裁判例と実務245題』（判タ1100号〔臨時増刊〕）
判タ1165号	東京家裁後見問題研究会編著『東京家裁後見センターにおける成年後見制度運用の状況と課題』（判タ1165号〔臨時増刊〕）
東京家裁後見サイト	東京家庭裁判所ウェブサイト「後見サイト」〈http://www.courts.go.jp/tokyo-f/saiban/kokensite/〉

※書式・記載例について、東京家裁後見サイト等に掲載されているものについては、「(東京家裁後見サイト)」等と記した。それ以外は一般的用いられているものを掲載した。

序章　家事事件としての成年後見事件

Ⅰ　成年後見事件の位置づけ

家庭裁判所は裁判所法により家事事件を取り扱うべきものとされている（裁31条の３第１項１号）。家事事件は審判事件、調停事件およびその他の事件に大別され、さらに審判事件は法別表により別表第一事件と別表第二事件とに分かれる。

別表第一事件は、国家が後見的な立場から、重要な身分行為についての許可、認証または権利義務の付与もしくは剥奪などの処分を行う事件である。公益的事項に関する審判事件であって、争訟事件ではないから、当事者の任意による処分にはなじまず、調停事件の対象にはならない（法244条かっこ書）。これに対し、別表第二事件の対象事項は、争訟性を有するが、当事者の自主的解決が期待される事項であって調停にも親しむので、調停事件の対象にもなる。

成年後見事件のうち法定後見（後見、保佐および補助）関係事件は法別表第一１の項ないし54の項により別表第一事件に、任意後見関係事件も別表第一111の項ないし121の項により別表第一事件にそれぞれ属するので、結局成年後見事件はすべて別表第一事件に属することになる。

Ⅱ　準拠法（附：渉外成年後見事件）

成年後見事件は、民法、任意後見契約法、家事事件手続法、家事事件手続規則、民事訴訟法（31条・64条・93条・96条等）およびその他の特別法等に準拠して運用されている。

渉外成年後見事件については、平成19年１月１日に施行された、法の適用に関する通則法５条に規定が設けられ、従来の争点が立法的に解決された。すなわち、①わが国の裁判所がどの範囲まで裁判権を行使できるかという国際裁判管轄権の問題と、②準拠法の問題について、同法によれば、Ⓐ裁判所は、成年被後見人、被保佐人または被補助人となるべき者が日本に住所または居所を有するときは、外国人であっても、後見開始の審判等ができる、Ⓑ日本人が外国に住所または居所を有する場合も同様である、Ⓒいずれの場合も準拠法は日本法である、とされた。その結果、単に日本に財産を有するにすぎない外国人については後見開始等の審判ができないことが明瞭になった。そして、外国にある日本人については、精神鑑定や本人調査等につき事実上の障害を克服しなければならないことは従前指摘されていたとおりである。

なお、成年後見人等選任の審判等については同法35条を参照されたい。

Ⅲ　審理手続

1　審理の基本原理・特色

家事審判は、前述のとおり、裁判所が後見的な立場から、公益的事項について処分を行う手続であるから、裁量的処理を基本原理とする非訟手続であって、一般に非対審構造、職権主義、非公開主義がとられる。ただし、法は、別表第二事件については職権主義を基本としつつも当事者主義的手続も取り入れた。

成年後見事件は、別表第一事件であるから、上記非訟事件の原理が当てはまる。

2　審判手続における関係者の役割

(1)　役　割

成年後見事件の審判手続において登場する関係者は、申立人、手続代理人・代行者等、事件本人（以下、「本人」という）、裁判官、家庭裁判所調査官（以下、「調査官」という）、裁判所書記官（以下、「書記官」という）、裁判所事務官（以下、「事務官」という）である。これらの者の役割は次のとおりである。

申立人は後見等開始審判の申立てをし（これがなければ手続は開始しない＝

申立主義)、審理（証拠書類その他審判に必要な書類の提出、書記官・調査官による事情聴取・調査、裁判官による審問）に協力する負担を負う（法56条２項)。これらの協力がなければ申立てに関する審理が進行せず、場合によっては申立却下等の不利益な結果を招くことがある。代理人・代行者はこれらを代理・代行するが、家事審判手続においては申立人・本人から直接陳述を聴取する必要があることが多いので注意を要する。書記官は手続の進行管理ないしマネージメントのほか、調査・送付嘱託、記録の作成・公証事務、法令等の調査事務を行い、事務官はこれらを補助する。調査官は事実の調査・関係者間の調整、審問出席並びに意見陳述等を行う。そして、裁判官は事件進行についての決裁や審理（証拠書類・調査官の調査報告の検討、場合により申立人・本人・関係者等に対する面接や審問など）を行い、これに基づき審判をする。

⑵　従前からの変化

これら関係者の役割に関して、従前の「禁治産・準禁治産制度」からの重要な変化は２点ある。

第１は申立人の役割についてである。従前は家庭裁判所の後見的機能が手続面においても重視され、ややもすると、申立人らは、申立てをしさえすればあとは裁判所が面倒をみてくれるものという考え方に陥り、その結果、受付はしたものの申立人らの協力が得られず事件の進行が遅延してしまうという場合も多々あった。しかし、特に後見等開始審判申立事件は事件数も多く、従来のやり方では事件が滞留するおそれがあるので、申立人にも、手続を理解することおよび必要な情報を記載した書面や資料の提出、事情の陳述を求めるなどして、相応の負担を求める庁が多くなっている。

第２は調査官の役割についてである。従前、家事事件の解決処理にあたっては何もかも調査官調査、特に事前包括調査に任せきりにすることが多かった。新しい成年後見制度においても、施行後１～２年は、調査官の事前包括調査という形で、関係人（申立人・成年後見人等候補者、本人・親族その他の利害関係人等)、財産状態・収支状況、申立ての動機・目的・背景、場合により鑑定人候補者調査、親族間紛争の調整等も行っていたので、調査官の負担加重や事件処理の遅延を招いた。特に本人調査のための出張の著しい増加は調査官の他の事務を圧迫するようにまでなった。そこで、最近では、調査官調査偏重を改め、申立人自身や書記官の手続進行における役割を重視して、申立人にも準備等を十分に行うよう求め、申立人・成年後見人等候補者からの事情聴取や親族・利害関係人の意向照会等を原則として書記官または参与員が行うべきものとするなどして、調査官の負担を相対的に軽減する運営方策がとられるようになった。申立主義をとる以上、申立人が相応の負担を負い、また、事件の進行管理・マネジメントは本来は書記官の職責に属することに照らすと、こうした傾向は理にかなってもいる。そして、調査の範囲も包括調査（裁判官による調査命令において調査事項を限定せず、調査の範囲・事項を調査官の判断に任せる）から個別調査の原則（調査命令において調査の範囲・事項を必要と考えられる個別的事項に特定する。実際的には本人調査のみを原則とし、それ以外の調査は必要がある場合に限る）に変更している庁がほとんどである。

3　審理の方法

手続進行の方針を決定し、また、申立ての本体について審理・審判をするためにはいろいろな情報が必要である。成年後見事件においては、本人の判断能力が後見等開始または任意後見監督人選任をなすべき程度であるか（後見等開始または任意後見監督人選任の要件の具備）の判定および適任の成年後見人等の選任（これが後見等事務の適正化ひいては後見監督事務の負担の軽減にもつながる）が重要な２つの課題であり、そのためには本人の心身の状況、財産状態（財産・負債および収支の状況）、成年後見人等候補者・親族・利害関係人の状況、申立ての動機・目的等についての情報が必要である。

そして、これらについての情報を得るために、通常、以下のような審理方法がとられるが、家事審判手続においては、前述のとおり、職権探知主義がとられているので、訴訟手続のように口頭弁論主義、当事者（申請）主義などの制約を受けず、事案に応じた審理方法を選択できる。

(1)　事情聴取、照会、書類等の提出の促し

手続進行のために申立人・成年後見人等候補者・親族その他の利害関係人から事情を聴き、書面により意向等を照会し、並びに証拠書類等の追完、上

申書または誓約書等の提出を求めることなどである。通常は、事件の進行管理を職責とする書記官が行うが、事情聴取については参与員または調査官が行う場合もある。

⑵　調査嘱託・送付嘱託

家庭裁判所は、必要な調査を官公署その他適当な者に嘱託し、または銀行、信託会社、関係人の雇主その他の者に対し、関係人の預金、信託財産、収入その他の事項に関し必要な報告を求めることができるものとされている（法62条）。たとえば、本人の預金の入出金の状況や残高について銀行に照会（調査嘱託）をすることができる。回答に記録の写しなどの添付を求めることもある。また、書類の送付そのものを求める文書送付嘱託という方法もある（法64条１項、民訴226条）。これらは、裁判官が実施するか否かを決定し、実施するときは書記官が行う（規45条）。

⑶　調査官による調査等

家庭裁判所は調査官に事実の調査をさせることができ、調査官は、調査の結果を書面または口頭で報告し、意見を付けることができるとされている（法58条各項）。成年後見事件においては、後見等開始、成年後見人等選任に関する本人の意見の陳述を聴取し、あるいは代理権付与・保佐人または補助人の同意を要する行為の定めについて本人の同意の有無を確認しなければならないが、これらは通常、調査官が行っている。また、事案によっては、成年後見人等候補者・利害関係人、財産状態および申立ての背景事情等について調査をすることもある。

⑷　鑑　定

後見および保佐を開始するには、原則として医師等に鑑定をさせなければならず（法119条１項・133条）、その他の事件においても裁量的に鑑定が行われる場合がある。

成年後見事件においては、通常自然人である鑑定人が宣誓のうえで行う鑑定（民訴212条～216条）によっていると思われるが、官公署・法人等に対する嘱託（民訴218条）を排斥するものではないと解される。

⑸　審　問

家庭裁判所（裁判官）は、必要がある場合には、事実の調査の一方法として、審判期日を設定して、申立人、成年後見人等候補者、本人および利害関係人等に対する審問を行うことができる（法69条は審問を行うことができることを前提としている）。審問の対象となる者は原則としてその本人が出頭しなければならず、また、その手続は原則として非公開で行われる（法51条・33条）。調査官の出席や意見陳述を求めることもできる（法59条各項）。

成年後見事件においては、紛争事件や成年後見人等の選任が問題となる事件などにおいて必要な場合に審問が行われる。

審判期日を開いて行うほどの必要性もない場合には、事実上の面接という形で、進行に関する事情・意向聴取や調整を行う場合もある。

Ⅳ　土地管轄

1　通　則

⑴　基本事件の管轄

後見等開始事件および任意後見監督人選任事件（以下、「基本事件」という）は、いずれも本人の住所地の家庭裁判所が管轄裁判所とされる（法117条1項・128条1項・136条1項・217条1項）。

ところで、住所とは各人の生活の本拠であると規定されており（民22条）、生活の本拠とは、ある場所がある人の生活関係の場所的中心となっているという客観的事実とその地に定住の意思があるという主観的要素を総合して決定するものと解されているが、実務上は、住民登録地を基準とするのが一般であろう。住民票上の住所は実質上の住所と一致する場合が多いであろうし、住民票の写しという公証手段があって明確だからである。また、成年被後見人等の住所は後見登記事項であるから（後見登記4条1項2号）、実質上の住所を基準としたのでは、住所変更の場合に住民票写しによる証明ができず、困ることになろう。

したがって、単に本人が施設や病院に入所・入院しているというだけでは本人所在地の家庭裁判所が管轄裁判所となるわけではない。

しかし、本人が長期間住民登録地を離れて施設入所をしており、かつ、成年後見人等の候補者も施設の近くに居住しているというような場合には、事件の進行や後見等開始後の成年後見人等と家庭裁判所との連絡などの関係で、本人所在地の管轄家庭裁判所が事件を処理したほうがよいと思われる。本人所在地の家庭裁判所としては、住民登録の移転が可能であればそれをした後に後見等開始審判の申立てをするように促し、それができなければ事情を記載した書面の提出を求めたうえで自庁処理（法９条１項ただし書。２⑵(A)で後述）をすべきであろう。逆に、上記事情のある場合で住民登録地の管轄家庭裁判所に申立てがされたときは、家事事件手続法９条２項により、本人所在地の家庭裁判所に移送することも考えられる（２⑵(B)で後述)。

⑵　付随事件の管轄

成年後見等に関する事件は、後見等開始の審判をした家庭裁判所の管轄に属する。ただし、上記審判事件が係属中であるときは、その家庭裁判所の管轄に属する（法117条２項・128条２項・136条２項・217条２項)。

渉外事件については本章Ⅱを参照されたい。

2　管轄の調整

⑴　住所地、居所地、最後の住所地、最高裁判所の指定した地

(A)　日本に住所がないとき、または日本の住所が知れないとき

居所地の家庭裁判所が管轄裁判所となる（法４条)。住民登録は消除されているが施設に収容されている場合などは、この規定によることとなろう。外国に在住する日本人については、後見等開始の申立てはできることとなった（本章Ⅱ参照）が、外国にいるままでは精神鑑定や本人調査等が事実上困難で、手続をすることは実際上できない。そこで、日本に一時的に帰国をすればこの規定により手続をすることが可能となろう。

(B)　居所もないとき、または知れないとき

最後の住所地の家庭裁判所が管轄となる（法４条)。居所の知れない行き倒れ人などがこれに該当することになろう。

(C)　最後の住所地がないとき、または知れないとき

財産の所在地または最高裁判所が指定した地の家庭裁判所が管轄裁判所となる（法７条)。最高裁判所が指定する地は東京都千代田区である（規６条)。

⑵　移送・回付、自庁処理

(A)　管轄違いによる移送・回付、自庁処理

家庭裁判所は、申立てが管轄違いであったときは、これを管轄家庭裁判所に移送しなければならない（法９条１項本文)。本庁と支部または支部相互間の事件の事務分配（担当区域の定め）に反したときは回付によることとなる。ただ、移送・回付の事務手続・記録送付に時間を要するので、急ぐときは申立てを取り下げ、管轄裁判所に申立てをし直したほうがよい。ただし、事件を処理するために特に必要があると認めるときは、これを他の家庭裁判所に移送し、または自ら処理することができる（同項ただし書)。前段は非管轄家庭裁判所への移送を認めた規定であり、後段はいわゆる自庁処理を認めた規定である。

(B)　管轄権を有する裁判所による移送

家庭裁判所は、その管轄に属する事件について申立てを受けた場合でも、事件を処理するために必要であると認めるときは、他の家庭裁判所へ移送することができる（法９条２項)。

(C)　移送申立権・移送の審判に対する不服申立権の有無

移送については当事者に申立権は認められておらず、申立てをしても単に家庭裁判所に対し移送の職権発動を促す効力があるにすぎない。

しかし、移送をする審判に対しては当事者は即時抗告をすることができる（法９条３項)。

V　申立手続費用の負担

旧法下においては、審判の申立手続費用は原則として申立人の負担とされるが、「特別の事情」があるときは申立人以外の者に負担させることができるとされていた（旧家事審判法７条、旧非訟事件手続法26条本文・28条)。これに対し、家事事件手続法では、家事審判に関する手続の費用は、原則として各自の負担とされ（法28条１項)、事情により、上記負担者以外の者に負担させることができるものとし、その中には、審判により直接に利益を受けるものも規定された（同条２項３号)。成年後見事件の本人はこれに該当すると解される。

「事情」とは、旧家事審判法下と同様、費用を申立人等法定の負担者に負

担させることが公平の観点から妥当性を欠くとみられる事情をいうものと解されているが、市区町村長が申立てをする場合など、申立人自身のためではなく、もっぱら本人のために申立てをする場合は上記事情があるものとして、本人に手続費用を負担させることができるものと解される（小林昭彦＝原司『平成11年民法一部改正法等の解説』65頁・72頁）。

旧法下の実務においては、申立人が、家庭裁判所に対し、「上申書」などにより本人に対する費用負担の審判を促す申立てをし、家庭裁判所が、上記特別の事情の有無すなわち申立てに至る経緯や本人の資力などを参酌して、審判をしていたが、新法では、手続費用負担の審判を必ずすべきものとされた（法29条1項）。しかし、費用の本人負担の審判を求める場合には、「上申書」は意味を有する。

負担を命じる費用の範囲は、通常、証拠資料の提出を求めることなく記録上明らかな申立手数料（印紙代）、送達・送付費用（切手代）、鑑定費用および後見登記手数料（収入印紙代）などである。

〔参考書式序－5－1〕　手続費用本人負担の上申書

手続費用本人負担の上申書

本　人　秋　山　冬　朗

今般本人について後見開始の審判申立てをしましたが，本申立てはもっぱら本人のためにしたものであり，また，本人にはその負担の資力がありますので，家事事件手続法28条2項3号に基づき，本人に下記手続費用の負担を命ぜられたく上申します。

記

申立手数料	金800円
送達・送付費用	金○○○円
鑑定費用	金○○○円
後見登記手数料	金2,600円

平成○年○月○日

申　立　人　　△△県○○市長

春　山　夏　郎　印

○○家庭裁判所家事部御中

〔参考書式序－5－2〕　手続費用本人負担の主文例

<table>
<tr><td colspan="2" align="center">主　　　文</td></tr>
<tr><td colspan="2">1　（後見開始）
2　（成年後見人の選任）
3　本件手続費用中，下記の費用は本人の負担とする。</td></tr>
<tr><td colspan="2" align="center">記</td></tr>
<tr><td>⑴　申立手数料</td><td align="right">800円</td></tr>
<tr><td>⑵　送達・送付費用</td><td align="right">○○○○円</td></tr>
<tr><td>⑶　鑑定費用</td><td align="right">○○○○○円</td></tr>
<tr><td>⑷　後見登記手数料</td><td align="right">2,600円</td></tr>
</table>

Ⅵ　申立ての取下げ

旧法下においては、後見等開始の審判申立事件を含む家事審判事件一般について、審判申立ての取下げに関しては明文の規定がおかれていなかった。したがって、取下げができるか否か、できるとしてもその効力が制約される場合がないかという問題については解釈に委ねられていた。後見等開始の審判申立てに限っていえば、家庭裁判所の職権による後見等開始の制度は認められておらず、家庭裁判所は申立権者の申立てがなければ後見等開始の審判ができない。そして、後見等開始の審判申立ては申立権者の義務とはされていない。そこで、少なくとも当時の実務では特別な事情がない限り取下げを認める扱いが一般的ではないかとされていた（小林昭彦＝大門匡編著『新成年後見制度の解説』284頁・285頁）。取下げをするときは取下書を提出する。

実務においても、後見等開始の必要性の消滅、本人の死亡などの事情の変更その他の理由により取下げが行われていた。しかし、取下げを認めると妥当性を欠く事案も生じていた。たとえば、本人調査や精神鑑定が終了して後見等開始すなわち申立て認容の方向が決定され、いざ成年後見人等選定の段階になって、申立人自身あるいはその推薦した成年後見人等候補者以外の者を成年後見人等に選任するのが相当との方針を家庭裁判所が打ち出したとき、あるいは、申立人の希望どおりの成年後見人等を選任したうえ成年後見監督人等を付する方針を告げたときに、申立てを取り下げてしまう例があった。本人の身上監護や財産管理上成年後見人等選任の必要性が強い場合であっても取り下げてしまうことは、本人の利益保護上問題であり、さらに、従前の配偶者後見の原則を改めることにより、家庭裁判所が適任の成年後見人等を広く求めることができるようにした成年後見制度の利点が損なわれるおそれがあった。

新成年後見制度の下における後見開始の審判申立ての取下げの効力について、結論を異にする東京高等裁判所の２つの裁判例がある。いずれも、精神鑑定および調査官調査が終了した後、申立人自薦の成年後見人候補者が選任されないことが判明したため後見開始の審判前に申立てを取り下げたが、原審は、身上監護および財産管理の必要性を認め、取下げの効力を否定して、後見開始の審判をし、第三者後見人を選任した事例である。東京高等裁判所の２つの裁判例は、取下げの効力を否定した原審判を維持したものと、取下げの効力を認め原審判を取り消して終了を宣言したものとに分かれている（東京高決平15・６・６判例集未登載、同平16・３・30判時1861号43頁。これらの判旨は判タ1165号67頁～69頁参照）。

以上に対し、家事事件手続法は、後見等開始の審判申立ておよび成年後見人等の選任の申立ては、家庭裁判所の許可を得なければ取り下げることができないものとした（法121条・133条・142条）。これにより、裁判所が上記諸事情を考慮して、取下げの許否を決することとなった。

Ⅶ　事件記録の開示（閲覧・謄写、謄本・抄本等の交付、送付嘱託）

1　閲覧・謄写、謄本・抄本交付の可否の一般的基準等

⑴　旧法下における取扱い

家庭裁判所は、事件の関係人の申立てにより、これを相当であると認めるときは、記録の閲覧もしくは謄写を許可し、書記官をして記録の正本、謄

本、抄本もしくは事件に関する証明書を交付させることができるものとされていた（旧家審規12条１項）。すなわち、家事事件記録は、原則として非開示であり、家庭裁判所すなわち審判官が許可をした場合にのみ、その限度で開示されるものとされていたのである。その理由としては、家事事件記録には事件当事者の私生活、財産状態、生活内容、感情問題などに関する情報が含まれているから、これらに関する個人の秘密（プライバシー）保護の必要性があること、家事事件手続は非争訟性・非公開性等を特色とするから開示の必要性も少ないこと、調査官の調査報告書が開示されると、被調査者の裁判所に対する信頼が損なわれ将来の調査活動に支障を生ずるおそれがあること、などがあげられていた（山名学「記録の開示」岡垣学＝野田愛子編『講座・実務家事審判法１』157頁以下）。特に、成年後見事件の記録には、本人（成年被後見人等）の心身の状態、経歴、財産状態、親族関係およびその状況等、広汎で重要な情報が含まれているので、その開示には、慎重な配慮を要する（家事事件記録の開示全般については前記山名論文、調査官の調査報告書については判タ1100号576頁・567頁、成年後見事件については判タ1165号127頁～129頁）。

家庭裁判所が開示の拒否を判断するにあたっては、開示申請人と事件との関係（利害関係の有無）、開示の目的、開示の必要性（その資料価値・代替性の有無等）・相当性と個人の秘密・調査対象の秘密等を保護する必要性などを比較衡量していたのが一般の運用であったと思われる。また、開示を許可するにしても、閲覧と謄写を区別し（謄写はその写しが出回るおそれもある）、あるいは記録の全部を開示するか一部にとどめるかなど開示の態様を考慮する必要もあった。もし閲覧・謄写を許可できない場合でも、書記官ないし調査官がその資料等の要旨あるいはそれに含まれている情報の一部（開示して差し支えないもの）を口頭で伝えることにより目的を達し、開示をめぐる窓口でのトラブルを避けられることもあった。

したがって、開示を申請する際は、目的・必要性や利害関係などを具体的に記載すべきであるとされていた。

なお、開示の不許可処分については、不服申立ては認められていなかった。

⑵　新法における取扱い

新法においては、当事者または利害関係を疎明した第三者は、家事審判事件記録の開示を請求できるものとした（法47条1項・2項)。旧法下との違いは、旧法下では開示の許否は裁判所の裁量により決し、不許可処分に対し不服申立てが認められていなかったが、新法では、当事者による請求と利害関係人による請求とに分け、前者については、一定の事由に該当しない限り許可すべきものとし、不許可の裁判に対しては即時抗告ができるものとした点にある（法47条3項・4項・8項)。これに対し、利害関係人による請求の場合は、旧法下における取扱いとほぼ同様である。

なお、当事者または審判を受ける者が裁判書の正本・謄本・証明書を請求するには裁判所の許可を要しない（法47条6項)。

2　開示の可否が特に問題となるもの

⑴　精神鑑定書

精神鑑定書（以下、「鑑定書」という）には、他人、時には本人に対してさえも知らせるべきでない情報が含まれていることがあるので、開示することにより、本人や親族等のプライバシーを害し、あるいは鑑定人に圧迫が加えられ、将来の鑑定依頼に支障が出るなどのおそれがある。したがって、家事事件手続法47条4項により、原則として開示を認めるべきではない。

申立ての趣旨と異なる後見類型に該当する鑑定結果が出て申立ての趣旨の変更の要否を検討する必要が生じた場合や、審判後本人の判断能力の有無・程度に関する家庭裁判所の判断に対する不服を理由として即時抗告をする場合などには、開示が認められよう。

⑵　調査官の調査報告書

調査官の調査報告書を開示することは、関係人のプライバシー侵害、関係人間の感情的対立の激化や将来の調査活動に対する障害を招くおそれが強い。

法47条4項の解釈問題であるが、開示にあたっては、調査官の意見を聴き、事案に応じて非開示、部分開示、口頭による要旨の開示など、きめ細かい対応をすることが求められる。

⑶　財産関係記録

成年後見人等（保佐人・補助人にあっては代理権を有する場合）は財産管理の権限を有するので、本人の財産関係記録の閲覧・謄写が許される。

成年被後見人等の財産に関して紛争が存在するような場合には、成年後見人等以外の親族等から財産関係記録の閲覧・謄写が申請されることがあるが、本人の財産は個人の秘密に属するから、たとえ親族に対してであっても保護されるべきであり、また、開示により紛争を激化させ、あるいは、後見事務の遂行に重大な支障を招くおそれがあるから、開示を認めないのが相当であろう。厳密には、これらの者は法的な利害関係を有する者には該当しないと解される。ただ、成年被後見人等が死亡し、相続が開始したときは別である。法定相続人や受遺者は相続開始により遺産につき具体的な利害関係が発生しており、成年被後見人等はすでに死亡してその財産の秘密を保護する利益はなくなっているから、むしろ、その相続問題の解決に協力するのが望ましい。

3　送付嘱託等

民事訴訟において、成年被後見人等がした婚姻・養子縁組等の身分行為、遺言および契約等の能力の有無が争点となり、受訴裁判所から家庭裁判所に対し鑑定書等の送付嘱託（民訴226条）が行われることがある。これらの訴訟における証拠としての使用は、公開の法廷における証拠調べであるから、成年被後見人等の個人の秘密が暴露されてしまうおそれがあり、かつ、鑑定書を本来の目的以外に使用することにより鑑定人の信頼を害し、将来の鑑定依頼に支障を生ずるおそれもあるので、慎重な配慮が必要である。要証事実と当該記録との関連性、証拠価値、代替性の有無、鑑定人を証人として喚問する可能性などを検討し、確認したうえで送付の可否を判断すべきである。

〔参考書式序－7〕　家事事件記録等閲覧・謄写申請書

（名古屋家庭裁判所ウェブサイト）

申請区分	□閲覧　□謄写　□複製	
申請年月日	平成　　年　　月　　日	
閲覧等希望年月日	平成　　年　　月　　日	
事件番号	平成　　年（家　）第　　　　号	
当事者の表示	申立人等	
	相手方等	
	事件本人	
閲覧等の目的	□審判・調停準備　□その他（注1　　　　　）	
所要見込時間	時間　　分	
閲覧等の部分	注2	
申請人氏名		
資格	□当事者 □代理人 □利害関係人 □事件本人 □その他（　　　　　　）	
住所又は弁護士会		
連絡先	FAX	
	電話	

※「申請区分」,「閲覧等の目的」, 申請人の「資格」の各欄は, 該当する□に印を付し,「その他」に該当する場合は（　）内へ具体的に記入してください。

注1　閲覧・謄写を申請する目的を具体的に記載する。この記載は、閲覧・謄写の必要性、許否および許可の範囲等を判断する資料となるので、単に「訴訟のため」などとい

う記載では不十分で、「誰から誰に対する遺言無効確認訴訟（事件番号）」などと記載すべきである。紙面が不足であれば別に書面を添付しても差し支えない。なお、さらに口頭で詳細を質問されることもある。

注2　閲覧・謄写を申請する部分を具体的に記載する。単に「全部」などと記載するのではなく、※1の申請目的のため必要な範囲に限るべきである。ただし、第三者後見人等による申請の場合には、後見等事務遂行のためであると推認されるので、裁判所において適当と認める範囲で許可することになろう。

第1章　成年後見制度の概要

Ⅰ　成年後見制度の分類・概要

成年後見制度は、精神上の障害により判断能力が不十分な成年者を保護するための制度であり、大きく分けて法定後見と任意後見に分類され、さらに法定後見は、後見、保佐および補助の3類型に分類される（〈図1〉参照）。法定後見（後見・保佐・補助）の各制度の概要については、〔表1〕のとおりである。

従来、判断能力が不十分な成年者を保護するための制度として、「禁治産者・準禁治産者制度」およびこれを前提とする後見人・保佐人の制度があったが、諸種の問題点を抱えた制度であったため、平成11年の民法の一部改正等により、これを後見・保佐の制度として内容を改め、かつ、新たに補助の制度および任意後見の制度が新設された。

なお、主な手続の概要については、〈図2〉のとおりである。

〈図１〉　成年後見制度の概要

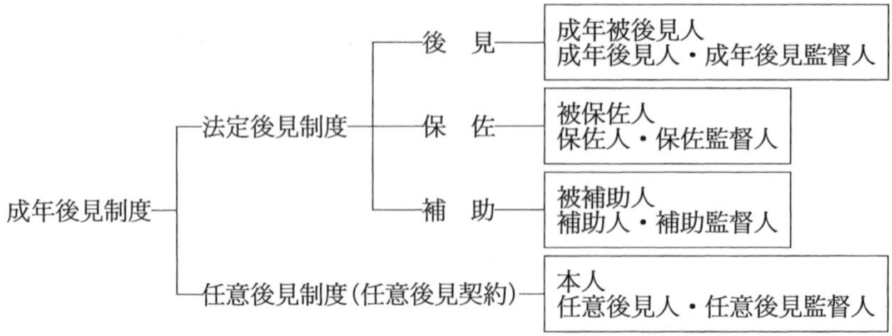

１　法定後見制度（後見・保佐・補助の制度）

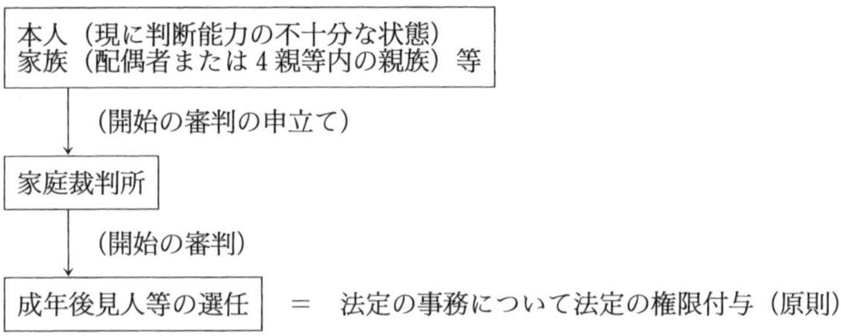

２　任意後見制度

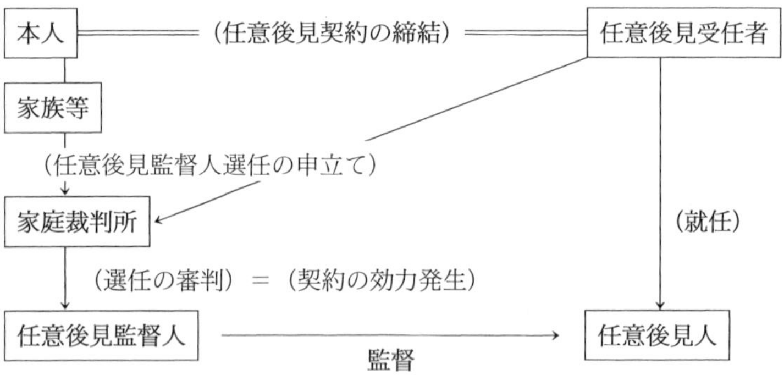

３　両制度の関係

- 原則　＝　任意後見による保護を優先　←　自己決定の尊重
- 例外　＝　法定後見による保護の開始　←　特に本人の利益のため必要がある場合

〈図２〉　成年後見制度に関する主な手続の概要図

民：民法　　①＝１項
任：任意後見契約に関する法律　　ⅰ＝１号
法：家事事件手続法
規：家事事件手続規則

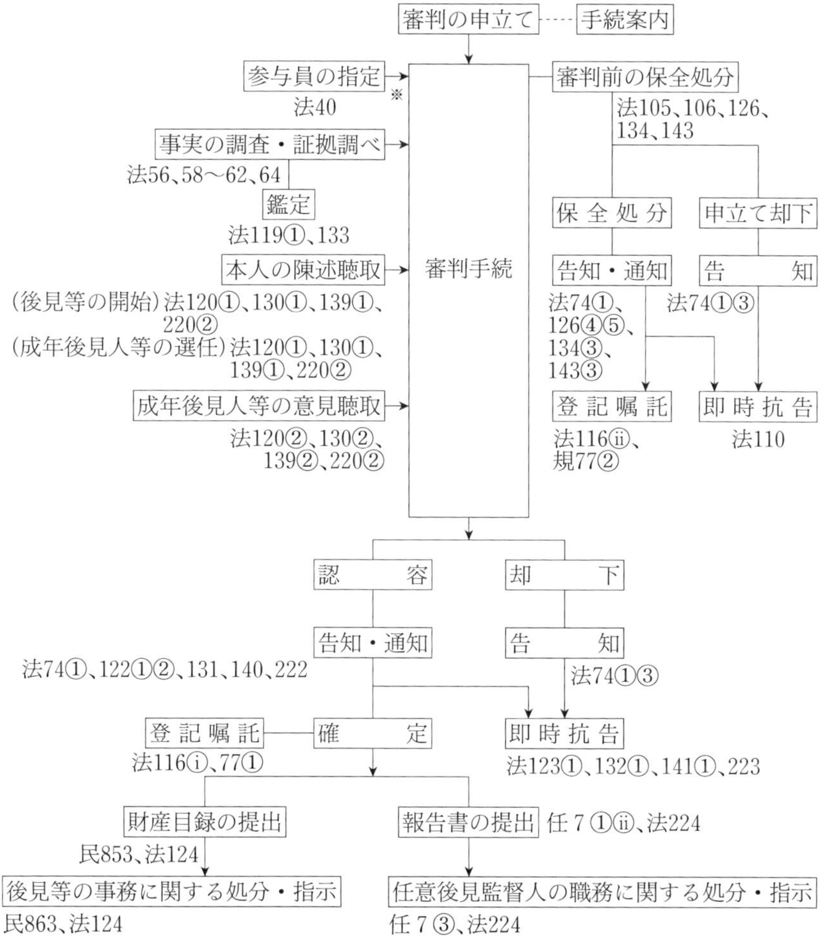

※最近、大庁では、申立て予約制を採用し、申立て時に参与員による事情聴取を行っている。

〔表１〕　後見・保佐・補助の制度の概要

		後見開始の審判（法別表第一１の項）	保佐開始の審判（法別表第一17の項）	補助開始の審判（法別表第一36の項）
		各審判の相互調整（民19条）		
要件	対象者（判断能力の程度）	精神上の障害（認知症・知的障害・精神障害等）により判断能力を欠く常況にある者（民７条）	精神上の障害により判断能力が著しく不十分な者（民11条）	精神上の障害により判断能力が不十分な者（民15条１項）
	鑑定	原則鑑定（法119条１項）	原則鑑定（法133条・119条１項）	診断結果等意見聴取（法138条）
開始の手続	申立権者	本人、配偶者、４親等内の親族、検察官、市町村長（※１）		
		（任意後見契約法10条＝任意後見契約が登記されている場合）任意後見受任者、任意後見人、任意後見監督人		
		未成年後見人、未成年後見監督人、保佐人、保佐監督人、補助人、補助監督人（民７条）	後見人、後見監督人、補助人、補助監督人（民11条）	後見人、後見監督人、保佐人、保佐監督人（民15条１項）
	本人の同意	不要	不要	必要（民15条２項）（※２）
機関の名称	本人	成年被後見人	被保佐人	被補助人
	保護者（職務選任）	成年後見人（民８条・843条）	保佐人（民12条・876条の２）	補助人（民16条・876条の７）
	監督人	成年後見監督人（民849条の２）	保佐監督人（民876条の３）	補助監督人（民876条の８）
同意権・取消権（※３）	付与される同意権の内容（対象となる行為）（取消権の対象となる）	日常生活に関する行為以外の行為（民９条）	民法13条１項各号所定の行為（１項各号所定以外の「特定の法律行為」の付与→民13条２項）	申立ての範囲内で家庭裁判所が定める「特定の法律行為」（民17条）
	付与のために必要な手続	後見開始の審判	保佐開始の審判	補助開始の審判 同意権付与の審判（民15条３項）
	付与についての本人の同意	不要	不要	必要（民17条２項）
	取消権者	本人・成年後見人（民120条１項）	本人・保佐人（民120条１項）	本人・補助人（民120条１項）

代理権（※4）	付与される代理権の内容（対象となる行為）	財産に関するすべての法律行為（民859条）	申立ての範囲内で家庭裁判所が定める「特定の法律行為」（民876条の4）	申立ての範囲内で家庭裁判所が定める「特定の法律行為」（民876条の9）
	付与のために必要な手続	後見開始の審判	保佐開始の審判／代理権付与の審判	補助開始の審判／代理権付与の審判（民15条3項）
	付与についての本人の同意	不要	必要（民876条の4第2項）	必要（民876条の9第2項）

※1　老人福祉法32条、知的障害者福祉法28条、精神保健福祉法51条の11の2
※2　本人以外の申立ての場合、本人の同意が審判の実体要件となる。
※3　取消権の対象外として、自己決定の尊重の理念から、日常生活に関する行為（民9条。日用品の購入、電気・ガス代、水道料等の支払い等）がある。最判昭44・12・18（民集23巻12号2476頁）の解釈と同様。
※4　代理権付与の対象となる法律行為は次のとおり。
①　財産管理に関する法律行為（預貯金の管理・払戻し、不動産その他重要な財産の処分、遺産分割、賃貸借契約の締結・解除等）
②　身上監護（生活または療養看護）に関する法律行為（介護契約、施設入所契約、医療契約の締結等）（法律行為に関連する登記・供託の申請、要介護認定の申請等の公法上の行為を含む）

1　後　見

(1)　対象者（成年被後見人）

後見の制度は、精神上の障害により事理を弁識する能力を欠く常況にある者を対象とする制度である（民7条）。

「精神上の障害」とは、身体上の障害を除くすべての精神的障害を意味し、認知症（老人性、初老期、若年性等）**（注1）**、知的障害、精神障害、疾病・事故等による脳機能障害を起因とする精神的障害を含むものである。「事理を弁識する能力」とは、法律行為をなすにあたってその利害得失（自己にとって利益か不利益か）を判断する能力を意味し、家庭裁判所の実務では「判断能力」との用語を用いている。また、「常況」とは、一時的に事理を弁識する能力を回復することはあっても、大部分の時間はその能力を欠いている状態が継続していることを意味する。

対象者の判断能力の判定方法に関しては、法119条1項において、原則として鑑定を要するものとし、「明らかにその必要がないと認めるとき」は、例外的に鑑定を要しないものとしている（注2）。

後見開始の審判の申立てがなされ、審理の結果、本人が「精神上の障害により事理を弁識する能力を欠く常況にある」と認められる場合には、後見開始の審判がなされ、後見開始の審判を受けた本人は「成年被後見人」となる（民8条）。

成年被後見人が自ら行った法律行為は、日用品の購入その他日常生活に関する行為を除き、これを取り消すことができるとされている（民9条）。

⑵　援助者（成年後見人）

家庭裁判所は、後見開始の審判をするときは、職権で、成年被後見人のために「成年後見人」を選任しなければならない（民8条・843条1項）。

従前の制度では、夫婦の一方が「禁治産宣告」を受けた場合、原則としてその配偶者が後見人となるとされていたが、本人が高齢者のときは、その配偶者も高齢であることが通常であり、必ずしも適任者とはいえない場合が多くあったため、現在の制度では、家庭裁判所が、成年被後見人（本人）の心身の状態並びに生活および財産の状況、成年後見人となる者の職業および経歴並びに成年被後見人との利害関係の有無、成年被後見人の意見その他一切の事情（注3）を考慮して、職権で、適任者を選任することととし、法人を選任することも可能となった（民843条4項）。

従前の制度では、責任分散による後見事務の停滞を避ける趣旨で、後見人は1人でなければならないとされていたが、本人の身上および財産の状況によっては、複数の成年後見人を選任したほうが本人の保護のために適切な場合があるため、現在の制度では、複数の成年後見人を選任することが可能となっている。

なお、数人の成年後見人がある場合において、権限の矛盾・抵触を防止するために必要があるときは、家庭裁判所は、職権で、数人の成年後見人が共同してその権限を行使しなければならない旨、または事務を分掌してその権限を行使しなければならない旨を定めることができる（民859条の2第1項・852条）。

⑶　援助者（成年後見人）の権限・義務等

成年後見人には、包括的な代理権およびこれに対応する財産管理権に加えて、日常生活に必要な範囲の行為以外の法律行為に関する取消権が付与される（民120条１項）。また、成年後見人がその職務（本人の生活、療養看護および財産の管理に関する事務）を行うにあたっては、本人の意思を尊重し、かつ、その心身の状態および生活の状況に配慮しなければならない（民858条）。

(A)　代理権・取消権

代理権の対象となるのは、本人の財産に関する法律行為である（民859条１項）。一方、自己決定の尊重の観点から、日用品の購入その他日常生活に関する行為については、取消権の対象から除外されている（民９条）。

代理権の対象となる「財産に関する法律行為」とは、財産管理を目的とする法律行為（たとえば、預貯金の管理・払戻し、不動産その他重要な財産の処分、遺産分割等）に限られず、財産管理と関連性のある身上監護（生活または療養看護）を目的とする法律行為（たとえば、医療・介護・施設入所の各契約等）およびこれらの法律行為に関連する登記の申請、要介護認定の申請等の公法上の行為や後見事務に関して生ずる紛争についての訴訟行為（訴訟の提起・追行等）も含まれるものと解されている。

なお、代理に親しまない遺言・身分行為（婚姻、認知等）等の一身専属的な行為については、代理権の範囲には含まれない。

取消権の対象から除外されている「日常生活に関する行為」とは、本人が生活を営むうえにおいて通常必要な法律行為を指すものと解されているが、具体的な範囲は、本人の職業、収入、資産、生活の状況、当該行為の個別的な目的等の事情のほか、当該法律行為の種類、性質等の客観的な事情を総合的に考慮して判断されることになる**（注４）（注５）**。

(B)　財産管理権

成年後見人には、財産行為に関する包括的な代理権が付与されているので、これに対応して、本人のすべての財産について包括的な財産管理権を有するものとされている（民859条１項）。

この「財産の管理」とは、財産の保存・維持および財産の性質を変更しない利用・改良を目的とする行為並びに処分行為をいうものと解されている。

(C)　身上配慮義務および本人の意思尊重等

成年後見人の行う身上監護や財産管理を目的とする事務は、通常、何らかの形で本人の身上に関連する事項が含まれていることから、民法858条において、成年後見人の義務として、後見の事務を行うにあたっては、自己決定の尊重の観点から、本人の意思を尊重し、かつ、本人の心身の状態および生活の状況に配慮すべき旨が定められている。

なお、この身上配慮義務等の対象は、後見の事務としての法律行為の遂行に限られ、現実の介護行為等の事実行為は含まれないと解されている。

(D)　財産の調査（財産目録の作成）

成年後見人は、遅滞なく成年被後見人の財産の調査に着手し、1カ月以内に調査を終えて、その目録を作成しなければならない（民853条1項）。なお、成年後見人は、この目録の作成を終わるまでは、急迫の必要がある行為のみを行う権限を有するが、これを善意の第三者に対抗することができないとされている（民854条）。

(E)　居住用不動産の処分

成年後見人には財産行為に関する包括的な代理権が付与されているものの、居住環境が精神医学的に本人の精神状態に大きく影響するとされていることが考慮され、成年後見人が本人に代わってその居住用不動産の処分（売却、賃貸、賃貸借の解除、抵当権の設定その他これに準ずる処分）をするときには、家庭裁判所の許可を得なければならない（民859条の3）。この許可は、処分行為の効力要件であり、この許可を欠く居住用不動産の処分行為は無効であると解される（小林昭彦＝原司『平成11年民法一部改正法等の解説』288頁参照）。

(F)　後見の事務の費用

成年後見人が後見の事務を行うために必要な費用については、本人の財産から支出する（民862条）。

(G)　後見の事務の監督

家庭裁判所は、必要があると認めるときは、請求権者からの請求によりまたは職権で、成年後見監督人を選任することができる（民849条の2）。

なお、監督機関である成年後見監督人または家庭裁判所は、いつでも、成年後見人に対して、後見の事務の報告もしくは財産の目録の提出を求め、または後見の事務もしくは成年被後見人の財産の状況を調査することができ

（民863条１項）、また、家庭裁判所は、請求権者からの請求によりまたは職権で、成年被後見人の財産の管理その他後見の事務について必要な処分を命ずることができる（民863条２項）。

（注１） 従来は「痴呆」との用語が用いられていたが、侮蔑的表現であるとの批判が強くあったため、厚生労働省内において検討を重ねた結果、平成16年12月24日以降「認知症」に改められた。

（注２）「明らかにその必要がないと認めるとき」とは、医師の診断書やその他の客観的な状況証拠等によって、本人が植物状態にある等、後見開始の要件の存在が明らかな場合を指すものと解されている。

（注３） その他一切の事情としては、成年後見人候補者の心身の状態および財産の状況、成年後見人候補者と本人との親族関係の有無、成年被後見人の意見（法120条・130条・139条）などが考えられる。

（注４） 民法761条の「日常の家事に関する法律行為」に関する最判昭44・12・18（民集23巻12号2476頁）を参照。

（注５） 典型例としては、食料品・衣料品等の買物、電気・ガス・水道等の公共料金の支払いおよびその支払いに必要な範囲の預貯金の払戻し等が考えられる。

2　保　佐

(1)　対象者（被保佐人）

保佐の制度は、精神上の障害により事理を弁識する能力が著しく不十分な者を対象とする制度である（民11条）。後見の制度の対象者が保佐の制度の対象者から除かれることは民法11条ただし書の規定から明らかであるが、成年後見制度は本人の判断能力の程度に応じて必要かつ相当な支援の内容を定めているものであることから、補助の制度（後記３参照）の対象者も保佐開始の審判の対象者から除かれる。

「精神上の障害」および「事理を弁識する能力」の意義については、後見の対象者に関して前記１(1)において述べたとおりであるが、保佐の制度の対象者と補助の制度（後記３参照）の対象者とは、判断能力が「著しく」不十分であるかどうかによって区別されることになる。個々の事例での具体的な判断は、最終的には、医師の診断または鑑定によらなければならないが、民法13条1項所定の重要な財産行為について、常に他人の援助を受ける必要がある状態にあるか否かによることになる。

対象者の判断能力の判定方法に関しては、後見の場合と同様、原則として鑑定を要するものとし、「明らかにその必要がないと認めるとき」は、例外的に鑑定を要しないものとしている（法119条・133条）。

保佐の制度は、旧法下における「準禁治産者」の制度に相当する類型であるが、従来、「準禁治産者」の制度の対象者とされていた浪費者については、保佐の制度では「精神上の障害」を要件としたことから、対象外とされている。したがって、浪費者の中で判断能力の不十分な者のみが保佐または補助の各制度の対象者となる。

保佐開始の審判の申立てがなされ、審理の結果、本人が「精神上の障害により事理を弁識する能力が著しく不十分である」と認められる場合には、保佐開始の審判がなされ、保佐開始の審判を受けた本人は「被保佐人」となる（民12条）。

被保佐人が保佐人の同意を得ないで自ら行った民法13条1項各号所定の重要な財産上の権利に係る法律行為は、これを取り消すことができることとされている（民13条4項）。

⑵　援助者（保佐人）

家庭裁判所は、保佐開始の審判をするときは、職権で、被保佐人のために「保佐人」を選任しなければならない（民12条・876条の2第1項）。

保佐人を選任するにあたって考慮すべき事情等については、成年後見人に関して前記1⑵において述べた点と同様である（民876条の2第2項・843条4項）。

⑶　援助者（保佐人）の権限・義務等

保佐人には、民法13条1項所定の重要な財産上の権利に係る行為について同意権・取消権が付与される（民13条4項・120条1項）。また、保佐人がその職務を行うにあたっては、本人の意思を尊重し、かつ、その心身の状態および生活の状況に配慮しなければならない（民876条の5第1項）。

(A)　保佐人の同意権・取消権

保佐人の同意権の対象となるのは、民法13条1項所定の重要な財産上の権利に係る行為であるが、自己決定の尊重の観点から、日用品の購入その他日常生活に関する行為については、同意権の対象から除外されている（民13条1項ただし書・9条）。

また、民法13条1項所定の行為以外の行為について保佐人の同意を必要とするものがある場合には、家庭裁判所に対して、同意権の範囲を拡張する旨の審判を求めることができる（民13条2項）。

保佐人の同意を得なければならない行為について、被保佐人がその同意を得ないで当該行為を行った場合には、被保佐人または保佐人においてこれを取り消すことができる（民13条4項・120条1項）。なお、保佐人の同意を要する行為について、被保佐人の利益を害するおそれがないにもかかわらず保佐人が同意しないときは、自己決定の尊重の観点から、被保佐人は、同意に代わる許可を家庭裁判所に請求することができる（民13条3項）。

(B)　代理権

保佐の制度では、保佐人に対する代理権の付与は申立てによる選択的な措置とされている。したがって、代理権の付与の申立てがない場合、保佐人は、前記(A)の同意権・取消権のみを有することになる。

代理権の付与を求める場合には、代理権の範囲（対象行為）を具体的に特定して請求する必要があり、その申立ては、保佐開始の審判の申立てとともにする場合のほか、保佐開始の審判後にすることもできるが（民876条の4第1項）、本人以外の申立てによる場合には、自己決定の尊重の観点から、本人の同意が審判の要件とされている（民876条の4第2項）。

代理権付与の対象となる法律行為には一身専属的行為を除き法律上の制限はない。その内容は成年後見人の代理権に関して前記1(3)において述べたとおりであるが、保佐の制度では、申立人の請求により、その請求の範囲内で付与されることになる。

(C)　財産管理権

財産管理に関する代理権が付与された場合、保佐人は、その代理権の範囲において（代理権に付随する権限として）被保佐人の財産を管理する権限を有するものと解されている。ただし、保佐人の代理権の範囲が個々の事案ごとに異なっていることから、それに対応する財産管理権の範囲・内容も個別具体的な事案ごとの解釈に委ねられている。

(D)　身上配慮義務および本人の意思尊重等

成年後見人の場合と同様に、民法876条の５第１項において、保佐人の義務として、保佐の事務を行うにあたっては、自己決定の尊重の観点から、本人の意思を尊重し、かつ、本人の心身の状態および生活の状況に配慮すべき旨が定められている。この身上配慮義務等の対象には、現実の介護行為等の事実行為は含まれないと解されている。

(E)　居住用不動産の処分

本人の不動産の取引についての代理権が保佐人に付与されている場合において、保佐人が本人に代わってその居住用不動産の処分をするときには、家庭裁判所の許可を得なければならない（民876条の５第２項・859条の３。前記１(3)参照）。

(F)　保佐の事務の費用

保佐人が保佐の事務を行うために必要な費用については、本人の財産から支出する旨が定められている（民876条の５第２項・861条２項）。

(G)　保佐の事務の監督

家庭裁判所は、必要があると認めるときは、請求権者からの請求によりまたは職権で、保佐監督人を選任することができる（民876条の３第１項）。

なお、監督機関である保佐監督人または家庭裁判所は、いつでも、保佐人に対して、保佐の事務の報告もしくは財産の目録の提出を求め、または保佐の事務もしくは被保佐人の財産の状況を調査することができ（民867条の５第２項・863条１項）、また、家庭裁判所は、請求権者からの請求によりまたは職権で、被保佐人の財産の管理その他保佐の事務について必要な処分を命ずることができる（民867条の５第２項・863条２項）。

3　補　助

(1)　対象者（被補助人）

補助の制度は、精神上の障害により事理を弁識する能力が不十分な者を対象とする制度であり（民15条）、後見および保佐の各制度の対象者は除かれる。

「精神上の障害」および「事理を弁識する能力」の意義については、後見の対象者に関して前記1⑴において述べたとおりであり、保佐の制度の対象者との区別については、保佐の対象者に関して前記2⑴において述べたとおりである。

対象者の判断能力の判定方法に関しては、家事事件手続法138条において医師の診断の結果等により判定すべきものと規定されており、鑑定を必要とする後見および保佐の制度と比べて手続的に簡易な判定方法となっている。ただし、前述のとおり、成年後見制度は、本人の判断能力の程度に応じて必要かつ相当な保護の内容を定めており、保佐開始の審判の対象者は補助の制度の対象者から除かれることから、本人についての医師の診断が保佐相当（財産の管理について常に援助が必要）となっているにもかかわらず補助開始の審判の申立てがなされた場合等では、原則として鑑定を実施することになると考えられる。

補助の制度は、従前は保護の対象とされていなかった軽度の認知症・知的障害・精神障害等の状態にある者を対象とし、自己決定の尊重の観点から、本人の申立てまたは本人の同意を要件としたうえで、保護の内容（代理権または同意権・取消権の一方または双方）および範囲（対象行為）を当事者の選択に委ねた制度であり、補助開始の審判の申立てに際しては、代理権付与の審判または同意権付与の審判の申立て、あるいはその双方の申立てを同時にする必要がある（民15条3項・17条1項・876条の9第1項）。

補助開始の審判の申立てがなされ、上記の要件を満たし、かつ、審理の結果、本人の精神の状況が「精神上の障害により事理を弁識する能力が不十分」であると認められる場合には、補助開始の審判がなされ、補助開始の審判を受けた本人は「被補助人」となる（民16条）。

被補助人が補助人の同意を要するとされた法律行為について、その同意を得ることなく被補助人自らが当該法律行為を行った場合は、これを取り消すことができる（民17条4項）。

⑵　援助者（補助人）

家庭裁判所は、補助開始の審判をするときは、職権で、被補助人のために「補助人」を選任しなければならない（民16条・876条の7第1項）。

補助人を選任するにあたって考慮すべき事情等については、成年後見人に関して前記１⑵において述べたのと同様である（民876条の７第２項・843条４項）。

⑶　援助者（補助人）の権限・義務等

補助人には、当事者が申立てにより選択した「特定の法律行為」について、同意権・取消権または代理権の一方または双方が審判によって付与される（民17条１項・120条１項・876条の９第１項）。また、補助人がその職務を行うにあたっては、本人の意思を尊重し、かつ、その心身の状態および生活の状況に配慮しなければならない（民876条の10第１項・876条の５第１項）。

(A)　同意権・取消権

補助人の同意権の対象となるのは、民法13条１項所定の重要な財産上の権利に係る行為の一部に限られる（民17条１項ただし書）。これは、被補助人が被保佐人より高い判断能力を有しているのに、補助人に保佐人以上の同意権・取消権を付与することは適当ではないという趣旨から規定された制約である。また、前述のとおり、本人以外の請求による場合には、同意権の付与について本人の同意が必要である（民17条２項）。なお、保佐の場合と同様、自己決定の尊重の観点から、日用品の購入その他日常生活に関する行為については、同意権の対象から除外されている（民13条１項ただし書・９条）。

補助人の同意を得なければならない行為について、被補助人がその同意を得ないで行為を行った場合には、被補助人または補助人においてこれを取り消すことができる（民17条４項・120条１項）。

なお、補助人の同意を要する行為について、被補助人の利益を害するおそれがないにもかかわらず補助人が同意しないときは、自己決定の尊重の観点から、被補助人は、同意に代わる許可を家庭裁判所に請求することができる（民17条３項）。

(B)　代理権

代理権の付与を求める場合には、代理権の範囲（対象行為）を具体的に特定して請求する必要があり、かつ、前述のとおり、本人以外の申立てによる場合には、自己決定の尊重の観点から、本人の同意が審判の要件とされている（民876条の９第２項・876条の４第２項）。

代理権付与の対象となる法律行為には一身専属的行為を除き法律上の制限はない。その内容は成年後見人の代理権に関して前記1(3)において述べたとおりであるが、補助の制度では、申立人の請求により、その請求の範囲内で付与されることになる。

(C) 財産管理権

財産管理に関する代理権が付与された場合、補助人は、その代理権の範囲において（代理権に付随する権限として）被補助人の財産を管理する権限を有するものと解されている。ただし、補助人の代理権の範囲が個々の事案ごとに異なっていることから、それに対応する財産管理権の範囲・内容も個別具体的な事案ごとの解釈に委ねられている。

(D) 身上配慮義務および本人の意思尊重等

成年後見人および保佐人の場合と同様、補助人の義務として、補助の事務を行うにあたっては、自己決定の尊重の観点から、本人の意思を尊重し、かつ、本人の心身の状態および生活の状況に配慮すべき旨が定められており（民876条の10第1項・876条の5第1項）、この身上配慮義務等の対象には、現実の介護行為等の事実行為は含まれないと解されている。

(E) 居住用不動産の処分

本人の不動産の取引についての代理権が補助人に付与されている場合、後見の場合と同様、補助人が本人に代わってその居住用不動産の処分をする場合には、家庭裁判所の許可を得なければならないとされた（民876条の10第1項・859条の3。前記1(3)参照）。

(F) 補助の事務の費用

補助人が補助の事務を行うために必要な費用については、本人の財産から支出する旨が定められている（民876条の10第1項・861条2項）。

(G) 補助の事務の監督

家庭裁判所は、必要があると認めるときは、請求権者からの請求によりまたは職権で、補助監督人を選任することができる（民876条の8第1項）。

なお、監督機関である補助監督人または家庭裁判所は、いつでも、補助人に対して、補助の事務の報告もしくは財産の目録の提出を求め、または補助の事務もしくは被補助人の財産の状況を調査することができ（民876条の10第

１項・863条１項)、また、家庭裁判所は、請求権者からの請求によりまたは職権で、被補助人の財産の管理その他補助の事務について必要な処分を命ずることができる（民876条の10第１項・863条２項)。

(H)　代理権または同意権の追加的付与および付与の審判の取消し

補助開始の審判の際に付与されたもの以外の代理権または同意権が必要となったときは、追加的にその付与の審判を求めることができる（民17条１項・876条の９第１項)。また、代理権または同意権の全部または一部を維持する必要がなくなったときは、その付与の審判の全部または一部の取消しを求めることができるが（民18条２項・876条の９第２項・876条の４第３項)、すべての代理権・同意権の付与の審判を取り消すときは、家庭裁判所は、職権で、補助開始の審判を取り消すこととされている（民18条３項)。

4　任意後見

任意後見制度は、本人が契約締結に必要な判断能力を有している時点で、将来の判断能力低下後の支援のあり方（自己の生活、療養看護および財産の管理に関する事務の全部または一部についての代理権の付与）と支援をする者（任意後見人）を、本人自らが事前の任意の契約によって決めておく制度であり、自己決定の尊重の理念に即して、法定後見制度と相互に補完し合う契約型の制度として導入されたものである。また、任意後見制度では、私的自治の尊重の観点から、公的機関（家庭裁判所）の関与は、任意後見監督人を通じて任意後見人を監督するという、より間接的な形態となっている。

(1)　任意後見契約の締結

任意後見契約は、任意代理の委任契約の一類型であり、次の各事項を満たしている必要がある（任意後見２条・３条)。

①　本人（委任者）が、任意後見人（受任者）に対して、精神上の障害により事理を弁識する能力が不十分な状況における自己の生活、療養看護および財産の管理に関する事務の全部または一部を委託し、その委託に関する事務について代理権を付与する旨の契約であること **(注６)（注７)（注８)**

②　家庭裁判所が任意後見監督人を選任した時から契約の効力が発生する

旨の特約が付されていること

③　公証人の作成する公正証書によること（**注９**）

⑵　任意後見監督人の選任

任意後見は、家庭裁判所により任意後見監督人が選任された時から開始する。任意後見監督人の選任の要件は、次のとおりである（任意後見４条）。

①　任意後見契約が登記されていること

②　精神上の障害により本人の事理を弁識する能力が不十分な状況にあること

③　選任請求権者からの申立てがあること

④　本人以外の者の申立てによる場合には、任意後見契約の発効についての本人の同意があること（ただし、本人がその意思を表示することができない場合を除く）

⑤　任意後見契約法４条１項各号に掲げる事由がないこと

⑶　援助者（任意後見人）の権限・義務

⒜　代理権

任意後見人には、同意権・取消権はなく、任意後見契約に基づく代理権のみが付与される。

⒝　身上配慮義務および本人の意思尊重等

任意後見人は、成年後見人等と同様、任意後見人の義務として、その事務を行うにあたっては、自己決定の尊重の観点から、本人の意思を尊重し、かつ、本人の心身の状態および生活の状況に配慮すべき旨が定められている（任意後見６条）。なお、この義務は法定のものであるので、これを契約で加重することはできても、軽減・免除することはできない。

⒞　任意後見の事務の費用

任意後見人が任意後見の事務を行うために必要な費用については、任意後見契約の有償・無償を問わず、任意後見契約で特約のない限り、民法の委任の一般原則に従うことになる（民649条・650条１項・２項）。

⑷　任意後見監督人の職務等

⒜　任意後見人の事務の監督

監督の対象となる任意後見人の事務（任意後見７条１項１号）は、任意後見契約により代理権付与の対象とされた法律行為に限定される。

(B) 家庭裁判所に対する定期的報告

報告（任意後見７条１項２号）の時期に関しては、個々の事案に応じて家庭裁判所が定めることができるが、この職務を確実に遂行するため、任意後見監督人には、任意後見人に対し事務の報告を求め、または任意後見人の事務もしくは本人の財産の状況を調査する権限が与えられている（任意後見７条２項）。

(C) 家庭裁判所の任意後見監督人に対する監督

家庭裁判所が必要と判断した場合、任意後見監督人に対し、報告を求め、調査を命じ、その他必要な処分を命じることができる（任意後見７条３項）。

(5) 任意後見契約の解除等

(A) 任意後見監督人選任前の解除

本人または任意後見人受任者は、いつでも、公証人の認証（公証58条以下）を受けた書面により、任意後見契約を解除することができる（任意後見９条１項）。必ずしも公正証書による必要はないものの、当事者の真意による解除であることを担保する趣旨で、公証人の関与が必要とされている。

(B) 任意後見監督人選任後の解除

本人または任意後見人は、正当な事由がある場合に限り、家庭裁判所の許可を得て、任意後見契約を解除することができる（任意後見９条２項）。家庭裁判所の関与を必要としたのは、本人の保護を図る趣旨である。

(C) 任意後見人の代理権消滅の対抗要件

任意後見人の代理権の消滅（任意後見契約の解除等）は、登記をしなければ、善意の第三者に対抗することができない（任意後見11条）。この登記の手続は、解除の意思表示をした当事者が、解除の書面を相手方に送付したうえで、解除の意思表示およびその到達を証する書面（配達証明付内容証明郵便）を添付して、登記所に対して行う（**注10**）。

（注６） 任意後見契約の受任者の呼称については、後述する任意後見監督人の選任の前後で区別しており、選任前の受任者を「任意後見受任者」と、選任後の受任者を「任意後見人」とそれぞれ呼んでいる（任意後見２条３号・４号）。

（注７）　精神上の障害により事理を弁識する能力が不十分な状況とは、少なくとも補助の要件に該当する程度以上に不十分な状況を意味する。

（注８）　代理権の対象となる法律行為については、成年後見人の代理権と同様に、財産管理を目的とする法律行為および身上監護を目的とする法律行為に限られず、これらの法律行為に関連する登記の申請、要介護認定の申請等の公法上の行為も対象となると解されている。ただし、これらの事務に関して生ずる紛争についての訴訟行為（訴訟の提起・追行等）に関しては、任意後見人が弁護士である場合には、直接授権（訴訟委任）することが可能であるが、弁護士でない場合には、弁護士に訴訟委任する権限を授権することが可能である。

（注９）　締結された任意後見契約については、公証人から登記所に対する嘱託に基づいて後見登記がなされる。なお、公正証書の作成手数料については、公証人手数料令９条・16条および別表に定められている。

（注10）　任意後見監督人選任後の解除の場合には、許可の審判書謄本および確定証明書の添付も必要となる。

5　法定後見と任意後見との関係

任意後見契約が登記されている場合には、家庭裁判所は、本人の利益のため特に必要があると認めるときに限り、法定後見（後見・保佐・補助）開始の審判をすることができる（任意後見10条１項）**（注11）**。つまり、任意後見制度による保護を選択した本人の自己決定を尊重する観点から、原則として任意後見が優先するとしているのである。

また、法定後見と任意後見が併存することはない。法定後見開始後に任意後見が開始された場合には、法定後見開始の審判は取り消され（任意後見４条２項）、任意後見開始後に法定後見が開始された場合には、任意後見は終了する（任意後見10条３項）。

（注11）「本人の利益のため特に必要があると認めるとき」とは、本人が任意後見人に授権した代理権の範囲が狭くて本人の保護を図ることができない場合や、本人について同意権・取消権による保護が必要な場合等が考えられる。

Ⅱ　成年後見関係事件の種類

家庭裁判所において取り扱う成年後見に関連する事件については、〔表２〕のとおりである。

〔表２〕　成年後見事件一覧表

【申立権者欄の略号】

本：本人　配：配偶者　４親：４親等内の親族
後：後見人　後監：後見監督人　未後：未成年後見人
未監：未成年後見監督人　成後：成年後見人　成監：成年後見監督人
保：保佐人　保監：保佐監督人　補：補助人
補監：補助監督人　被後：被後見人　成被：成年被後見人
被保：被保佐人　被補：被補助人　任受：任意後見受任者
任後：任意後見人　任監：任意後見監督人　利：利害関係人
市：市区町村長　検：検察官　職：職権

【即時抗告欄の符号】

◎：認容・却下について各別に規定があるもの
△：却下について規定があるもの

【保全処分欄の符号】

Ａ：財産管理者の選任・指示
Ｂ：後見（保佐・補助）命令
Ｃ：職務執行停止・職務代行者の選任

【登記嘱託欄の符号】

○：要
×：不要

１　法定後見事件

審判事項 別表第一・項	審判事項 事件名	申立権者	本人の同意	即時抗告	保全処分	登記嘱託
1	後見開始 （民７条）	本・配・４親・未後・未監・保・保監・補・補監・任受・任後・任監・検・市		◎	Ａ Ｂ	○
2	後見開始の審判の取消し （民10条・19条２項・１項）	本・配・４親・後・後監・検		△		○
17	保佐開始 （民11条）	本・配・４親・後・後監・補・補監・任受・任後・任監・検・市		◎	Ａ Ｂ	○
20	保佐開始の審判の取消し （民14条１項・19条１項・２項）	本・配・４親・未後・未監・保・保監・検		△		○

18	保佐人の同意を要する行為の定め（民13条２項）	本・配・４親・後・後監・保・保監・補・補監・検・市（任受・任後・任監）　（※１）				○
21	保佐人の同意を要する行為の定めの審判の取消し（民14条２項）	本・配・４親・未後・未監・保・保監・検				○
19	保佐人の同意に代わる許可（民13条３項）	被保				×
32	代理権の付与（民876条の４第１項）（民876条の４第２項）	本・配・４親・後・後監・保・保監・補・補監・検・市（任受・任後・任監）　（※１）	○（※２）			○
33	代理権の付与の審判の取消し（民876条の４第３項）	本・配・４親・未後・未監・保・保監・検				○
36	補助開始（民15条１項）	本・配・４親・後・後監・保・保監・任受・任後・任監・検・市	○（※２）	◎	ＡＢ	○
39	補助開始の審判の取消し（民18条１項）	本・配・4親・未後・未監・補・補監・検		△		○
37	補助人の同意を要する行為の定め（民17条１項）（民17条２項）	本・配・４親・後・後監・保・保監・補・補監・検・市（任受・任後・任監）　（※１）	○（※２）			○
40	補助人の同意を要する行為の定めの審判の取消し（民18条２項）	本・配・４親・未後・未監・補・補監・検				○
38	補助人の同意に代わる許可（民17条３項）	被補				×
51	代理権の付与（民876条の９第１項）（民876条の９第２項）	本・配・４親・後・後監・保・保監・補・補監・検・市（任受・任後・任監）　（※１）	○（※２）			○
52	代理権の付与の審判の取消し（民876条の９第２項・876条の４第３項）	本・配・４親・未後・未監・補・補監・検				○
39	補助開始の審判の取消し（民18条３項・19条１項・２項）	職				○
12	特別代理人選任（後見人と被後見人の利益相反）（民860条・826条）	成後・成被・成被の親族その他の利・職				×
12の２	本人に宛てた郵便物等の配達の嘱託（回送嘱託）（民860条の２第１項）	成後		◎		×

	回送嘱託の取消し又は変更（民860条の２第３項）	本・成後・後監		◎		×
3	成年後見人の選任開始時、欠員時、追加（民843条１項～３項）	職				○
22	保佐人の選任開始時、欠員時、追加（民876条の２第１項・２項・843条２項・３項）	職				○
41	補助人の選任開始時、欠員時、追加（民876条の７第１項・２項・843条２項・３項）					○
6	成年後見監督人の選任（民849条）	成被・成被の親族・成後・職				○
26	保佐監督人の選任（民876条の３第１項）	被保・被保の親族・保・職				○
45	補助監督人の選任（民876条の８第１項）	被補・被補の親族・補・職				○
4	成年後見人の辞任についての許可（民844条）	成後				○
23	保佐人の辞任についての許可（民876条の２第２項・844条）	保				○
46	補助人の辞任についての許可（民876条の７第２項・844条）	補				○
7	成年後見監督人の辞任についての許可（民852条・844条）	成監				○
27	保佐監督人の辞任についての許可（民876条の３第２項・844条）	保監				○
46	補助監督人の辞任についての許可（民876条の８第２項・844条）	補監				○
5	成年後見人の解任（民846条）	成監・成被・成被の親族・検・職		◎	C	○
24	保佐人の解任（民876条の２第２項・846条）	保監・被保・被保の親族・検・職		◎	C	○
43	補助人の解任（民876条の７第２項・846条）	補監・被補・被補の親族・検・職		◎	C	○
8	成年後見監督人の解任（民852条・846条）	成後・成被・成被の親族・検・職		◎	C	○
28	保佐監督人の解任（民876条の３第２項・846条）	保・被保・被保の親族・検・職		◎	C	○
47	補助監督人の解任（民876条の８第２項・846条）	補・被補・被補の親族・検・職		◎	C	○

9	財産目録の作成の期間の伸長（民853条１項ただし書）	成後				×
10	数人の成年後見人の権限行使の定め（民859条の２第１項） 数人の成年後見人の権限行使の定めの取消し（民859条の２第２項）	職				○
29	数人の保佐人の権限行使の定め（民876条の５第２項・859条の２第１項） 数人の保佐人の権限行使の定めの取消し（民876条の５第２項・859条の２第２項）	職				○
48	数人の補助人の権限行使の定め（民876条の10第１項・859条の２第１項） 数人の補助人の権限行使の定めの取消し（民876条の10第１項・859条の２第２項）	職				○
10	数人の成年後見監督人の権限行使の定め（民852条・859条の２第１項） 数人の成年後見監督人の権限行使の定めの取消し（民852条・859条の２第２項）	職				○
29	数人の保佐監督人の権限行使の定め（民876条の３第２項・859条の２第１項） 数人の保佐監督人の権限行使の定めの取消し（民876条の３第２項・859条の２第２項）	職				○
48	数人の補助監督人の権限行使の定め（民876条の８第２項・859条の２第１項） 数人の補助監督人の権限行使の定めの取消し（民876条の８第２項・859条の２第２項）	職				○
11	成年被後見人の居住用不動産の処分についての許可（民859条の３・852条）	成後・成監				×
30	被保佐人の居住用不動産の処分に	保・保監				×

	ついての許可（民876条の５第２項・876条の３第２項・859条の３）					
49	被補助人の居住用不動産の処分についての許可（民876条の10第１項・876条の８第２項・859条の３）	補・補監				×
13	成年後見人に対する報酬の付与（民862条）	成後・成後であった者・その相続人				×
31	保佐人に対する報酬の付与（民876条の５第２項・862条）	保・保であった者・その相続人				×
50	補助人に対する報酬の付与（民876条の10第１項・862条）	補・補であった者・その相続人				×
13	成年後見監督人に対する報酬の付与（民852条・862条）	成監・成監であった者・その相続人				×
31	保佐監督人に対する報酬の付与（民876条の３第２項・862条）	保監・保監であった者・その相続人				×
50	補助監督人に対する報酬の付与（民876条の８第２項・862条）	補監・補監であった者・その相続人				×
14	後見の事務の監督（民863条）	後監・被後・被後の親族その他の利・職				×
34	保佐の事務の監督（民876条の５第２項・863条）	保監・被保・被保の親族その他の利・職				×
53	補助の事務の監督（民876条の10第１項・863条）	補監・被補・被補の親族その他の利・職				×
16 35 54	管理計算の期間の伸長（民870条ただし書・876条の５第３項・876条の10第２項）	成後またはその相続人・保またはその相続人・補またはその相続人				×
16の２	死後事務の許可（民873条の２第１号ないし３号）	成後		却下のみ◎		×
25	臨時保佐人の選任（民876条の２第３項）	保・被保・被保の親族その他の利・職				×
44	臨時補助人の選任（民876条の７第３項）	補・被補・被補の親族その他の利・職				×

2　任意後見事件

審判事項		申立権者	本人の同意	即時抗告	保全処分	登記嘱託
別表第一・項	事件名					
111	任意後見監督人の選任（新規）（任意後見４条１項・３項）	本・配・４親・任受	○（※２）	△		○

112	任意後見監督人の選任（欠員時）（任意後見４条４項）	本・本の親族・任後・職				○
113	任意後見監督人の選任（追加）（任意後見４条５項）	本・本の親族・任後・職				○
114	後見開始の審判等の取消し（任意後見監督人を選任するとき）（任意後見４条２項）	職				○
115	任意後見監督人の職務に関する処分（任意後見７条３項）	職				×
116	任意後見監督人の辞任についての許可（任意後見７条４項・民844条）	任監				○
117	任意後見監督人の解任（任意後見７条４項・民846条）	任後・本・本の親族・検・職		◎	C	○
118	数人の任意後見監督人の権限の定め（任意後見７条４項、民859条の２第１項）	職				○
118	数人の任意後見監督人の権限の定めの取消し（任意後見７条４項、民859条の２第２項）	職				○
119	任意後見監督人に対する報酬の付与（任意後見７条４項・民862条）	任監・任監であった者・その相続人				×
120	任意後見人の解任（任意後見８条）	任監・本・本の親族・検		◎	C（※４）	○
121	任意後見契約の解除についての許可（任意後見９条２項）	本・任後		◎		×

（※１）　任意後見契約法10条２項により、任意後見受任者、任意後見人、任意後見監督人は、保佐開始の審判または補助開始の審判の申立てと同時に行う場合に申立権を有すると解される。
（※２）　本人以外の者の請求の場合。
（※３）　生活保護法８条１項。
（※４）　職務代行者の選任を除く。

Ⅲ　成年後見と後見登記

1　後見登記制度

従前の「禁治産・準禁治産」の宣告の制度下では、宣告の審判が確定した場合、本人の戸籍の身分事項欄に宣告の事実と後見人・保佐人の氏名が記載されていた。この公示方法については、制度の利用を必要とする関係者にとって抵抗感が根強くあったため、制度の利用の大きな妨げとなっていた。一方、取引の安全を保護するためには何らかの公示方法が求められることから、成年後見制度の改正・任意後見制度の創設に際して、新たな公示制度として成年後見登記制度が創設された（後見登記法)。

⑴　法定後見の登記

法定後見（後見・保佐・補助）開始の審判等が効力を生じたときは、原則として、書記官の嘱託により、磁気ディスクをもって調製する後見登記等ファイルに、次に掲げる事項等を記録することによって行い（後見登記４条１項)、後見等の開始の審判ごとに編成される（後見登記６条)。なお、具体的に書記官がどのような場合に嘱託を行うのかについては、家事事件手続法・規則に定められている。

①　法定後見の種別、開始の審判をした裁判所、審判事件の表示および確定年月日
②　成年被後見人・被保佐人・被補助人の氏名、出生年月日、本籍、住所
③　成年後見人・保佐人・補助人の氏名、住所、複数の成年後見人等の権限行使に関する定め、付与された同意権・代理権の範囲等
④　成年後見監督人・保佐監督人・補助監督人の氏名、住所

⑵　任意後見の登記

任意後見契約が締結されたときや任意後見監督人の選任の審判等が効力を生じたときは、原則として、公証人または書記官の嘱託により、磁気ディスクをもって調製する後見登記等ファイルに、次に掲げる事項等を記録することによって行い（後見登記５条)、任意後見契約ごとに編成される（後見登記６条)。

①　公証人の氏名・所属並びに公正証書の番号・作成年月日
②　任意後見契約の本人の氏名、出生年月日、本籍、住所
③　任意後見受任者または任意後見人の氏名、住所、代理権の範囲等
④　任意後見監督人の氏名、住所、選任審判の確定年月日

⑶　変更の登記

法定後見または任意後見の各登記がされた後に登記事項に変更が生じた場

合、登記に記録されている者（成年後見人、保佐人、補助人、任意後見受任者、任意後見人、任意後見監督人等）がそのことを知ったときは、変更の登記を申請しなければならない（ただし、書記官の嘱託による場合を除く）（後見登記7条1項)。また、成年被後見人等の親族などの利害関係がある者も、変更の登記の申請をすることができる（同条2項)。

変更登記の例としては、登記に記録されている者について、婚姻・転居等による氏・住所・本籍等の変更が挙げられる。

2　「禁治産者・準禁治産者」についての経過措置

平成12年4月1日以前に「禁治産宣告」を受けている者については、同日以後は成年被後見人とみなされ（民法改正法附則3条1項)、本人、その配偶者等からの申請により、戸籍の記載から後見の登記へ移行することができる（後見登記附則2条1項)。また、「準禁治産宣告」を受けている場合は、心神耗弱を原因とする宣告に限り、同日以後は被保佐人とみなされ（民法改正法附則3条2項)、本人、その配偶者等からの申請により、戸籍の記載から後見の登記へ移行することができる（後見登記附則2条2項)。

3　登記事項一覧表

書記官による嘱託、公証人による嘱託および関係者からの申請によるそれぞれの登記事項については、〔表3〕のとおりである。

4　登記に関する証明

後見登記等ファイルに記録された事項（記録がないときは、記録がない旨）を証明した書面を登記事項証明書（または登記されていないことの証明書）といい、登記に記録されている者その他一定の者がこの交付を請求することができる（後見登記10条)。

後見登記等に関する事務は、法務大臣の指定する法務局もしくは地方法務局またはその支局もしくは出張所が登記所としてつかさどるが（後見登記2条)、現在は、東京法務局のみが指定されている。

なお、登記事項証明書および登記されていないことの証明書の交付に関しては、東京法務局および地方法務局（支局もしくは出張所を除く）で取り扱っている **（注12）**。

（注12） 平成25年４月１日現在、郵送による証明書の請求については、東京法務局のみの取扱いとなっている。

〔表３〕 登記事項一覧表

① 書記官の嘱託によるもの（法116条）

嘱託を要する審判等（条項）	**登記の種類**	**手数料**
1　後見開始の審判（規77条１項１号）	後見開始の審判	2600円
2　保佐開始の審判（規77条１項１号）	保佐開始の審判	2600円
3　補助開始の審判（規77条１項１号）	補助開始の審判	2600円
4　保佐人または補助人の同意権または代理権付与の審判（規77条１項８号）	変更 **（注）**	1400円
5　保佐人または補助人の同意権または代理権付与の取消しの審判（規77条１項８号）	変更	※
6　成年後見人・保佐人・補助人の選任の審判（規77条１項２号）	変更	※
7　成年後見監督人・保佐監督人・補助監督人の選任の審判（規77条１項２号）	変更	※
8　成年後見人・保佐人・補助人の辞任の許可の審判（規77条１項４号）	変更	1400円
9　成年後見監督人・保佐監督人・補助監督人の辞任の許可の審判（規77条１項４号）	変更	1400円
10　成年後見人・保佐人・補助人の解任の審判（規77条１項５号）	変更	※
11　成年後見監督人・保佐監督人・補助監督人の解任の審判（規77条１項５号）	変更	※
12　数人の成年後見人・保佐人・補助人についての事務の共同・分掌の定めの審判およびその取消しの審判（規77条１項６号）	変更	※
13　数人の成年後見監督人・保佐監督人・補助監督人についての事務の共同・分掌の定めの審判およびその取消しの審判（規77条１項６号）	変更	※
14　財産の管理者の後見命令・保佐命令・補助命令の審判（規77条２項１号）	変更	1400円
15　14の財産の管理者の改任の審判（規77条２項１号）	変更	※

16　成年後見人・保佐人・補助人の職務執行停止・職務代行者の選任の審判（規77条２項２号）	変更	1400円
17　成年後見監督人・保佐監督人・補助監督人の職務執行停止・職務代行者の選任の審判（規77条２項２号）	変更	1400円
18　職務代行者の改任の審判（規77条２項２号）	変更	※
19　成年後見人・保佐人・補助人・成年後見監督人・保佐監督人・補助監督人職務執行停止・職務代行者の選任の審判の失効（法116条２号）	変更	※
20　財産の管理者の後見命令・保佐命令・補助命令の審判の失効（法116条２号）	変更	※
21　後見開始、保佐開始または補助開始の審判の取消しの審判（規77条１項１号）	終了	※
22　任意後見契約の終了（規77条３項）	終了	※
23　任意後見監督人の選任の審判（任意後見４条１項による場合）（規77条１項３号）	変更	1400円
24　任意後見監督人の選任の審判（任意後見４条４項または５項による場合）（規77条１項３号）	変更	※
25　任意後見監督人の辞任の許可の審判（規77条１項４号）	変更	1400円
26　任意後見監督人の解任の審判（規77条１項５号）	変更	※
27　数人の任意後見監督人についての事務の共同・分掌の定めの審判およびその取消しの審判（規77条１項６号）	変更	※
28　任意後見人の解任の審判（規77条１項５号）	終了	※
29　任意後見監督人の職務執行停止・職務代行者の選任の審判（規77条２項２号）	変更	1400円
30　任意後見監督人の職務代行者の改任の審判（規77条２項２号）	変更	※
31　任意後見人の職務執行停止の審判（規77条２項３号）	変更	1400円
32　任意後見監督人の職務執行停止・職務代行者の選任の審判の失効および任意後見人の職務執行停止の審判の失効（法116条２号）	変更	※
33　職権による後見または保佐の移行の登記（後見登記附則２条３項）	職権による後見または保佐の移行	／

②　公証人の嘱託によるもの

嘱託を要する審判等（条項）	登記の種類	手数料
1　任意後見契約の締結（公証人法57条の３第１項）	任意後見契約締結	2600円

③　関係者からの申請によるもの

登記申請を要する事項（条項）	登記の種類	手数料
法定後見関係		
1　成年被後見人・被保佐人・被補助人の氏名・住所・本籍（国籍）の変更（後見登記７条１項１号・２項）	変更	※
2　成年後見人・保佐人・補助人の氏名・住所の変更（後見登記７条１項１号・２項）	変更	※
3　成年後見監督人・保佐監督人・補助監督人の氏名・住所の変更（後見登記７条１項１号・２項）	変更	※
4　職務代行者の氏名・住所の変更（後見登記等に関する政令７条１項１号・２項）	変更	※
5　成年後見人・保佐人・補助人・成年後見監督人・保佐監督人・補助監督人の死亡・欠格事由の発生（後見登記７条１項１号・２項）	変更	※
6　成年被後見人・被保佐人・被補助人の死亡（後見登記８条１項・３項）	終了	※
任意後見関係		
1　任意後見契約の本人の氏名・住所・本籍（国籍）の変更（後見登記７条１項２号・２項）	変更	※
2　任意後見人（任意後見受任者）の氏名・住所の変更（後見登記７条１項２号・２項）	変更	※
3　任意後見監督人の氏名・住所の変更（後見登記７条１項２号・２項）	変更	※
4　職務代行者の氏名・住所の変更（後見登記等に関する政令７条１項３号・２項）	変更	※
5　任意後見監督人の死亡・欠格事由の発生（後見登記７条１項１号・２項）	変更	※
6　任意後見契約の本人の死亡・破産（後見登記８条２項・３項）	終了	※
7　任意後見人（任意後見受任者）の死亡・破産（後見登記８条２項・３項）	終了	※

8　任意後見人（任意後見受任者）についての後見開始の審判（後見登記8条2項・3項）	終了	※
9　任意後見契約の解除（後見登記8条2項・3項）	終了	※
その他		
1　成年被後見人・被保佐人とみなされる者等からの後見・保佐の登記の申請（後見登記附則2条1項・2項）	申請による後見・保佐の移行	2600円

※の手数料は、他の手数料に含まれる。

（注）保佐開始の審判・補助開始の審判と同時になされた場合は、手数料は不要である。

第２章　後見開始の審判申立事件

Ⅰ　事件の概要

家庭裁判所は、申立てにより、精神上の障害により事理を弁識する能力を欠く常況にある者について、一定の者の申立てにより、後見開始の審判をすることができる（民７条）。後見開始の審判をするときは、職権で、成年後見人を選任する（民843条１項）。選任された成年後見人は、成年被後見人の生活、療養看護および財産の管理に関する事務を行う（民858条・859条等）。

このように、精神上の障害（認知症、精神病、知的障害など）により判断力を欠く状態になった者について、身上監護や財産管理に関する代理権・取消権といった広範な権限を有する成年後見人を付して、必要な援助を受けることができるようにしたのが後見の制度である。法定後見の３類型（後見・保佐・補助）の中では、本人の能力低下の程度が最も重い類型であり、これに対応して、成年後見人の権限も基本的に最も広いものとなっている。

Ⅱ　手続の開始（後見開始の審判申立て）

１　申立権者

⑴　申立権者の範囲

申立権者は次のとおりである。

① 本人、配偶者、４親等以内の親族、未成年後見人、未成年後見監督人、保佐人、保佐監督人、補助人、補助監督人、検察官（民７条）

② 任意後見受任者、任意後見人、任意後見監督人（任意後見10条２項）

③ 市区町村長（老人福祉法32条、知的障害者福祉法28条、精神保健福祉法51条の11の２、地方自治法283条）

⑵　注意点

内縁の妻については、申立権はないものと解するのが相当であり、４親等以内の親族や市区町村長による対応が望まれる。

本人の申立権も法定されているが、本人が申立てをする場合には、一時的に本心に復していることを要するものと解されている。したがって、本心に復していない要後見状態の本人の署名がされた申立書が家庭裁判所に提出されたとしても、当該申立ては、申立能力を欠くとして却下されることになる。

2　管　轄

本人の住所地の家庭裁判所である（法117条１項。序章Ⅳも参照）。

一時的に施設・病院に入所・入院している場合には、元の居住地が住所地として認定されることになろう。

入所・入院が長期に及び、元の居住地に戻る可能性が低い場合には、あらかじめ住民登録地を当該施設・病院の所在地に移転し、居住している地と住民登録地とを一致させておくことが望ましい。というのも、成年被後見人の住所は登記事項になっており、後見開始後に住所を移転し、これに伴い登記事項を変更する場合には、基本的に、住民票等により移転の事実を証することが多いからである。

なお、後見開始事件の関連事件（法別表第一２の項ないし16の項の事件）は、後見開始の審判をした家庭裁判所の管轄となる（法117条２項）。

3　申立費用

申立てに要する費用は次のとおりである。

①　申立手数料　　収入印紙　800円

②　予納郵便切手**（注１）**500円×３枚、100円×５枚、82円×10枚、62円×２枚、20円×８枚、10円×10枚、１円×16枚（合計3220円）（または窓口で指示するとおり）

③　登記手数料　　収入印紙　2600円

④　鑑定費用**（注２）**

（注１）　書類の郵送に要する費用を現物である切手であらかじめ納付する。したがって、事件の種類・内容・即時抗告の有無・手続の展開等により、

書類・送付対象の数、郵便の種類（書留または速達郵便か普通郵便かなど）が異なり、また、裁判所によっても予納を求める範囲が異なるので、裁判所の窓口の指示に従うことが望ましい。事件終了後、余れば返還され、不足すれば追加を求められる性質の費用である。以下の申立事件についても同様である。

（注２） 鑑定費用の取扱いは、家庭裁判所ごとに異なることがある。事前に、管轄の家庭裁判所に確認することが望ましい。

４　提出書類

最近では、ほとんどの裁判所において、申立書類および必要書類のセットを用意しているので、窓口またはインターネットで取り寄せるのが望ましい。必要な書類は家庭裁判所ごとに異なるが、以下には、一般例を示すこととする（【　】は、東京家庭裁判所の扱いである）。

⑴　申立書類

①　申立書

②　申立事情説明書（申立書付票）

③　親族関係図

④　本人の財産目録およびその資料（通帳写し、不動産の登記事項証明書または登記簿謄本（写しでも可））

⑤　本人の収支状況報告書およびその資料（領収書のコピー等）

⑥　後見人等候補者事情説明書

⑦　親族の同意書**（注３）**

⑵　本人についての添付資料

①　戸籍謄本（全部事項証明書）【戸籍個人事項証明書（本人部分のみ）】

②　住民票の写し（世帯全部、省略のないもの【本人部分のみ、本籍の記載不要】個人番号（マイナンバー）の記載のないもの）

③　後見登記がされていないことの証明書（成年被後見人、被保佐人、被補助人、任意後見契約の本人とする記録がないことの証明）

④　診断書（成年後見用、同付票）**（注４）**

⑤　療育手帳の写し（交付を受けている場合。東京都では「愛の手帳」と名付

けている）

⑶　成年後見人候補者についての添付資料

・　住民票の写し（専門職以外については世帯全部、省略のないもの【候補者部分のみ、本籍の記載不要】個人番号（マイナンバー）の記載のないもの）

⑷　申立人についての添付資料

・　戸籍謄本等（申立人が４親等内の親族である場合）【不要】。

（注３）　本人の推定相続人や事実上身上監護をしている親族が後見開始および後見人候補者を成年後見人に選任することに同意をしている場合には、その同意書を提出する。この同意書の提出があれば家庭裁判所はその者に対し意見照会を行わない（本章Ⅲの６）。

（注４）　診断書は、実務上、必ず提出を求めている。申立てをすることが適切かどうか（精神上の障害と無関係な病気の場合には手続を利用できない）、申立ての類型が適切かどうか（鑑定の要否、本人の同意の要否など、後見・保佐・補助の各類型によって、その後の手続が異なっている。当初に誤った類型を選択すると、無駄な手続により時間を費やすことがある）の判断に必要となるからである。

なお、診察をした医師は、正当な事由がなければ診断書の交付を拒んではならないとされている（医師法19条２項）。ただし、精神的な能力・病状について判断するには、一定期間診察することを要する場合もあるので、診察をした医師とよく協議をする必要があろう。

診断書については、成年後見制度利用促進基本計画を受けて見直しが行われ、2019年４月頃に新様式に改訂される見込みといわれている。

【申立書記載例２－２】　後見開始の審判申立書　（東京家裁後見サイト）

受付印	**後　見　・　保　佐　・　補　助　開　始　申　立　書**
	(収入印紙欄) 開始申立てのみは，800円（補助開始のみの申立てはできません。） 保佐開始申立て＋代理権付与のときは1600円分 補助開始申立て＋同意権付与＋代理権付与のときは2400円分 ※はった印紙に押印しないでください。

収入印紙(申立費用)	円	
収入印紙(登記費用)	円	
予納郵便切手	円	

準口頭		関連事件番号平成　　年(家　　)第　　　号

東京家庭裁判所　　御中 □立川支部 平成　　年　　月　　日	申立人の 記名押印	秋　山　もみじ　　　印

添付書類	本人の戸籍個人事項証明書，本人・成年後見人等候補者の住民票又は戸籍附票 本人の登記されていないことの証明書，診断書

申立人	住　所	〒○○○－○○○○ △区△１丁目１番１号 （　　　　方）	電　話　○○(○○○○)○○○○ 携帯電話○○○(○○○○)○○○○ FAX　○○(○○○○)○○○○
	フリガナ 氏　名	アキヤマ 秋　山　もみじ	大正 (昭和)　○年○月○日生 平成
	本人との関係	(1)　配偶者　2　父母　3　子（　　　）　4　兄弟姉妹甥姪 5　本人　6　市区町村長　7　その他（　　　　）	
本人	本　籍	△△　都道府(県)　△郡△町大字△２番地	
	住民票の住所	□申立人と同じ　〒○○○－○○○○ 東京都△区△２丁目２番２号 （　　　　方）	電話○○(○○○○)○○○○
	施設・病院の入所先	施設・病院名等 □入所等していない 〒　　－	電話　　（　　　）
	フリガナ 氏　名	アキヤマ　フユロウ 秋　山　冬　朗	男・女　明治 大正 (昭和)　○年○月○日生 平成
成年後見人等候補者 ☑申立人と同じ※	住　所	〒　　－	電　話　　（　　　） 携帯電話　（　　　） FAX　　（　　　）
	フリガナ 氏　名		昭和　　年　　月　　日生 平成
	本人との関係	1　配偶者　2　父母　3　子（　　　）　4　兄弟姉妹甥姪 5　その他（　　　　）	

(注)　太わくの中だけ記入してください。

※　申立人と成年後見人等候補者が同一の場合は，□にチェックをしてください。その場合は，成年後見人等候補者欄の記載は省略して構いません。

<table>
<tr><th colspan="2">申立ての趣旨</th></tr>
<tr><td>●1，2，3いずれかを◯で囲んでください。</td><td>①　本人について後見を開始するとの審判を求める。</td></tr>
<tr><td>→
●保佐申立ての場合は必要とする場合に限り，当てはまる番号（(1)，(2)）も◯で囲んでください。</td><td>2　本人について保佐を開始するとの審判を求める。

(1)　本人のために別紙代理行為目録記載の行為について保佐人に代理権を付与するとの審判を求める。

(2)　本人は，民法第13条１項に規定されている行為の他に，下記の行為（日用品の購入その他日常生活に関する行為を除く。）をするにも，その保佐人の同意を得なければならないとの審判を求める
記
＿＿＿＿＿＿＿＿＿＿＿＿＿＿＿＿</td></tr>
<tr><td>→
●補助申立ての場合は必ず当てはまる番号（(1)，(2)）を◯で囲んでください。</td><td>3　本人について補助を開始するとの審判を求める。

(1)　本人のために別紙代理行為目録記載の行為について補助人に代理権を付与するとの審判を求める。

(2)　本人が別紙同意行為目録記載の行為（日用品の購入その他日常生活に関する行為を除く。）をするには，その補助人の同意を得なければならないとの審判を求める。</td></tr>
</table>

申立ての理由
本人は，☑ 認知症　□ 知的障害　□ 統合失調症　□ その他（　　　　）

により判断能力が低下しているため，

☐ 財産管理　☐ 保険金受領　☑ 遺産分割　☐ 相続放棄
☐ 不動産処分　☐ 施設入所　☐ 訴訟・調停
☐ その他（　　　　　　　　　　　　　　）の必要が生じた。

※　詳しい実情は，申立事情説明書に記入してください。

（特記事項）

〔参考書式２－２－１〕　**申立事情説明書**　（東京家裁後見サイト）

申立事情説明書

（後見開始・保佐開始・補助開始）

※この事情説明書は，申立人（申立人が記載できないときは，本人の事情をよく理解している人）が記載してください。

記入年月日：平成　　年　　月　　日　　記入者氏名：　　　　　　　　印

（記入者が申立人以外の場合は申立人との関係：　　　　　　）

裁判所との連絡方法について

１　申立人の平日昼間の連絡先（携帯電話又は勤務先等）を記入してください。

［1］　携帯電話番号 ＿＿＿（　　）＿＿＿

［2］　連絡先名 ＿＿＿＿＿＿　電話番号　（　　）＿＿＿

裁判所名で電話しても　□よい　□差し支える

２　裁判所から連絡をするに当たり，留意すべきこと（電話できる時間帯等）があれば記載してください。＿＿＿＿＿＿＿＿

【申立ての事情について】

１　この申立ての主な目的は何ですか（具体的な内容や時期も記載してください。）。

□　預貯金の解約又は保険金等の受取りのため

□　被相続人（　　　　　，平成　年　月　日死亡）の遺産分割協議（相続放棄の申述を含む。）のため

※この場合は，添付資料として遺産目録を提出してください。

□　不動産の処分（□売却，□賃貸，□賃貸借の解除，□抵当権等設定，□　　　）のため

□　不動産の購入，建替，リフォーム等のため

□　不動産以外の財産（動産，株式，社債等）の処分のため

□　金銭の借入れのため

□　その他の財産管理（□預貯金の管理，□年金等の受領，□不動産賃料等の受領，□医療費・介護費用・税金・保険料の支払い等）のため

□　施設入所又は福祉サービス契約等のため

□　裁判所の手続（遺産分割調停，訴訟等）のため（現在事件が係属しているときは，裁判所名，事件番号，事件の内容も記載してください。）

□　その他

（具体的な内容・時期）＿＿＿＿＿＿＿＿＿＿＿＿＿＿＿＿＿＿＿＿

＿＿＿＿＿＿＿＿＿＿＿＿＿＿＿＿＿＿＿＿＿＿＿＿＿＿＿＿

＿＿＿＿＿＿＿＿＿＿＿＿＿＿＿＿＿＿＿＿＿＿＿＿＿＿＿＿

2　この申立ての内容に関して，これまでに家庭裁判所の手続を利用したことがありますか。

□　ない

□　ある

申立時期：平成　　年　　月頃　　　申立人氏名：

裁判所　：　　　家庭裁判所　　　支部・出張所

事件番号：平成　年（家　）　　　号　　事件名：

3　本人の親族について

(1)　本人の配偶者，子，父母，兄弟姉妹等の親族（推定相続人にあたる方）について記載してください。

（申立人や候補者については記入の必要はありません。）

関係 ○で囲む。	住　所・氏　名	年齢 / 同居・別居の別 / それぞれの考え
配偶者 子 父・母 兄・弟 姉・妹	〒　　－	年齢　　歳　　同居・別居（電話　　　－　　　－　　　） この申立てについて　□知っている　　□知らない 申立てをすることに　□賛成している　□反対している　□不明 候補者が後見人等になることに □賛成している　□反対している　□不明 □　同意書あり
配偶者 子 父・母 兄・弟 姉・妹	〒　　－	年齢　　歳　　同居・別居（電話　　　－　　　－　　　） この申立てについて　□知っている　　□知らない 申立てをすることに　□賛成している　□反対している　□不明 候補者が後見人等になることに □賛成している　□反対している　□不明 □　同意書あり
配偶者 子 父・母 兄・弟 姉・妹	〒　　－	年齢　　歳　　同居・別居（電話　　　－　　　－　　　） この申立てについて　□知っている　　□知らない 申立てをすることに　□賛成している　□反対している　□不明 候補者が後見人等になることに □賛成している　□反対している　□不明 □　同意書あり

配偶者 子 父・母 兄・弟 姉・妹	〒　　－	年齢　　歳　　同居・別居（電話　　　－　　－　　） この申立てについて　□知っている　　□知らない 申立てをすることに　□賛成している　□反対している　□不明 候補者が後見人等になることに □賛成している　□反対している　□不明 □　同意書あり
配偶者 子 父・母 兄・弟 姉・妹	〒　　－	年齢　　歳　　同居・別居（電話　　　－　　－　　） この申立てについて　□知っている　　□知らない 申立てをすることに　□賛成している　□反対している　□不明 候補者が後見人等になることに □賛成している　□反対している　□不明 □　同意書あり
配偶者 子 父・母 兄・弟 姉・妹	〒　　－	年齢　　歳　　同居・別居（電話　　　－　　－　　） この申立てについて　□知っている　　□知らない 申立てをすることに　□賛成している　□反対している　□不明 候補者が後見人等になることに □賛成している　□反対している　□不明 □　同意書あり

(2)　反対の意向を示している人や，上記推定相続人で同意書がない人がいる場合は，その理由や内容を具体的に記載してください。

____

____

____

____

4　申立書と一緒にお渡ししている「成年後見・保佐・補助申立ての手引」をお読みになって理解できなかったことや疑問なことがあれば記載してください。

____

____

____

____

____

____

【本人の状況について】

1　本人は現在どこで生活していますか。

□　病院，老人ホーム等の施設で生活している。

病院・施設名：______________________________

入院・入所日：平成　　年　　月　　日

所在地：　〒　　－

電話　　（　　）　　　　　　（担当職員名　　　　　）

最寄駅：　　線　　駅下車　徒歩・バス（　　行・　　バス停下車）　分

□　転院・移転予定あり（平成　　年　　月頃：移転先　　　　　）

□　転院・移転予定なし

□　自宅又は親族宅で生活している。

□　介護サービスを受けている。

□　親族が介護している。（介護者：　　　　　　）

□　介護は受けていない。

最寄駅：　　線　　駅下車　徒歩・バス（　　行・　　バス停下車）　分

2　次の認定を受けている場合は記入してください。

□　愛の手帳（　1度・2度・3度・4度　），療育手帳（A・B・　　　）

□　精神障害者手帳　（　1級・2級・3級　）

□　介護認定　（要支援　1・2　，要介護　1・2・3・4・5　）

□　いずれもない。

3　本人の現在の状態について

(1)　裁判所まで来ることは

□　可能である。

□　不可能，または容易には来ることができない。

(2)　移動することについて

□　自立歩行可能（自力で車椅子で移動できる場合も含む。）

□　介添えにより車椅子で移動できる。

□　ベッドから起き上がることができない。

(3)　会話能力

□　会話は成り立つ。

□　あいさつ程度のやりとりはできるが，会話として意味が通じない。または通じないことが多い。

□　言葉が出ない。

4⑴　本人の経歴（最終学歴，主な職歴，結婚，出産等）を記入してください。

年月日	最終学歴，主な職歴	年月日	身分の変動，家族関係
・　・	最終学歴（　　　　　）を卒業	・　・	人きょうだいの　番目として出生
・　・		・　・	
・　・		・　・	
・　・		・　・	
・　・		・　・	
・　・		・　・	

⑵　本人の病歴（病名，発症・受症時期，その後の入院期間等）を記入してください。

5　本人の財産を，現在，事実上管理しているのは誰ですか。

□　本人自身

□　申立人（あなた）

□　その他（氏名及び本人との関係　　　　　　　　　　　　　　　　）

□　誰が管理しているか分からない。

6　本人はこの申立てがされることを知っていますか。

□　知っている。

本人は，後見人等を付けることに同意していますか。

□　同意している。

□　同意していない。（理由　　　　　　　　　　　　　　　　　　　）

□　分からない（本人が理解できない場合を含む。）。

候補者が後見人等になることについての本人の意向はどうですか。

□　本人は，候補者が後見人等になることに賛成している。

□　本人は，候補者が後見人等になることに反対している。

（理由　　　　　　　　　　　　　　　　　　　）

□　分からない（本人が理解できない場合を含む。）。

□　知らない（その主な理由は次のとおりである。）。

□　本人は理解できる状態にない。

□　本人は理解できる状態だが，不安を与えたくないので，知らせていない。

□　本人は理解できる状態だが，申立てに反対すると思うので知らせていない。
□　その他（　　　　　　　　　　　　　　　　　　　　　　　　　　　　　）

7　家庭裁判所調査官が本人のところへ面接調査に行く場合がありますが，留意点（訪問可能な時間帯，訪問する際の本人の精神面への注意等）があれば記載してください。

____
____
____
____

〔参考書式２－２－２〕 財産目録記載例　（東京家裁後見サイト）

記載例　財産目録(平成○○年○月現在)

必ず提出してください。

1　預貯金，現金

口座番号を記入してください。

金融機関名，支店名，口座番号	金額(円)	備考	必要資料例(請求先)
○○銀行××支店　普通預金(2345678)	3,237,947		預貯金通帳のコピー
○○銀行△△支店　定期預金(123725)	5,000,000		
ゆうちょ銀行　通常貯金(1450-2365)	503,402		

現金・預貯金総額　8,741,349円

現金と預貯金の合計を記入してください。

2　保険契約・株式・投資信託等その他の資産

種類(証券番号等)	金額(評価額)(円)	備考	必要資料例(請求先)
●●生命　生命保険(23F-005897)			保険証券のコピー(保険会社)
●●海上火災　火災保険(203778)			
▲▲電力㈱　1,000株	2,000,000		残高報告書のコピー(証券会社)

証券番号を記入してください。

3　不動産

所在，種類，面積等	備考	必要資料例(請求先)
○○区○○町１－12 宅地　123.24㎡ ○○区○○町１－12－34 居宅　２階建て		不動産の全部事項証明書(法務局)

必ず提出してください。

4　負　債

種類(債権者)	金額(円)	備考	必要資料例(請求先)
住宅ローン残金(▲▲銀行○○支店)	748,367		契約書又は残高証明書のコピー(金融機関)
立替金(親族○○)	1,500,000	施設入所費	契約書又は領収書のコピー

負債総額　2,248,367円

【記載等の要領】

1　本人が現在所有している財産すべてを，この記載例を参考にして記載してください。
「預貯金，現金」及び「負債」については，各総額を計算して記載してください。
保険の場合は金額欄の記載は不要です。株の場合は，種類の欄に会社名・株数を，金額欄に直近の評価額を記載してください。

2　必要資料例を参考にして，財産の内容が分かる資料を添付してください。

主な資料

- □　預貯金の通帳（定期預金証書を含む。）のコピー
（銀行名，支店名，口座名義人，口座番号及び直近２か月分の残高が記載されたページ）
- □　保険証券のコピー（本人が契約者又は受取人になっているものを添付してください。必ず両面ともコピーしてください。）
※　保険証券が手元にない場合は，保険契約が記載された通知書等のコピー
- □　株式・投資信託については，その内容，数が記載された残高報告書・通知書等のコピー
- □　不動産の全部事項証明書（原本，申立日から３か月以内のもの）
- □　負債についての契約書等のコピー

※コピーの取り方は18ページをご覧ください。（略）

〔参考書式２－２－３〕　収支状況報告書記載例　（東京家裁後見サイト）

記載例　収支状況報告書(平成○年△，○月)

1　収入

	区分，内容	金額(円)	備考（特記事項等）	必要資料例（請求先）
1	年金(老齢基礎年金)	50,633		年金通知書(２か月分)※
2	賃料(財産目録２の建物)	124,000		契約書又は確定申告書控え
3	株式配当金(財産目録８の株式)	10,550		通知書※

A　合計185,133円

2　支出

	区分，内容	金額(円)	備考（特記事項等）	必要資料例（請求先）
4	生活費	40,000		
5	療養費	153,219		施設・病院作成の領収書(２か月分)※
6	住居費	126,000		領収書(２か月分)※
7	税金（固定資産税）	120,000		請求書※
8	保険料（国民健康保険，介護保険）	16,000		請求書※
9	住宅ローン(▲▲銀行○○支店)	84,000	平成○○/○○に終了する予定	
10	借金返済（○○商店）	50,000		領収書※
11	平成○○/○/○胃の手術	300,000		領収書※

B　合計　889,219円

A－B＝　－704,086円

【記載等の要領】

1　直前２か月間の収入及び支出について，記載例を参考にして記入してください。

なお，生活費とは，本人の食費，水道光熱費，被服費等日常生活に要するものとし，住居費や療養費は別の区分としてください。

2　収入・支出（年金，賃料等）については，必要資料例を参考にして，資料を添付してください。

確定申告をしている方は，必ず直近の確定申告書控えのコピーを添付してください。

※　金融機関を通じて，振り込んだり，振り込まれているときは，通帳に取引相手が明記されている場合に限り，領収書等に代えて通帳のコピーを提出することができます。

主な資料

□　確定申告書控え（直近のもの）のコピー

□　病院・施設の領収書のコピー　２か月分

□　普段利用している通帳のコピー　２か月分

〔参考書式２－２－４〕　親族関係図記載例　　（東京家裁後見サイト）

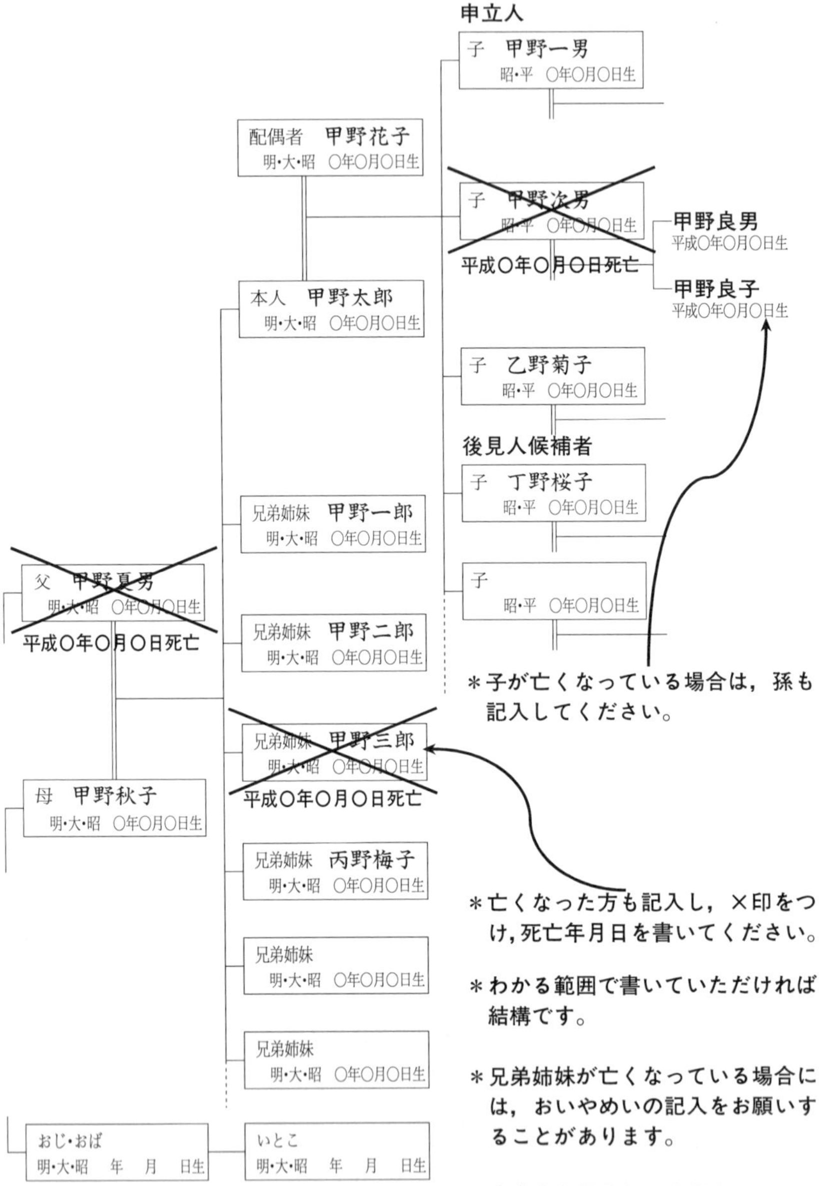

〔参考書式２－２－５〕　後見人等候補者事情説明書　　（東京家裁後見サイト）

後見人等候補者事情説明書

（後見開始，保佐開始，補助開始）

※この事情説明書は，必ず後見人等候補者自身が記載してください。

記入年月日：平成　　年　　月　　日　　記入者氏名：　　　　　　　　印

1　候補者の住所，氏名等について

☐　候補者は申立人である。

☐　申立書候補者欄に記載のとおり

☐　住所：

（平日昼間の連絡先）　　　　　　　　（電話・携帯）　（　　　）

2　候補者は次のいずれかの事由に該当しますか。

☐　未成年者

☐　家庭裁判所で成年後見人等を解任された者

☐　破産者で復権していない者

☐　本人に対して訴訟をしたことがある者，その配偶者又は親子である者

☐　いずれにも該当しない。

3　身上・経歴等

(1)　候補者の家族を記入してください。

氏　　名	年齢	続柄	職業（勤務先，学校名）	同居・別居

(2)　候補者の経歴（学歴，職歴，結婚，出産等）を記入してください。

年月日	最終学歴・主な職歴	年月日	身分の変動，家族関係
・　・	最終学歴（　　　　）を卒業	・　・	
・　・		・　・	
・　・		・　・	
・　・		・　・	

・　・		・　・	

(3)　候補者の健康状態について記入してください。

□良好である。

□あまり良好ではない。

（具体的内容）

(4)　候補者の経済状態等について記入してください。

①　職業：＿＿＿＿＿＿＿＿＿＿＿＿

②　収入：月収・年収　約　　　　　　万円

内訳：給与等　月額　　　　　万円

年金等　月額　　　　　万円

その他の収入（内容：＿＿＿＿）　月額　　　　万円

※収入がない場合

生活費を負担している人の氏名＿＿＿＿＿＿＿＿＿＿

負担している人の月収　　　　　　　　　万円

③　資産：不動産　□有（　　　　　　　　　　　　　　　　）

□無

預貯金（株式，国債等を含む。）　合計約　　　　　万円

④　負債：　借入先　　　　借入目的　　　　負債額

＿＿＿＿＿＿　＿＿＿＿＿＿　　　　　　万円

＿＿＿＿＿＿　＿＿＿＿＿＿　　　　　　万円

⑤　あなたが本人のために立て替えて支払ったものがあれば，その額及び内容並びに，その返済を求める意思があるか否かについて記入してください。

金　額	内　　容	返済を求める意思
円		□求める。　□求めない。

4　今後の方針，計画を具体的に記載してください。

(1)　療養看護の方針や計画について（今後の生活の拠点，必要となる医療や福祉サービス，身の回りの世話等）

(2)　財産管理の方針や計画について（大きな収支の変動，多額の入金の予定があれば，その管理方針等についても記載してください。）

5　後見人等の役割について

(1)　申立人から「成年後見・保佐・補助申立ての手引」を見せてもらいましたか。

□　すべて読み，内容も理解している。

□　すべて読んだが，理解できなかった部分がある。

（不明，疑問な点）

□　読んでいない，または見せてもらっていない。

→申立人に手引をお渡ししてありますので，お読みください。

(2)　後見人等に選任された場合には，次のことに同意しますか。

①　本人の意思を尊重し，その心身の健康に配慮して身上監護を行うこと。

②　本人の財産を後見人等自身のために利用しないことはもちろん，投資，投機等の運用をしたり，贈与，貸付をしたり，本人に借金や保証（抵当権設定を含む。）等させることがないよう誠実に管理すること。また，疑義が生じないように，収支を記録に残すこと。

③　家庭裁判所の指示に従い，後見等事務の監督を受けること。

□　同意する。

□　同意できない，又は疑問がある。

（理由）

〔参考書式２－２－６〕　診断書（成年後見用）　　（東京家裁後見サイト）

※なお，2019年４月頃に新様式に改訂される見込みといわれている。

（東京家庭裁判所本庁・支部提出用）

診　断　書（成年後見用）　　平成21年４月改訂

1　氏名 住所	生年月日　M・T・S・H　年　月　日生（　歳）
2　医学的診断 診断名	

所　見（現病歴，現在症，重症度，現在の精神状態と関連する既往症・合併症など）

（該当する場合にチェック　□遷延性意識障害　□重篤な意識障害）

3　判断能力判定についての意見（下記のいずれかにチェックしてください。）

□　自己の財産を管理・処分することができない。（後見相当）

□　自己の財産を管理・処分するには，常に援助が必要である。（保佐相当）

□　自己の財産を管理・処分するには，援助が必要な場合がある。（補助相当）

□　自己の財産を単独で管理・処分することができる。

判定の根拠

(1)　見当識

□障害がない　□まれに障害が見られる　□障害が見られるときが多い　□障害が高度

(2)　他人との意思疎通

□できる　□できないときもある　□できないときが多い　□できない

(3)　社会的手続や公共施設の利用（銀行等との取引，要介護申請，鉄道やバスの利用など）

□できる　□できないときもある　□できないときが多い　□できない

(4)　記憶力

□問題がない　□問題があるが程度は軽い　□問題があり程度は重い　□問題が顕著

(5)　脳の萎縮または損傷

□ない　□部分的に見られる　□著しい　□不明

(6)　各種検査

長谷川式認知症スケール　（□　点（　月　日実施），□未実施□実施不可）

MMSE　（□　点（　月　日実施），□未実施□実施不可）

その他の検査

(7)　その他特記事項

備　考（本人以外の情報提供者など）

以上のとおり診断します。　平成　年　月　日

担当医師氏名／担当診療科名

氏　名　印　（　科）

病院又は診療所の名称・所在地

tel　（　）

fax　（　）

※鑑定についてのご回答は，「診断書付票」にご記入ください。

診断書を作成していただく医師の方へ

この度は診断書の作成に御協力いただき，ありがとうございます。

家庭裁判所が後見開始の審判をするには，原則として本人の精神状況について鑑定をする必要がありますが，明らかにその必要がないと認める場合には鑑定をしなくてもよいとされています（家事事件手続法119条１項）。東京家庭裁判所では，申立時に定型診断書の提出をお願いしており，提出された診断書の記載や親族等からの聴取内容等の資料を勘案して鑑定の要否を検討しています。

なお，**成年後見制度は，「精神上の障害」により判断能力が不十分な方を法律的に保護する制度ですから，診断名に「精神上の障害」を記載していただく必要があります。**身体上の障害だけが原因となって取引行為ができないような方は，成年後見制度は利用できませんので，診断書作成の際には御留意ください（**介護保険の意見書とは異なります。**）。

また，鑑定をする場合の鑑定人は精神科医や精神保健指定医である必要はなく，通常は主治医の方にお願いしています。そこで，診断書を作成していただいた医師の方に，鑑定をお願いできるかどうかをお伺いしたく，大変御面倒をお掛けいたしますが，別紙の「診断書付票」の各事項にお答えくださいますようお願いいたします。

おって，診断書及び診断書付票は，申立書に添付するものです。直接家庭裁判所にお送りいただくのではなく，作成を依頼した方にお渡しください。

<鑑定手続等に関する説明>

・後見等開始の審判手続は民事訴訟事件ではありませんので，原則として裁判所に出頭を求められることはありません。

・正式な鑑定依頼につきましては，裁判所から改めて書面（鑑定依頼書）を送付する方法により行います。上記のとおり，診断書等から本人の精神状況について明らかに後見等開始相当と判断できる場合には，鑑定依頼をしないこ

ともあります。
・診断書及び鑑定書の作成の手引きは，最高裁判所のウェブサイトからダウンロードできますので参考にしてください（診断書の書式は当庁の書式を使用してください。）。
【http://www.courts.go.jp/saiban/syurui_kazi/kazi_09_02/index.html】
何か御不明な点がありましたらお気軽にお問い合わせください。

東京家庭裁判所後見センター　　　電話03－3502－5359,5369
東京家庭裁判所立川支部後見係　　電話042－845－0322,0324

（東京家庭裁判所本庁・支部提出用）

診断書付票

１　家庭裁判所から鑑定の依頼があった場合，お引き受けいただけますか。
□引き受ける。
□引き受けられない。
□専門ではないから。　□その他（　　　　　　　　　　　　　）
□次の医師を紹介する。
お名前＿＿＿＿＿＿＿＿勤務先＿＿＿＿＿＿＿＿Tel＿＿＿＿＿＿＿＿

２　以下は，鑑定をお引き受けいただける場合にお答えください。
(1)　書面による正式依頼を受けてから鑑定書を提出していただくまでの期間はどのくらいでしょうか。
□２週間　□３週間　□４週間　□その他（＿＿週間）
(2)　鑑定料はいくらでお願いできますか。
□３万円　□５万円　□７万円　□10万円　□その他（＿＿万円）
注：一般的に５万円から10万円程度でお引き受けいただいています。主治医の場合はできれば５万円程度でお願いできればと思います。
(3)　鑑定料の振込先（振込口座番号は正式依頼の際に同封する請求書にお書きください。）
□個人（医師御本人）名義の口座
□法人（医療法人社（財）団○○会など）名義の口座
(4)　鑑定依頼書面の送付先
□診断書記載のとおり
□その他（〒　　　－　　　　　　　　　　）

(5)　電話連絡先
□診断書記載のとおり
□その他　電話＿＿＿＿＿＿＿＿＿＿＿＿
(6)「鑑定書作成の手引」の裁判所からの送付は必要ですか。
□必要　□不要
注：「鑑定書作成の手引」は，裁判所ホームページ（http://www.courts.go.jp）からダウンロードすることもできます（裁判所トップページ→「裁判手続の案内」→「裁判所が扱う事件」→「家事事件」→「成年後見制度における鑑定書・診断書作成の手引」と順にクリックしてください。「2　成年後見制度に関する審判」ではなく，下の方にあります。）。

Ⅲ　審判手続

1　手続の概要

標準的な後見開始の審判の手続は、以下の流れをたどる（〈図3〉も参照）。

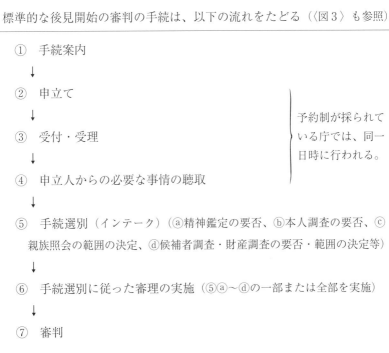

①　手続案内
↓
②　申立て
↓
③　受付・受理
↓
④　申立人からの必要な事情の聴取
（②〜④：予約制が採られている庁では、同一日時に行われる。）
↓
⑤　手続選別（インテーク）（ⓐ精神鑑定の要否、ⓑ本人調査の要否、ⓒ親族照会の範囲の決定、ⓓ候補者調査・財産調査の要否・範囲の決定等）
↓
⑥　手続選別に従った審理の実施（⑤ⓐ〜ⓓの一部または全部を実施）
↓
⑦　審判

↓

⑧　審判確定

↓

⑨　後見登記

各家庭裁判所において、増加する申立件数に対処するため、審理を迅速に行う工夫がされている。例を挙げれば、①手続案内を充実して、申立ての準備の万全を図る、②申立てに関する事情の収集および手続選別を早期に行い、③鑑定を調査官調査等と併行して行う（従前は調査官による包括的調査の終了後鑑定を行う例が多かったので、日時を要した）、④調査官調査は包括調査ではなく、個別調査を原則とする、といった工夫である。

2　手続案内

家庭裁判所の窓口では、受付前の手続案内として、管轄や添付資料の説明などのほか、一定の書式に基づいた申立書や診断書などの書類、各家庭裁判所において独自に作成されている書類の配布なども行われる。制度の趣旨や手続の進行をよく理解し、必要な添付資料などを不足のないように準備することがその後の手続の適正・迅速な進行に重要であるため、できるだけ申立て前に申立人が管轄のある家庭裁判所に出向いて手続説明を受けることが望ましい。管轄の家庭裁判所が申立人の住居から遠方であるなどの事情で何度も出向くことが難しい場合でも、事前に書式、添付書類、費用、申立て後の手続進行などについて確認するとよい。

手続案内では、①申立権の有無、②管轄、③本人の状態、④申立ての動機・目的などについて確認が行われ、家庭裁判所から、①成年後見制度の趣旨、②後見開始に伴う資格喪失・権利制限、③成年後見人の権利義務、④申立人の負担、⑤成年後見人候補者、⑥必要書類、⑦鑑定人の確保、⑧手続の流れなどについて説明がなされ、これらを記載した「成年後見申立ての手引」などの冊子が交付されることが多い。さらに、成年後見人として後見監督に従わなければならないこと、成年後見人がしてはならないことなどの説明がなされている場合もある。

〈図３〉　標準的な審理の流れ

手続案内
＜申立てに必要な書類のセットが交付される＞
1　成年後見申立ての手引
2　申立書、申立事情説明書及び後見人等候補者事情説明書の各用紙
3　定型診断書の用紙
4　登記事項なきことの証明申請書

↓

事件申立て
《申立日時の予約》
＜提出書面が点検される＞
1　申立書、申立事情説明書、後見人等候補者事情説明書
【主な記載事項】
(1)　本人の略歴、家族関係に関する事項
(2)　本人の財産・収支状況に関する事項
(3)　候補者の略歴、本人との生活関係に関する事項
2　戸籍謄本等申立てに必要な書類
3　定型診断書

↓

即日事情聴取
＜申立て当日に、申立書等に記載されている内容が直接申立人及び候補者から確認される＞

↓

鑑　　定
鑑定が必要と判断され、かつ、主治医が鑑定を引き受けている等の条件が整っている場合は、直ちに鑑定手続に入る。
↓
鑑定書提出

親族への意向照会
同意書の提出がない場合、本人の親族に対し、書面により申立ての概要や候補者を伝え、その意向が確認される。
↓
照会書提出

本人調査（面接）
調査が可能な場合は、家庭裁判所調査官が本人と直接面接する。予め申立人に対し、調査日時が連絡される。
↓
報告書作成

↓

審　　理
申立事情説明書、後見人等候補者事情説明書、鑑定結果、調査結果等の内容が検討される。

↓

審　　判
審判書謄本が申立人・後見人等に送付される。

↓

審判確定
後見人等が審判書を受領してから**２週間経過後**である。

確定後、家裁が東京法務局に後見登記の登録を依頼する。登記が済み次第、後見人等には登記番号が通知される（この登記手続には２週間程度かかる）。

※　確定後１か月以内に後見人等が提出しなければならない書面がある。
本人の財産目録・年間収支予定表の提出
ここで提出された財産目録・年間収支予定表が、その後の後見等監督での基礎資料になる。

3　受　付

申立書のほか、手続案内の際に指示された添付書類、手数料や費用を家庭裁判所に提出する。後日、家庭裁判所から内容や添付書類などについて問合せを受けたり、成年後見人として書類を作成する際にも役立つので、提出前に控えを作成しておくとよい。

必要な添付書類のうち、取得に時間のかかる事情があるなど、どうしても申立て時に用意できない書類がある場合は、家庭裁判所に相談する。ただし、申立権の存在を証する書類（戸籍謄本等）や診断書がなければ、そもそも事件を進行させることができないので、受理されない。

その後の手続を迅速に進めるため、申立ては管轄の家庭裁判所にすることが望ましい（管轄のない家庭裁判所に申立てをすると、移送決定によって管轄家庭裁判所に記録を送付することになり、そのための期間や費用が必要となる）。

申立書等の提出を受けた家庭裁判所では、管轄、手数料の有無、必要書類の有無、申立書等の記入漏れなどを審査し、もしあれば補正を促したうえで事件を受理する。

申立て時に申立人や成年後見人候補者などに出頭を求め、即日事情聴取により手続の迅速・適正な進行を図ったり、本人が出頭した場合にはその日のうちに調査官による本人調査を行う家庭裁判所もあるので、手続案内の際に確認しておくとよい。

4　申立人からの事情聴取

申立てがあると家庭裁判所は審理を始めるが、審理の重要な目的は、後見開始の要件としての本人の判断能力の有無・程度に関する情報を収集すること、適任の成年後見人を選任し、かつ、その後の後見監督を効果的なものにするために重要な情報を収集することである。そのため申立人から次のような点を中心に事情聴取が行われる。また、これらは、成年後見人が選任された後の後見計画の策定においても重要な情報である。なお、この事情聴取は、申立書とともに提出した申立事情説明書に基づいて行われる。

①　本人の心身の状態　　本人の発語や意思疎通能力の有無、本人がいわ

ゆる植物状態に該当するかなどの情報は、本人調査や鑑定の手続を実施するか否かの判断に重要である。本人の判断能力の程度が保佐または補助に該当する可能性のある場合には、申立ての趣旨変更の可能性を踏まえ、代理権や同意権付与申立ての意思の有無やその内容についてあらかじめ確認しておくことで迅速な手続に役立つ。本人申立ての場合、本人の精神状態は申立ての意思能力の存否にかかわる。

② 本人の監護状況　本人の介護状況や介護者、入院や入所費用などが確認される。

③ 本人の親族・利害関係人との人間関係　本人の親族関係や推定相続人、親族以外の財産管理者の有無を確認し、それらの者が後見開始の審判申立てや成年後見人になる者に対してどのような意向をもっているか、親族間に意見の対立があるか、親族照会について配慮すべき事項などが確認される。成年後見人候補者についても、欠格事由の有無をはじめ本人との関係や成年後見人としての資質・能力などが確認される。

④ 本人の財産状態　資産や収支の状況、財産の管理者や管理状況、申立てに近接した時点での財産の変動などが確認される。

⑤ 申立ての動機・目的　一般的な財産管理や身上監護のほか、相続や遺産分割、不動産の処分、施設入所といった申立ての動機や目的から申立ての必要性や相当性が確認される。これにより濫用的な申立てが防止され、成年後見人候補者の適格性が判断され、また、その後の後見監督において留意すべき点が検討される。

5　本人の陳述聴取・意向調査

家庭裁判所は、後見開始の審判をするには、本人の陳述を聴かなければならない（法120条１項１号）。また、家庭裁判所は、成年後見人を選任するには成年被後見人（本人）の陳述を聴かなければならない（同項３号）。これらの本人の陳述聴取には、事案に応じて最もふさわしい方法が選択されることになる。後見の対象となる本人は、病院に入院したり老人ホームに入所していて調査のために家庭裁判所に出頭することが困難であることが予想され、また、高齢者・障害者などで事理弁識能力が著しく不十分な可能性があることから、機動性や人間関係諸科学を踏まえた専門性を備えている調査官による本人に対する事実の調査の中で行われることが一般的であるが、審判期日において裁判官が陳述聴取を行うことも考えられる。

ただし、本人がいわゆる植物状態にあるなどの理由で陳述聴取が不可能な場合については、陳述聴取は不要である（法120条１項ただし書）。

調査官による本人に対する事実の調査は、①人定事項および見当識の確認、②本人の生活状況、家族状況、③申立てについての本人の意向、④本人の財産状況および予定される後見事務についての本人の理解度、⑤成年後見人候補者についての本人の意向・感情・態度などについて、原則として面接により行われる。

6　親族の意向照会

推定相続人や事実上の身上監護・財産管理を行っている者に対して書面により行われることが多いが、調査官や書記官が直接話を聞いたり、審問期日で行われることもある。申立てを知っているか、申立てや成年後見人候補者に対する意向はどうか、本人の身上監護や財産管理等につき意見の対立がないか、などが確認される。

なお、最近では、申立てに際し、親族の同意書を提出する扱いも行われており、この書面の提出があった者については、あらためて意向照会を行わない。

7　本人の精神鑑定

後見開始の審判をするには、本人の精神の状況について、医師その他適当な者に鑑定をさせなければならない。ただし、明らかにその必要がないと認めるときは、この限りではない（法119条）。

明らかにその必要がないと認められる場合とは、たとえば、直近において行われた鑑定が利用できたり、本人がいわゆる植物状態であると医師が判断しているような場合である。鑑定が不要とされる場合でも医師の診断等によって本人の精神の状況を判断することとなり、診断書の記載から明らかに植物状態にあると判断される場合には鑑定不要とされ、診断書に添付された別紙によって判断する扱いをしている家庭裁判所もある。

知的障害者についても、療育手帳交付の際の判定において最重度と判定されている者などについて鑑定を不要としている例がある。

鑑定の手続については、民事訴訟に関する法令の規定が適用され（法64条1項）、鑑定人は家庭裁判所によって選任される（民訴213条）。鑑定人は鑑定料および鑑定に生じた費用等を請求することができ（民訴費用18条1項・2項）、その額は家庭裁判所が申立人に予納させることができる（民訴費用11条1項1号・2項・12条1項）。

本人の主治医等を鑑定人に選任することも多いので、申立てに際して診断書の作成を依頼する際、主治医等に対して鑑定の内諾を得ておくことが手続の迅速な進行に役立つ。

鑑定書の書式や記載例は、「成年後見制度における鑑定書作成の手引」に鑑定書記載ガイドラインとともに示されている（後掲（資料1）参照）。

8　成年後見人候補者の適格性審理および意見聴取

(1)　欠格事由

成年後見人候補者に次の事由がある場合には成年後見人となることができない（民847条）。

①　未成年者　　添付書類の戸籍謄本により確認される。

②　家庭裁判所で免ぜられた法定代理人、保佐人または補助人　　家庭裁判所では、事情聴取・調査官調査、戸籍謄本、後見登記等により確認することになろう。

③　破産者　　添付書類の身分証明書または候補者の陳述等により確認する。最近は前者の添付は求められていないようである。

④　本人に対し訴訟をし、またはした者およびその配偶者並びに直系血族　　事情聴取・調査官調査、必要があれば訴訟等の係属証明、裁判書、戸籍謄本を取り寄せるなどして確認する。

⑤　行方の知れない者　　添付書類の住民票の写し、事情聴取・調査官調査等により確認する。

(2)　適任性

成年後見人を選任する場合には、次のような事情を考慮する（民843条４項)。添付書類、事情聴取、調査官調査等により審理することとなる。

① 本人の心身の状態、生活および財産の状況　　精神障害の類型・程度（認知症・知的障害・精神疾患、要介護度等)、在宅・入院・施設入所の別および介護状況、財産の種類・多寡および管理状況等について審理する。

② 成年後見人候補者の職業および経歴

③ 成年後見人候補者と本人との利害関係の有無　　成年後見人候補者と本人が遺産分割または契約の当事者である場合など利害の対立する関係にあるか否かなどについて、添付書類、事情聴取、調査官調査等により審理する。この関係では、申立ての動機・目的も重要である。遺産分割協議や売買等１回的な法律行為で特別代理人の選任により解決できる場合には不適任とまではいえないが、成年後見人候補者が、本人の入所・入院施設の経営者・従業員である場合や賃貸借契約等の継続的契約の当事者である場合などは、特別代理人の選任による処理は不適当であるから、不適任ということになろう。

④ 成年後見人候補者が法人であるときは、その事業の種類・内容並びに法人およびその代表者と本人との利害関係の有無　　法人の種類・内容・代表者については、登記事項証明書（登記簿謄本)、定款等により確認する。利害関係については上記③で述べたとおりである。法人後見と個人後見とは一長一短がある。法人後見は、専門性・組織性・継続性を活かせる事件、すなわち複雑・困難な、あるいは紛争性の強い事件、継続的・長期的関与を要する事件等に適するが、反面、営利目的化の抑制、決裁の迅速性・機動性の有無、責任の所在の明確化、本人との人的信頼関係の形成等に配慮を要する。

⑤ 本人の意見　　本人の陳述・意見聴取を行う（法120条１項３号)。ただ、成年後見人の選択については、本人の意向・意見は尊重されるが、家庭裁判所はこれに拘束されるわけではない。

⑥ その他一切の事情　　成年後見人候補者の年齢・健康・資質能力、財産管理上の不正またはその危惧の有無、本人等との信頼関係（その形成

可能性を含む）の有無等一切の事情である。

⑶　意見聴取

成年後見人選任の審判をするには、その候補者の意見を聴かなければならない（法120条２項１号）。その方法については特に問わない。

⑷　成年後見人等候補者事情説明書

成年後見人候補者の適格性判断の資料収集およびその意見聴取のため、申立書とともに、上記書面を提出させている庁が多い。

9　調査官による調査（法58条）

調査官による調査の対象は、本人調査、申立人・親族調査、成年後見人候補者の適格性調査、財産調査等について行われるが、家庭裁判所各庁はその実情に応じた事件運営のしくみ・方針を採用しており、調査官調査も、包括的調査を原則とする庁から個別（事項）調査かつ本人調査のみを原則とする庁までさまざまである。ただ、傾向としては、事件の迅速な処理の要請、調査目的・事項の明確化、調査官と書記官との役割の分担などの見地から、個別調査を原則とする傾向にある。

10　審　問

裁判官による審問が行われることは稀であるが、成年後見人候補者の適格性に問題があるにもかかわらず当事者・関係者がその者に固執している場合、親族・利害関係人間の対立が厳しく、鑑定に協力が得られなかったり、任意後見監督人選任の申立ても対抗してなされている場合などには、審問が行われる。

Ⅳ　審判とその告知・審判に対する不服申立て

1　審判書

審判は、原則として、所定の事項を記載した審判書を作成して行う（法76条）。最近は、判断能力について鑑定が行われた場合や関係人間に争いがある場合以外は、理由を具体的に書かない。

《審判書記載例２－４－１》　後見開始の審判書例１

平成○年(家)第0001号　後見開始の審判申立事件

審　　判

住所　東京都△区△１丁目１番１号

申立人　　秋　山　もみじ

本籍　△県△郡△町大字△２番地

住所　東京都△区△２丁目２番２号

本　人　　秋　山　冬　朗

昭和○年○月○日生

主　　文

1　本人について後見を開始する。

2　本人の成年後見人として申立人を選任する。

理　　由

1　一件記録及び医師による鑑定の結果によれば，次の事実が認められる。

(1)　本人は，平成○年○月に脳梗塞を発症し，後遺障害により，記銘力低下等の精神神経機能の低下がみられ，さらに平成○年○月には，妄想等の進行の顕在化等がみられた。

本人は，現在，自宅において申立人らの介護を受けて生活しているが，日常会話は可能なものの，記銘力低下，逆行性健忘が著しく，自己の家族の名前をしばしば間違え，訂正が困難なときもみられ，また，日時の感覚は乏しく（家庭裁判所調査官が本人に面接したときには，当日の月日を正しく答えることができなかった。），計算能力も低下しており，鑑定人が実施した長谷川式簡易知能評価スケール改訂版による知能検査は10点であった。

(2)　本人の上記精神状態は，脳血管性認知症によるものであり，そのため，自己の財産を管理・処分することはできず，また，今後この精神状態が回復する可能性は極めて低い。

2　以上の認定事実によれば，本人は，精神上の障害により事理を弁識する能力を欠く常況にあるものと認められるから，後見を開始するのが相当である。

3　本人の成年後見人としては，本人の長男である申立人が相当であると認めるから，申立人を成年後見人に選任する。

4　よって，主文のとおり審判する。

平成○年○月○日

△△家庭裁判所家事第△部
裁判官　大　丘　忠　介　印

《審判書記載例２－４－２》　後見開始の審判書例２

平成○年㈮第0001号　後見開始の審判申立事件

審　　判

住所　東京都△区△１丁目１番１号
申立人　秋　山　も　み　じ
本籍　△県△郡△町大字△２番地
住所　東京都△区△２丁目２番２号
本　人　秋　山　冬　朗
昭和○年○月○日生

本件について，当裁判所は，その申立てを別紙理由のとおり相当と認め，次のとおり審判する。

主　　文

1　本人について後見を開始する。
2　本人の成年後見人として申立人を選任する。

平成○年○月○日

△△家庭裁判所家事第△部
裁判官　大　丘　忠　介　印

（別紙）

理　　由

1　後見開始について

医師による鑑定の結果その他一件記録によれば，本人は，アルツハイマー型認知症により知的能力が著しく低下し（長谷川式簡易知能評価スケール改訂版11点であり，短期記銘力，時・場所の見当識，計算力等が著しく障害されている。），自己の財産を管理・処分する能力がなく，回復の可能性は低いと認められる。以上の事実によれば，本人は精神上の障害により事理を弁識する能力を欠く常況にあると認められるから，後見を開始するのが相当である。

2　成年後見人の選任について

(1)　一件記録によれば，次の事実が認められる。
　①　本人の監護状況
　　自宅にて介護サービスや親族による介護を受けながら生活している。
　②　本人の財産状態
　　現在判明しているものは一件記録中の財産目録及び収支状況報告書記載のとおり
　③　本件申立ての目的
　　本人の亡夫の遺産分割，施設入所契約の締結，その他財産管理・身上監護一般
　④　成年後見人候補者
　　候補者である申立人は，本人の長女であって，成年後見人となるにつき欠格事由及び不適格事由は認められない。
(2)　以上の事実によれば，上記候補者を成年後見人に選任するのが相当である。

※１　《審判書記載例２－４－２》は、筆者が東京家庭裁判所後見センターにおいて作成していた審判書である。事案の概要が一覧的にわかるように工夫してあり、後見監督の際に便宜である。ただ、最近では事件数の激増に鑑み、本文中の審判書記載例（《審判書記載例２－４－１》等）にあるような、理由を付した審判書ではなく、「申立てを理由あるものと認め、次のとおり審判する」として、後見等開始と成年後見人等選任の主文を掲げる、簡略化した審判書を用いるようになった。

※２　申立人が市区町村長の場合

申立人　　東京都△区長
　　　　　青　　空　　晴　　男

《審判書記載例２－４－３①》　第三者専門家を成年後見人に選任するときの主文例

１　本人について後見を開始する。
２　本人の成年後見人として次の者を選任する。
　　住所　東京都○区○町１丁目１番１号
　　（事務所）東京都○区○町２丁目２番２号　○ビル５階　○事務所
　　氏名　　大　　海　　原　　江

《審判書記載例２－４－３②》　成年後見監督人をも選任するときの主文例

1　本人について後見を開始する。 2　本人の成年後見人として申立人を選任する。 3　本人の成年後見監督人として次の者を選任する。 　　　住所　東京都○区○町１丁目１番１号 　　　（事務所）東京都○区○町２丁目２番２号　○ビル５階　○事務所 　　　氏名　　大　　　海　　　原　　　江

《審判書記載例２－４－３③》　手続費用を本人に負担させるときの主文例

1　本人について後見を開始する。 2　本人の成年後見人として次の者を選任する。 　　　住所　東京都○区○町１丁目１番１号 　　　（事務所）東京都○区○町２丁目２番２号　○ビル５階　○事務所 　　　氏名　　大　　　海　　　原　　　江 3　本件手続費用中申立手数料金800円，送達・送付費用金○○円，鑑定費用金○○円及び後見登記手数料金2600円を本人の負担とする。

《審判書記載例２－４－３④》　民法19条１項により後見開始の審判と同時にすでにされた他の類型の審判を取り消すときの主文例

1　本人について後見を開始する。 2　本人の成年後見人として申立人を選任する。 3　当裁判所が平成○年○月○日本人についてした補助開始の審判を取り消す。

２　審判の告知

次の者に対して告知（⑴④は通知）をする。告知の方法は家庭裁判所が相当と認める方法による（法74条１項）。

⑴　後見開始審判の申立てを認容する審判の告知

以下の者に対して行う。

①　申立人（法74条１項）

②　成年後見人に選任される者（法122条３項１号）

③　後見開始の審判により終了する任意後見契約がある場合には、その任意後見人および任意後見監督人（同号）

④　本人に対しては通知をする（同条１項）。

⑵　申立てを却下する審判の告知

申立人（法74条１項）に対し、告知される。

3　不服申立て（即時抗告）の可否・申立権者・方法・申立期間

⑴　後見開始審判の申立てを認容する審判

(A)　申立権者

民法７条に掲げる者（本人、配偶者、４親等内の親族、未成年後見人、未成年後見監督人、保佐人、保佐監督人、補助人、補助監督人、検察官および任意後見10条２項に掲げる者（任意後見受任者、任意後見人、任意後見監督人））（法123条１項１号）は、即時抗告の申立てをすることができる。

なお、市区町村長による即時抗告は認められていない。

(B)　申立期間

成年後見人に対する告知の日（複数ある場合には、そのうち最も遅い日）から２週間である（法123条２項・86条）。

⑵　後見開始審判の申立てを却下する審判

(A)　申立権者

申立人は即時抗告をすることができる（法123条１項２号）。

(B)　申立期間

申立人に対する告知から２週間である（法86条）。

⑶　成年後見人選任の審判

成年後見人選任の審判に対しては、即時抗告はできない。誰を成年後見人として選任するかは、家庭裁判所が諸事情を総合的に考慮して判断すべきものであり、家庭裁判所の裁量に委ねられているからである。

V　登記嘱託

後見開始の審判が効力を生じたときは、書記官は、遅滞なく後見登記法に定める登記を嘱託しなければならない（法116条１号、規77条１項１号）。登記手数料は2600円である（登記手数料令14条１項１号）。

Ⅵ　集団的申立て

1　問題の所在

平成18年10月に障害者自立支援法（現障害者の日常生活及び社会生活を総合的に支援するための法律）が全面的に施行され、20歳以上の障害者の施設入所については、障害者と施設設営者との契約によらなければならないこととなり、多数の入所者について同時にまたは近接した時期に一斉に後見開始申立てをする、いわゆる後見開始の集団的申立ての取扱いが問題となった。申立ての適正・迅速な処理と、後見監督をどのようにするかが主な課題である。

2　裁判所の対応

各家庭裁判所においてとられた対応等を知れた範囲で紹介すると、以下のとおりである。

① 家庭裁判所による事前情報の把握　　施設側からみると、家庭裁判所への情報の伝達である。管轄裁判所、申立予定件数、申立てに係る本人の能力の程度（鑑定・本人面接の要否）等の情報を裁判所が早期に把握すれば、適切な対応をとることができる。

② 本人の住民登録地と施設所在地が異なる場合の管轄対策

③ 説明会の実施　　申立手続に過誤・遺漏のないよう、成年後見制度・申立手続・添付書類等について多数の申立予定者に説明をする必要がある。主催は施設または裁判所いずれでも差し支えない。家庭裁判所も相談を集団的に行うだけであると解すればよい。

④ 集団的申立て専用の書式の作成　　本人の判断能力低下の程度が重く、財産状況が複雑でない事例が多いので、専用の診断書付票、申立書、事情説明書その他の書式を作成する。

⑤ 集中的面接調査　　申立人・本人調査が必要な場合には集中的に行う。

⑥　集団的処理と個別的処理事件の区分　　申立関係資料の審査の結果、個別的処理を相当とする事件については、集団的処理から除外する。

⑦　後見開始審判書の交付・説明会　　審判書を集団的に交付送達し、その機会に、成年後見人の権限と義務、後見監督等について説明する。

⑧　特別の後見監督区分の設定　　施設に関連する事柄は各事件に共通であるから、後見監督の便宜上同一施設の事件を区別しておく。

第３章　保佐開始の審判申立事件

Ⅰ　事件の概要

家庭裁判所は、申立てにより、精神上の障害により事理を弁識する能力が著しく不十分な者について、保佐開始の審判をすることができる（民11条)。判断能力低下の程度が後見類型より軽い場合である。

保佐開始の審判があると、被保佐人は、次の行為については、保佐人の同意がなければ行うことができず、同意なくして行った行為は保佐人において取り消すことができる（民13条１項本文・４項)。ただし、日用品の購入その他日常生活に関する行為についてはこの限りでない（民13条１項ただし書・９条ただし書)。

① 元本を領収し、または利用すること　　元本とは、法定果実（利息、賃料等）を生じる財産（金銭、不動産等）をいう。領収または利用とは、受け取ったり、貸し付けることをいう。ただし、不動産・動産の賃貸は、民法602条の期間を超えない範囲では許される（後記⑨参照)。

② 借財または保証をすること

③ 不動産その他重要な財産に関する権利の得喪を目的とする行為をすること　　不動産、動産、有価証券等の売買・担保権設定のみならず、対価を支払う施設入所契約、有償委任・委託契約等有体物の得喪を伴わない契約も含まれることに注意を要する。

④ 訴訟行為をすること

⑤ 贈与、和解、仲裁合意（仲裁法２条１項）をすること

⑥ 相続の承認もしくは放棄または遺産の分割をすること

⑦ 贈与の申込みを拒絶し、遺贈を放棄し、負担付贈与の申込みを承諾し、または負担付遺贈を承認すること

⑧ 新築、改築、増築または大修繕をすること

⑨ 民法602条に定める期間を超える賃貸借をすること

以上の行為は、本人が、その重要な財産を変動させるかまたはその可能性のある行為、あるいは債務ないし負担を負う行為などであるから、本人の利益を擁護するため、これらの行為を行うには、保佐人の同意を要するものとされた。

Ⅱ　手続の開始

1　申立権者

申立権者は次のとおりである。

①　本人、配偶者、４親等内の親族、成年後見人、成年後見監督人、補助人、補助監督人、検察官（民11条本文。なお、内縁の妻の申立権については第２章Ⅱ１(2)参照）

②　任意後見受任者、任意後見人、任意後見監督人（任意後見10条２項）

③　市区町村長（老人福祉法32条、知的障害者福祉法28条、精神保健福祉法51条の11の２、地方自治法283条）

2　管　轄

本人の住所地の家庭裁判所となる（法128条１項）。

入院・入所先と住民登録地、保佐開始後の住所移動については第２章Ⅱ２参照。

3　申立費用

申立てに要する費用は次のとおりである。

①　申立手数料　　収入印紙　800円（民訴費用３条・別表１・一五）

②　予納郵便切手　　500円×４枚、100円×５枚、82円×15枚、62円×３枚、20円×５枚、10円×10枚、１円×14枚（合計4130円）（または窓口で指示するとおり）

③　登記手数料　　収入印紙　2600円

④　鑑定費用　　鑑定費用の取扱いは、家庭裁判所ごとに異なることがある。事前に、管轄の家庭裁判所に確認することが望ましい。

4　提出書類

最近では、ほとんどの裁判所において、申立書類および必要書類のリストを用意しているので、窓口またはインターネットで取り寄せるのが望ましい。必要な書類は家庭裁判所ごとに異なるが、以下には、一般例を示すこととする（【　】は、東京家庭裁判所の扱いである）。

⑴　申立書類

①　申立書（代理行為目録・同意行為目録）

②　申立事情説明書（申立書付票）

③　親族関係図

④　本人の財産目録およびその資料（通帳写し、不動産の登記事項証明書または登記簿謄本（写しでも可）、領収書写し等）

⑤　本人の収支状況報告書およびその資料（領収書のコピー等）

⑥　後見人等候補者事情説明書

⑦　親族の同意書（注１）

⑵　本人についての添付資料

①　戸籍謄本（全部事項証明書）【戸籍個人事項証明書（本人部分のみ）】

②　住民票の写し（世帯全部、省略のないもの【本人部分のみ、本籍の記載不要】個人番号（マイナンバー）の記載のないもの）

③　後見登記がされていないことの証明書（成年被後見人、被保佐人、被補助人、任意後見契約の本人とする記録がないことの証明）

④　診断書（成年後見用、同付票）（注２）

⑤　療育手帳の写し（交付を受けている場合。東京都では「愛の手帳」と名付けている）

⑶　保佐人候補者についての添付資料

・　住民票の写し（専門職以外については世帯全部、省略のないもの【候補者部分のみ、本籍の記載不要】個人番号（マイナンバー）の記載のないもの）

⑷　申立人についての添付資料

・　戸籍謄本等（申立人が４親等内の親族である場合）【不要】。

（注１）　本人の推定相続人や事実上身上監護をしている親族が後見開始および

後見人候補者を成年後見人に選任することに同意をしている場合には、その同意書を提出する。この同意書の提出があれば家庭裁判所はその者に対し意見照合を行わない（第２章Ⅲの６）。

（注２） 診断書は、実務上、必ず提出を求めている。申立てをすることが適切かどうか（精神上の障害と無関係な病気の場合には手続を利用できない）、申立ての類型が適切かどうか（鑑定の要否、本人の同意の要否など、後見・保佐・補助の各類型によって、その後の手続が異なっている。当初に誤った類型を選択すると、無駄な手続により時間を費やすことがある）の判断に必要となるからである。

なお、診察をした医師は、正当な事由がなければ診断書の交付を拒んではならないとされている（医師法19条２項）。ただし、精神的な能力・病状について判断するには、一定期間診察することを要する場合もあるので、診察をした医師とよく協議をする必要があろう。

診断書については、成年後見制度利用促進基本計画を受けて見直しが行われ、2019年４月頃に新様式に改訂される見込みといわれている。

⑸　同時に代理権付与の申立てもする場合

本人自筆の同意書（自筆ができない場合は、その旨申立ての理由に書いておくとよい）を添付する。

【申立書記載例３－２－１】　保佐開始の審判申立書（保佐開始の審判のみを申し立てる場合）

受付印	保　佐　開　始　申　立　書
	（注意）登記手数料としての収入印紙は，貼らずにそのまま提出してください。 この欄に申立手数料としての収入印紙を貼ってください（貼った印紙に押印しないでください）。 申立手数料：保佐開始のみの場合800円分 保佐開始＋同意権拡張（☆）の場合1,600円分 保佐開始＋代理権付与の場合1,600円分 保佐開始＋同意権拡張（☆）＋代理権付与の場合2,400円分
貼用収入印紙　円 予納郵便切手　円 予納収入印紙　円	

準口頭		関連事件番号　平成　　年（家）第　　　　号

△　△　家庭裁判所 御中 平成　○　年　○　月　○　日	申立人の記名押印	春　野　　か す み　　　印

添付書類	（同じ書類は１通で足ります。審理のために必要な場合は，追加書類の提出をお願いすることがあります。） □ 本人の戸籍謄本（全部事項証明書）　□ 本人の住民票又は戸籍附票 □ 本人の登記されていないことの証明書　□ 本人の診断書（家庭裁判所が定める様式のもの） □ 本人の財産に関する資料　□ 保佐人候補者の住民票又は戸籍附票 □（同意権拡張又は代理権付与を求める場合）同意権，代理権を要する行為に関する資料（契約書写し等） □

申立人	住　所	〒○○○－○○○○　△△市△△町１１番地１	電話 ○○○（○○○）○○○○　（　　方）
	フリガナ 氏　名	ハル　ノ 春　野　　か す み	大正・(昭和)・平成　○ 年 ○ 月 ○ 日生（　　歳）
	職　業	主　婦	
	本人との関係	※１ 本人　２ 配偶者　(３) 四親等内の親族（　　） ４ （未成年・成年）後見人　５ （未成年・成年）後見監督人 ６ 補助人・補助監督人　７ 任意後見受任者・任意後見人・任意後見監督人 ８ その他（　　）	
本人	本　籍 （国　籍）	△　△　都・道・府・(県)　△△市△△町１１番地	
	住　所	〒　－　申立人と同じ	電話　（　　）（　　方）
	フリガナ 氏　名	ハル　ノ　　ハナ　コ 春　野　　花　子	明治・大正・(昭和)・平成　○ 年 ○ 月 ○ 日生（　　歳）
	職　業	無	

（注）太わくの中だけ記入してください。※の部分は，当てはまる番号を○で囲み，３又は８を選んだ場合には，（　）内に具体的に記入してください。　☆民法第13条第１項に規定されている行為については，申立ての必要はありません。

申　立　て　の　趣　旨
本人について保佐を開始するとの審判を求める。
（必要とする場合に限り，当てはまる番号を○で囲んでください。） 1　本人が以下の行為（日用品の購入その他日常生活に関する行為を除く。）をするにも，その保佐人の同意を得なければならないとの審判を求める。（☆） 2　本人のために以下の行為について保佐人に代理権を付与するとの審判を求める。
（行為の内容を記入してください。書き切れない場合は別紙を利用してください。）

申　立　て　の　理　由
（申立ての動機，本人の生活状況など具体的に記入してください。書き切れない場合は別紙を利用してください。）
1　本人は，多発性脳梗塞後遺症である脳血管性認知症により，知的能力が低下
し，現在，肩書住所で家族の介護を受けながら暮らしています。
2　本人は，日常の買物程度はどうやらできますが，重要な財産行為は他人の援
助を必要とする状態にあるため，本申立てをします。

保佐人候補者（適当な人がいる場合に記載してください。）	（いずれかを○で囲んでください。） 1．申立人と同じ（右欄の記載は不要） 2．申立人以外（右欄に記載）	住　所	〒　－　電話　（　） （　方）	
		フリガナ 氏　名		大正 昭和　年　月　日生 平成　（　歳）
		職　業	本人との関係	
		勤務先	電話　（　）	

（注）　太わくの中だけ記入してください。　☆民法第13条第１項に規定されている行為については，申立ての必要はありません。

【申立書記載例３－２－２】　保佐開始の審判申立書（身上監護・財産管理についての比較的広範な代理権付与を求める場合）

申立ての趣旨

本人について，保佐を開始するとの審判を求める。

別紙代理行為一覧記載の行為について，保佐人に代理権を付与するとの審判を求める。

申立ての理由

1　本人は，多発性脳梗塞後遺症である脳血管性認知症により，知的能力が低下し，現在，肩書住所で家族の介護を受けながら暮らしています。

2　本人は，日常の買物程度はどうやらできますが，重要な財産行為は他人の援助を必要とする状態にあるため，本申立てをします。

3　本人の預貯金管理や生活費支出，生活費確保のための不動産処分，身上監護のための入院・入所契約等をするために，別紙代理行為一覧に印を付けた行為について，代理権の付与を求めます。

（東京家裁後見サイト）

（別紙）【保佐・補助開始申立用】

代　理　行　為　目　録

作成者　　春野かすみ

必要な代理行為をチェック又は記入してください（包括的な代理権の付与は認められません。）。

どのような代理権を付与するかは，本人の意向（同意）を踏まえ，裁判所が判断します。

1　財産管理関係

(1)　不動産関係

☑[1]本人の不動産に関する（☑売却，□担保権設定，☑賃貸，□警備，□＿＿＿＿＿＿）契約の締結，更新，変更及び解除

□[2]他人の不動産に関する（□購入，□借地，□借家）契約の締結，更新，変更及び解除

☑[3]住居等の（□新築，□増改築，☑修繕（樹木の伐採を含む。），□解体，□＿＿＿＿＿＿）に関する請負契約の締結，変更及び解除

□[4]本人の不動産内に存する動産の処分

□[5]本人又は他人の不動産に関する賃貸借契約から生じる債権の回収及び債務の弁済

(2)　預貯金等金融関係

☑[1]（☑全ての，□別紙の口座に関する，□別紙の口座を除く全ての）預貯金及び出資金に関する金融機関等との一切の取引（解約（脱退）及び新規口座の開設を含む。）

□[2]預貯金及び出資金以外の本人と金融機関との（□貸金庫取引，□証券取引（保護預かり取引を含む。），□為替取引，□信託取引，□＿＿＿＿＿）

(3)　保険に関する事項

☑[1]保険契約の締結，変更及び解除

☑[2]保険金及び賠償金の請求及び受領

(4)　その他

☑[1]（☑年金，障害手当金その他の社会保障給付，□臨時給付金その他の公的給付，□配当金，□＿＿＿＿＿）の受領及びこれに関する諸手続

☑[2]（☑公共料金，☑保険料，□ローンの返済金，□管理費等，□＿＿＿＿＿）の支払及びこれに関する諸手続

☑[3]情報通信（携帯電話，インターネット等）に関する契約の締結，変更，解除及び費用の支払

□[4]本人の負担している債務に関する弁済合意及び債務の弁済（そのための交渉を含む。）

□[5]本人が現に有する債権の回収（そのための交渉を含む。）

2　相続関係

□[1]相続の承認又は放棄

□[2]贈与又は遺贈の受諾

□[3]遺産分割（協議，調停及び審判）又は単独相続に関する諸手続

□[4]遺留分減殺請求（協議及び調停）に関する諸手続

3　身上監護関係

☑[1]介護契約その他の福祉サービス契約の締結，変更，解除及び費用の支払並びに還付金等の受領

☑[2]介護保険，要介護認定，健康保険等の各申請（各種給付金及び還付金の申請を含む。）及びこれらの認定に関する不服申立て

☑[3]福祉関係施設への入所に関する契約（有料老人ホームの入居契約等を含む。）の締結，変更，解除及び費用の支払並びに還付金等の受領

☑[4]医療契約及び病院への入院に関する契約の締結，変更，解除及び費用の支払並びに還付金等の受領

4　その他

☑[1]税金の申告，納付，更正，還付及びこれらに関する諸手続

☑[2]登記，登録の申請

☑[3]マイナンバー関連書類の受領

□[4]調停手続（**2**[3]及び[4]を除く。）及び訴訟手続（民事訴訟法55条2項の特別授権事項を含む。）

※保佐人又は補助人が申立代理人又は訴訟代理人となる資格を有する者であるときのみ付与することができる。

□[5]調停手続（**2**[3]及び[4]を除く。）及び訴訟手続（民事訴訟法55条2項の特別授権事項を含む。）について，申立代理人又は訴訟代理人となる資格を有する者に対し授権をすること

□[6]＿＿＿＿＿＿＿＿＿＿＿＿＿＿＿＿＿＿＿＿＿＿＿＿＿＿＿＿

5　関連手続

☑[1]以上の各事務の処理に必要な費用等の支払

☑[2]以上の各事務に関連する一切の事項（公的な届出，手続等を含む。）

以　上

【申立書記載例3－2－3】　保佐開始の審判申立書（行為を限定して代理権の付与を求める場合）

申立ての理由

1　本人は，交通事故により脳挫傷の傷害を負い，その後遺障害により，知的能力が低下し，現在，○○市内の「△△病院」に入院しています。

2　本人は，施設内での買物程度はできますが，重要な財産行為は他人の援助を必要とする状態にあるため，本申立てをします。

3　このたび，本人の交通事故の損害賠償に関する示談交渉，場合によっては訴訟を行う必要が生じ，また，本人の亡父の遺産分割の必要も生じたので，保佐人には弁護士である青空晴子を選任した上，別紙代理行為目録記載の行為について代理権の付与を求めます。

（別紙）

代理行為目録

１　交通事故による損害賠償請求に関する示談，訴訟行為等（民事訴訟法55条２項の特別授権事項を含む。）
２　本人の亡父の遺産分割に関する協議，調停，審判及びこれらに関する一切の行為

以上

Ⅲ　審判手続

審判手続は後見と同様である。以下については、第２章を参照されたい。

⑴　手続の概要
⑵　手続案内
⑶　受付
⑷　申立人・保佐人候補者等からの事情聴取
⑸　本人の陳述聴取・意向調査
⑹　親族の意向照会
⑺　本人の精神鑑定
⑻　保佐人候補者の適格性審理
⑼　調査官による調査
⑽　審問

Ⅳ　審判とその告知・審判に対する不服申立て

１　審判書

審判は、原則として、所定の事項を記載した審判書を作成して行う（法76条）。

《審判書記載例３－４－１》　保佐開始の審判書（代理権付与、保佐人の同意を要する行為の定めがない場合）

平成○年(家)第0001号　保佐開始の審判申立事件

審　　　　判

住所　△△県△△市△△町11番地１

申　立　人　　　　春　　　野　　　かすみ

本籍　△△県△△市△△町11番地

住所　△△県△△市△△町11番地１

本　　　人　　　　春　　　野　　　花　　　子

昭和○年○月○日生

主　　　　文

1　本人について保佐を開始する。

2　本人の保佐人として申立人を選任する。

理　　　　由

1　保佐開始について

医師による鑑定の結果その他一件記録によれば，本人は，多発性脳梗塞後遺症に起因する認知症により知的能力が低下し（知能検査の結果は改訂長谷川式簡易知能評価スケール16点），自己の財産を管理・処分するには常に援助が必要な状態にあって，回復の可能性は低いと認められ，本人は精神上の障害により事理を弁識する能力が著しく不十分であるから，保佐を開始するのが相当である。

2　保佐人の選任について

⑴　一件記録によれば，以下の事実が認められる。

①　本人の生活状況について

自宅で家族と暮らし，その介護を受けている。

②　本人の財産状態

現在判明しているものは一件記録中の財産目録記載のとおりである。

③　本件申立ての動機・目的

入院・入所契約，生活費等確保のための不動産処分（売却・賃貸），その他の身上監護及び財産管理

④　保佐人候補者

本人の長女（申立人）であって，欠格事由及び不適格事由は認められない。

⑵　以上の事実によれば，上記候補者を保佐人に選任するのが相当である。

よって，主文のとおり審判する。

平成○年○月○日

△△家庭裁判所家事部

裁判官　　大　　　丘　　　忠　　　介　印

《審判書記載例３－４－２》　保佐開始の審判書（比較的広範な代理権付与の審判を伴う場合）

平成○年(家)第0001号　保佐開始の審判申立事件
同第0002号　保佐人に対する代理権付与申立事件

審　　判

住所　△△県△△市△△町11番地１
申　立　人　　春　野　か す み
本籍　△△県△△市△△町11番地
住所　△△県△△市△△町11番地１
本　　人　　春　野　花　子
昭和○年○月○日生

主　　文

１　本人について保佐を開始する。
２　本人の保佐人として申立人を選任する。
３　本人のために別紙代理行為目録記載の行為について保佐人に代理権を付与する。

理　　由

１　保佐開始について
医師による鑑定の結果その他一件記録によれば，本人は，多発性脳梗塞後遺症に起因する認知症により知的能力が低下し（知能検査の結果は改訂長谷川式簡易知能評価スケール16点），自己の財産を管理・処分するには常に援助が必要な状態にあって，回復の可能性は低いと認められ，本人は精神上の障害により事理を弁識する能力が著しく不十分であるから，保佐を開始するのが相当である。

２　保佐人の選任について
(1)　一件記録によれば，以下の事実が認められる。
①　本人の生活状況について
自宅で家族と暮らし，その介護を受けている。
②　本人の財産状態
現在判明しているものは一件記録中の財産目録記載のとおりである。
③　本件申立ての動機・目的
入院・入所契約，生活費等確保のための不動産処分（売却・賃貸），そ

の他の身上監護及び財産管理

④　保佐人候補者

本人の長女（申立人）であって，欠格事由及び不適格事由は認められない。

(2)　以上の事実によれば，上記候補者を保佐人に選任するのが相当である。

3　代理権の付与について

別紙代理行為目録記載の事項について保佐人に代理権を付与するにつき，本人も同意しており，その必要性及び相当性が認められる。

よって，主文のとおり審判する。

平成○年○月○日

△△家庭裁判所家事部

裁判官　大　丘　忠　介　印

（別紙）

代理行為目録

1　本人の不動産に関する取引（売却，賃貸）

2　住居等の修繕に関する請負契約の締結・変更・解除

3　全ての預貯金及び出資金に関する金融機関等との一切の取引（解約（脱退）及び新規口座の開設を含む。）

4　保険契約の締結・変更・解除

5　保険金及び賠償金の請求及び受領

6　年金，障害手当金その他の社会保障給付の受領及びこれに関する諸手続

7　公共料金，保険料の支払及びこれに関する諸手続

8　情報通信（携帯電話，インターネット等）に関する契約の締結，変更，解除及び費用の支払

9　介護契約その他の福祉サービス契約の締結，変更，解除及び費用の支払並びに還付金等の受領

10　介護保険，要介護認定，健康保険等の各申請（各種給付金及び還付金の申請を含む。）及びこれらの認定に関する不服申立て

11　福祉関係施設への入所に関する契約（有料老人ホームの入居契約等を含む。）の締結，変更，解除及び費用の支払並びに還付金等の受領

12　医療契約及び病院への入院に関する契約の締結，変更，解除及び費用の支払並びに還付金等の受領

13　税金の申告，納付，更正，還付及びこれらに関する諸手続
14　登記，登録の申請
15　マイナンバー関連書類の受領
16　以上の各事務の処理に必要な費用の支払
17　以上の各事務に関連する一切の事項（公的な届出，手続等を含む。）

以上

《審判書記載例３－４－３》　保佐開始の審判書（特定の行為に限定した代理権付与の審判を伴う場合）

平成○年(家)第0001号　保佐開始の審判申立事件
同第0002号　保佐人に対する代理権付与申立事件

審　　　判

住所　△△県△△市△△町11番地１
申　立　人　　春　野　か　す　み
本籍　△△県△△市△△町11番地
住所　△△県△△市△△町11番地１
本　　人　　春　野　花　子
昭和○年○月○日生

主　　　文

１　本人について保佐を開始する。
２　本人の保佐人として次の者を選任する。
住所　△△県△△市△町２丁目２番地２　□マンション101
（事務所）△△県△△市△△町３－３－３　△ビル５階
氏名　青　空　晴　子
３　本人のために別紙代理行為目録記載の行為について保佐人に代理権を付与する。

理　　　由

１　保佐開始について
医師による鑑定の結果その他一件記録によれば，本人は，交通事故により脳挫傷の傷害を負い，その後遺障害により知的能力が低下し（知能検査の結果は改訂長谷川式簡易知能評価スケール16点），自己の財産を管理・処分するには常に援助が必要な状態にあって，回復の可能性は低いと認められ，本人

は精神上の障害により事理を弁識する能力が著しく不十分であるから，保佐を開始するのが相当である。

2　保佐人の選任について

⑴　一件記録によれば，以下の事実が認められる。

①　本人の生活状況について

△△市所在の「△△病院」に入院中

②　本人の財産状態

現在判明しているものは一件記録中の財産目録記載のとおりである。

③　本件申立ての動機・目的

交通事故による損害賠償請求の示談・訴訟，亡父の遺産分割等

④　保佐人候補者

弁護士青空晴子であって，欠格事由及び不適格事由は認められない。

⑵　以上の事実によれば，上記候補者を保佐人に選任するのが相当である。

3　代理権の付与について

別紙代理行為目録記載の事項について保佐人に代理権を付与するにつき，本人も同意しており，その必要性及び相当性が認められる。

よって，主文のとおり審判する。

平成○年○月○日

△△家庭裁判所家事部

裁判官　大　丘　忠　介　印

（別紙）

代理行為目録

1　交通事故による損害賠償請求に関する示談，訴訟行為等（民事訴訟法55条2項の特別授権事項を含む。）

2　本人の亡父の遺産分割に関する協議，調停，審判及びこれらに関する一切の行為

以上

2　審判の告知

次の者に対して告知をする。告知の方法は家庭裁判所の相当と認める方法による（法74条1項）。

⑴　保佐開始・保佐人選任の審判

以下の者に対して行う。

①　申立人（法74条１項）

②　保佐人に選任される者（法131条１項１号）

③　保佐開始の審判により終了する任意後見契約がある場合には、その任意後見人および任意後見監督人（法131条１項１号、任意後見10条３項）

④　本人（法74条１項）

⑵　代理権付与の審判

以下の者に対して行う。

①　保佐人（法74条１項）

②　本人（法131条１項６号）

⑶　申立てを却下する審判

申立人に対して告知する（法74条１項）。

3　不服申立て（即時抗告）の可否・申立権者・方法・申立期間

⑴　保佐開始審判の申立てを認容する審判

(A)　申立権者

民法11条に掲げる者（本人、配偶者、４親等内の親族、後見人、後見監督人、補助人、補助監督人、検察官および任意後見10条２項に掲げる者（任意後見受任者、任意後見人、任意後見監督人）（法132条１項１号））は即時抗告の申立てができる。

なお、市区町村長による即時抗告は認められていない。

(B)　申立期間

本人および保佐人に対する告知の日（複数ある場合には、そのうち最も遅い日）から２週間である（法86条）。

⑵　保佐開始審判の申立てを却下する審判

(A)　申立権者

申立人は即時抗告ができる（法132条１項２号）。

(B)　申立期間

申立人に対する告知から２週間（法86条）である。

⑶　保佐人選任の審判

保佐人選任の審判に対しては、即時抗告はできない。誰を保佐人として選任するかは、家庭裁判所が諸事情を総合的に考慮して判断すべきものであり、家庭裁判所の裁量に委ねられているからである。

Ⅴ　登記嘱託

保佐開始の審判が効力を生じたときは、書記官は、遅滞なく後見登記法に定める登記を嘱託しなければならない（法116条１号、規77条１項１号）。登記手数料は2600円である（登記手数料令14条１項２号）。

Ⅵ　保佐人の同意を要する行為の定め（同意権付与）の審判申立事件

１　事件の概要

保佐開始の審判があれば、被保佐人が民法13条１項に掲げる行為をするについては当然に保佐人の同意を得なければならないが、家庭裁判所は、一定の者の申立てにより、被保佐人が民法13条１項各号に掲げる行為以外の行為をする場合であっても、保佐人の同意を得なければならない旨の審判をすることができる（民13条２項、法別表第一18の項）。ただし、日用品の購入その他日常生活に関する行為については、上記審判をすることはできない（民13条２項ただし書・９条ただし書）。

同意権付与の対象となる行為は、民法13条１項に掲げる行為以外の法律行為であり、取引の安全保護の見地から、申立ておよび審判において特定される必要がある。行為の例としては、短期賃貸借（長期賃貸借は民13条１項９号）、預貯金の管理・払戻し（民13条１項１号の元本の領収または利用に該当しない行為）、雇用・委任契約および介護契約・施設入所契約・医療契約（ただし、相当な対価を伴う契約は民13条１項３号の「重要な財産の権利の得喪を目的とする行為」に該当する）、要介護認定の申請、登記の申請等が考えられる。

2　申立手続

⑴　申立権者

申立権者は次のとおりである。

① 本人、配偶者、４親等内の親族、後見人、後見監督人、保佐人、保佐監督人、補助人、補助監督人、検察官（民13条２項・民11条）

② 任意後見受任者、任意後見人、任意後見監督人（任意後見10条２項）

③ 市区町村長（老人福祉法32条、知的障害者福祉法28条、精神保健福祉法51条の11の２、地方自治法283条）

⑵　管　轄

保佐開始の審判をし、またはその事件の係属する家庭裁判所である（法128条２項）。

⑶　申立費用

申立てに要する費用は次のとおりである。

① 申立手数料　　収入印紙　800円（民訴費用３条１項・別表１・一五）

② 予納郵便切手　　500円×３枚、100円×５枚、82円×10枚、62円×２枚、20円×８枚、10円×10枚、１円×16枚（合計3220円）（または窓口で指示するとおり）

③ 登記手数料　　収入印紙　1400円

ただし、保佐開始の審判申立てと同時に申し立てる場合には②③は不要。後記４参照。

⑷　添付書類

申立てには以下の書類を添付する。家庭裁判所により異なるので、以下には一般例を示す（【　】は、東京家庭裁判所の例である）。

① 申立人の戸籍謄本【住民票の写し】**（注３）**

② 本人の戸籍謄本【戸籍抄本】、住民票の写しまたは戸籍附票の写し、後見登記事項証明書**（注３）**

（注３） 開始申立て時に提出してあり、記載内容に変更がない場合は不要としている庁もある。

【申立書記載例３－６】 保佐人の同意を要する行為の定めの審判申立書

受付印	家事審判申立書　事件名（保佐人の同意を要する行為の定め）
	（この欄に申立手数料として１件について800円分の収入印紙を貼ってください。） （貼った印紙に押印しないでください。） （注意）登記手数料としての収入印紙を納付する場合は，登記手数料としての収入印紙は貼らずにそのまま提出してください。
収入印紙　円 予納郵便切手　円 予納収入印紙　円	

準口頭		関連事件番号　平成　　年（家　　）第　　　　号

△　△　家庭裁判所 御中 平成　○　年　○　月　○　日	申立人 （又は法定代理人など） の記名押印	春野　かすみ　㊞

添付書類	（審理のために必要な場合は，追加書類の提出をお願いすることがあります。）

申立人	本籍（国籍）	（戸籍の添付が必要とされていない申立ての場合は，記入する必要はありません。） △　△　都道府㊉県　△△市△△町１１番地	
	住所	〒○○○－○○○○ △△市△△町１１番地１	電話　○○○（○○○）○○○○ （　　方）
	連絡先	〒　－	電話　（　） （　　方）
	フリガナ 氏名	ハルノ 春野　かすみ	大正 ㊐昭和 平成　○年○月○日生 （　　歳）
	職業	主婦（保佐人）	
※ 被保佐人	本籍（国籍）	（戸籍の添付が必要とされていない申立ての場合は，記入する必要はありません。） △　△　都道府㊉県　△△市△△町１１番地	
	住所	〒　－ 申立人と同じ	電話　（　） （　　方）
	連絡先	〒　－	電話　（　） （　　方）
	フリガナ 氏名	ハルノ　ハナコ 春野　花子	大正 ㊐昭和 平成　○年○月○日生 （　　歳）
	職業	無	

（注）太枠の中だけ記入してください。※の部分は，申立人，法定代理人，成年被後見人となるべき者，不在者，共同相続人，被相続人等の区別を記入してください。

申　立　て　の　趣　旨
「被保佐人は，別紙同意行為目録記載の行為をするにもその保佐人の同意を得なければならない。」との審判を求める。

申　立　て　の　理　由
被保佐人は，平成○年○月○日に保佐開始の審判を受け，申立人が保佐人に選任されたが，保佐人が別紙同意行為目録記録の行為を一人で判断して行うと不利益を被るおそれがあるので，本件申立てをします。

（別紙）

同意行為目録

1　本人所有の不動産につき民法602条に定める期間を超えない賃貸借をすること

2　本人につき要介護認定の申請及びこれに関し不服申立てをすること

以上

3　審理手続

⑴　審　理

家庭裁判所は、申立てのあった法律行為について、保佐人の同意を得なければならないものとする必要性・相当性の有無を審理する。その判断は、事案に即し、その法律行為の性質、難易度、本人がその法律行為をする可能性およびそれをすることにより本人の利益が害されるおそれ並びに取引の安全等を総合的に考慮してなされる。

家庭裁判所は、申立てを相当と認めたときは、特定の法律行為について保佐人の同意を得なければならない旨の審判をする。

家庭裁判所は、申立てを不相当と認めるときは、申立却下の審判をする。

《審判書記載例３－６》　保佐人の同意を要する行為の定めの審判書

平成○年(家)第0003号　保佐人の同意を要する行為の定めの審判申立事件

審　　　判

住所　△△県△△市△△町11番地１

申立人（保佐人）　春　野　か す み

本籍　△△県△△市△△町11番地

住所　△△県△△市△△町11番地１

本人（被保佐人）　春　野　花　子

昭和○年○月○日生

当裁判所は，本件申立てを相当と認め，次のとおり審判する。

主　　　文

被保佐人は，別紙同意行為目録記載の行為をするにもその保佐人の同意を

得なければならない。 平成○年○月○日 △△家庭裁判所家事部 裁判官　大　丘　忠　介　印

（別紙）　同意行為目録（申立書の別紙と同じ）

⑵　審判の告知

申立認容の審判は、次の者に対し告知をする。

①　被保佐人（法74条１項）

②　申立人（同項）

③　保佐人（法131条１項２号）

申立却下の審判は、申立人のみに告知される（法74条１項）。

⑶　即時抗告

認容審判・却下審判のいずれに対しても、不服の申立てはできない。

4　登記嘱託

保佐人に対する同意権付与の審判が効力を生じた場合、書記官は、遅滞なく、後見登記法に定める登記嘱託をしなければならない（法116条１号、規77条１項７号）。

同意権付与の審判（保佐開始の審判と同時にされたものを除く）に基づく登記手数料は、1400円である（登記手数料令15条１項１号）。

なお、同意権付与の審判が保佐開始の審判と同時にされた場合、その登記手数料は、保佐開始の審判に基づく登記の手数料の額に含まれる（登記手数料令14条３項３号）。

Ⅶ　保佐人に対する代理権の付与の審判申立事件

1　事件の概要

⑴　代理権付与の趣旨

平成11年改正民法において新しい成年後見制度が設けられる前は、保佐人には代理権が認められておらず、この点が本人保護の見地から不都合であると批判されていた。そこで、改正民法は、家庭裁判所は、一定の者の申立てにより（職権による付与は認められていない）、被保佐人のために、特定の法律行為について保佐人に代理権を付与する旨の審判をすることができるものとした（民876条の４第１項、法別表第一32の項）。本人以外の者の申立てによってこの審判をするには、本人の同意がなければならない（民876条の４第２項）。

この審判の申立ては、保佐開始の審判の申立てとともになされる場合と、保佐開始の審判がされた後にされる場合とがある。

(2)　法律行為の特定性

「本人の（すべての）財産の管理・処分」という代理行為は、包括的で、あらゆる財産的法律行為を含むもので、特定性を欠き、許されないものと解される。では、法律行為を特定するにあたり、どの程度具体的にする必要があるか。すなわち、たとえば、「別紙目録記載の不動産の売却」と具体的に特定することを要するか、それとも「本人所有の不動産の売却」といった程度で足りるかという問題であるが、これはどちらでも特定性を満たすと解されている。

(3)　代理権付与の対象となる行為の範囲

民法上明文の規定はないが、行為の性質および代理権付与の必要性・相当性に基づく制限は考えられる。一身専属的な法律行為、たとえば遺言および婚姻、認知等の行為について代理権を付与することは許されない。これに対し、株主の議決権の代理行使は許される。訴訟行為については代理権付与が認められる。訴訟代理権を付与しうる保佐人の資格については法律上の制限はないが、運用上弁護士等の資格を有する者に限るべきである。

(4)　代理行為目録

実務においては、代理行為を一覧的に記載した、代理行為目録等を用意しておき、その中から代理権の付与を求める行為を選んでチェックする方式を採っている。

2　手続の開始

⑴　申立権者

申立権者は次のとおりである。

① 本人、配偶者、４親等内の親族、後見人、後見監督人、保佐人、保佐監督人、補助人、補助監督人、検察官（民876条の４第１項・11条）

② 市区町村長（老人福祉法32条、知的障害者福祉法28条、精神保健福祉法51条の11の２、地方自治法283条）

③ 任意後見受任者、任意後見人、任意後見監督人（任意後見10条２項）

⑵　管　轄

保佐開始の審判をし、またはその事件の係属する家庭裁判所である（法128条２項）。

⑶　申立費用

申立てに要する費用は次のとおりである。

① 申立手数料　　収入印紙　800円（民訴費用３条１項・別表１・一五）

② 予納郵便切手　　500円×３枚、100円×５枚、82円×10枚、62円×２枚、20円×８枚、10円×10枚、１円×16枚（合計3220円）（または窓口で指示するとおり）

③ 登記手数料　　収入印紙　1400円

ただし、保佐開始の審判申立てと同時に申し立てる場合には②③は不要。後記４参照。

⑷　添付書類

申立てには、次の書類を添付する。家庭裁判所により異なるので、以下には一般例を示す（【　】は、東京家庭裁判所の例である）。

① 申立人の戸籍謄本【住民票の写し】**（注４）**

② 本人の戸籍謄本【戸籍抄本】、住民票の写しまたは戸籍附票の写し、後見登記事項証明書**（注４）**

東京家庭裁判所では、申立て時に被保佐人自筆の同意書を添付する扱いである。

（注４）　開始申立て時に提出してあり、記載内容に変更がない場合は不要としている庁もある。

【申立書記載例３－７】　保佐人に対する代理権付与の審判申立書

受付印	家事審判申立書　事件名（保佐人に対する代理権付与）
	（この欄に申立手数料として１件について800円分の収入印紙を貼ってください。） （貼った印紙に押印しないでください。）
収入印紙　円 予納郵便切手　円 予納収入印紙　円	（注意）登記手数料としての収入印紙を納付する場合は，登記手数料としての収入印紙は貼らずにそのまま提出してください。

準口頭		関連事件番号　平成　年（家　）第　号

△　△　家庭裁判所 御中 平成　○　年　○　月　○　日	申立人 （又は法定代理人など） の記名押印	春　野　かすみ　㊞

添付書類	（審理のために必要な場合は，追加書類の提出をお願いすることがあります。）

申立人	本籍（国籍）	（戸籍の添付が必要とされていない申立ての場合は，記入する必要はありません。） △△　都道府㊖県　△△市△△町ｌｌ番地	
	住所	〒○○○－○○○○ △△市△△町ｌｌ番地ｌ	電話　○○○（○○○）○○○○ （　方）
	連絡先	〒　－	電話　（　） （　方）
	フリガナ 氏名	ハルノ 春野　かすみ	大正・㊗昭和・平成　○年○月○日生 （　歳）
	職業	主婦（保佐人）	
※ 被保佐人	本籍（国籍）	（戸籍の添付が必要とされていない申立ての場合は，記入する必要はありません。） △△　都道府㊖県　△△市△△町ｌｌ番地	
	住所	〒　－ 申立人と同じ	電話　（　） （　方）
	連絡先	〒　－	電話　（　） （　方）
	フリガナ 氏名	ハルノ　ハナコ 春野　花子	大正・㊗昭和・平成　○年○月○日生 （　歳）
	職業	無	

（注）太枠の中だけ記入してください。※の部分は，申立人，法定代理人，成年被後見人となるべき者，不在者，共同相続人，被相続人等の区別を記入してください。

申　　立　　て　　の　　趣　　旨
「被保佐人のために別紙代理行為目録記載の行為について保佐人に代理権を付与する。」との審判を求める。

申　　立　　て　　の　　理　　由
被保佐人は，平成○年○月○日に保佐開始の審判を受け，申立人が保佐人に選任されたが，このたび，被保佐人の夫が死亡してその遺産分割の必要が生じ，また，本人の株式を売却する必要も生じたところ，被保佐人が自ら行うには不安があり代理して行ったほうが適切，迅速に処理できると思われるので，本件申立てをします。

（別紙）

代理行為目録

1　本人の亡父の遺産分割
2　本人の株式の売却

以上

3　審理手続

⑴　審理・審判

家庭裁判所は、申立ての範囲内において、個々の事案に即して付与の必要性・相当性を判断する。前述のとおり、代理権の付与は申立人の請求によることとされ、職権による付与は認められていない。したがって、家庭裁判所は申立てに含まれない行為について代理権を付与することはできない。一方、申立てに含まれる行為について、家庭裁判所は、その判断により代理権を付与しないことができる。

本人以外の者による申立ての場合には、本人の同意がなければならない（民876条の4第2項）。この審判が、保佐開始の審判とともに申し立てられた場合には、保佐開始の審判をするにあたって本人の陳述を聴取する中で（法130条）、同意の確認がなされることになる。したがって、家庭裁判所は申立てのあった行為のうち、本人の同意が得られた法律行為のみを対象として代理権付与の審判をすることができる。

家庭裁判所は、申立てのあった法律行為について、代理権付与の必要性・相当性の有無を審理する。

家庭裁判所は、申立てを相当と認めたときは、保佐人に対する代理権付与の審判をする。

家庭裁判所は、申立てを不相当と認めるときは、申立却下の審判をする。

《審判書記載例３－７》　保佐人に対する代理権付与の審判書

平成○年(家)第0004号　保佐人に対する代理権付与の審判申立事件

審　　　判

住所　△△県△△市△△町11番地１
申立人（保佐人）　春　野　かすみ
本籍　△△県△△市△△町11番地
住所　△△県△△市△△町11番地１
本人（被保佐人）　春　野　花　子
昭和○年○月○日生

当裁判所は，本件申立てを相当と認め，次のとおり審判する。

主　　　文

被保佐人のために別紙代理行為目録記載の行為について保佐人に代理権を付与する。

平成○年○月○日

△△家庭裁判所家事部
裁判官　大　丘　忠　介　印

（別紙）　代理行為目録（申立書の別紙と同じ）

※なお、遺産分割については、被保佐人と保佐人が共同相続人である場合には利益相反行為となるので、臨時保佐人の選任を要する。

⑵　審判の告知

審判は、次の者に対して告知する。

①　被保佐人（法131条１項６号）

②　申立人（法74条１項）

③　保佐人（同項）

申立却下の審判は、申立人のみに告知される（法74条１項）。

⑶　即時抗告

認容審判・却下審判のいずれに対しても、不服の申立てはできない。

4　登記嘱託

保佐人に対する代理権付与の審判が効力を生じた場合、書記官は、遅滞なく、後見登記法に定める登記嘱託をしなければならない（法116条1号、規77条1項8号）。

代理権付与の審判（保佐開始の審判と同時にされたものを除く）に基づく登記手数料は、1400円である（登記手数料令15条1項2号）。

なお、代理権付与の審判が保佐開始の審判と同時にされた場合、その登記手数料は、保佐開始の審判に基づく登記の手数料の額に含まれる（登記手数料令14条3項4号）。

第４章　補助開始の審判申立事件

Ⅰ　事件の概要

平成11年改正民法においては、後見、保佐に加え、新しく補助の制度が設けられた。本人の判断能力低下の程度は後見・保佐類型には至らないが、重要な法律行為については補助人の同意を要するものとし、あるいは、特定の法律行為について補助人に代理権を付与することによって、本人を保護し、法律行為遂行の利便性を与える制度である。

すなわち、家庭裁判所は、一定の者の申立てにより、精神上の障害により事理を弁識する能力が不十分な者について、補助開始の審判をすることができる（民15条１項、法別表第一36の項）。

一方、本人の自己決定を尊重するため、本人以外の者の申立てにより補助開始の審判をするには、本人の同意がなければならないものとした（民15条２項）。

そして、補助の制度が、個々の法律行為について、本人を保護し、利便性を与える制度の趣旨から、補助開始の審判は、同意を得ることを要する行為の定めの審判（民17条１項）または代理権付与の審判（民876条の９第１項）とともにすることを要するものとした（民15条３項）。

Ⅱ　手続の開始

１　申立権者

申立権者は次のとおりである。

① 本人、配偶者、４親等内の親族、成年後見人、成年後見監督人、保佐人、保佐監督人、検察官（民11条本文。なお、内縁の妻の申立権については第２章Ⅱ１⑵参照）

② 任意後見受任者、任意後見人、任意後見監督人（任意後見10条２項）

③　市区町村長（老人福祉法32条、知的障害者福祉法28条、精神保健福祉法51条の11の２、地方自治法283条）

2　管　轄

本人の住所地の家庭裁判所である（法136条１項）。

入院・入所先と住民登録地、補助開始後の住所移動については第２章Ⅱ２参照。

3　申立費用

申立てに要する費用は次のとおりである。

①　申立手数料　　収入印紙　800円（民訴費用３条・別表１・一五）

②　予納郵便切手　　500円×４枚、100円×５枚、82円×15枚、62円×３枚、20円×５枚、10円×10枚、１円×14枚（合計4130円）（または窓口で指示するとおり）

③　登記手数料　　収入印紙　2600円

4　提出書類

最近では、ほとんどの裁判所において、申立書類および必要書類のリストを用意しているので、窓口またはインターネットで取り寄せるのが望ましい。必要な書類は家庭裁判所ごとに異なるが、以下には一般例を示すこととする（【　】は、東京家庭裁判所の扱いである）。

(1)　申立書類

①　申立書（代理権目録・同意行為目録）

②　申立事情説明書（申立書付票）

③　親族関係図

④　本人の財産目録およびその資料（通帳写し、不動産の登記事項証明書または登記簿謄本（写しでも可））

⑤　本人の収支状況報告書およびその資料（領収書のコピー等）

⑥　後見人等候補者事情説明書

⑦　親族の同意書（**注１**）

⑵　本人についての添付資料

①　戸籍謄本（全部事項証明書）【戸籍個人事項証明書（本人部分のみ）】

②　住民票の写し（世帯全部、省略のないもの【本人部分のみ、本籍の記載不要】個人番号（マイナンバー）の記載のないもの）

③　後見登記がされていないことの証明書（成年被後見人、被保佐人、被補助人、任意後見契約の本人とする記録がないことの証明）

④　診断書（成年後見用、同付票）**（注２）**

⑤　療育手帳の写し（交付を受けている場合。東京都では「愛の手帳」と名付けている）

⑶　補助人候補者についての添付資料

・　住民票の写し（専門職以外については世帯全部、省略のないもの【候補者部分のみ、本籍の記載不要】個人番号（マイナンバー）の記載のないもの）

⑷　申立人についての添付資料（申立人が補助人候補者の場合は不要）

・　戸籍謄本等（申立人が４親等内の親族である場合）【不要】。

（注１）　本人の推定相続人や事実上身上監護をしている親族が後見開始および後見人候補者を成年後見人に選任することに同意をしている場合には、その同意書を提出する。この同意書の提出があれば家庭裁判所はその者に対し意見照会を行わない（第２章Ⅲの６）。

（注２）　診断書は、実務上、必ず提出を求めている。申立てをすることが適切かどうか（精神上の障害と無関係な病気の場合には手続を利用できない）、申立ての類型が適切かどうか（鑑定の要否、本人の同意の要否など、後見・保佐・補助の各類型によって、その後の手続が異なっている。当初に誤った類型を選択すると、無駄な手続により時間を費やすことがある）の判断に必要となるからである。

なお、診察をした医師は、正当な事由がなければ診断書の交付を拒んではならないとされている（医師法19条２項）。ただし、精神的な能力・病状について判断するには、一定期間診察することを要する場合もあるので、診察をした医師とよく協議をする必要があろう。

診断書については、成年後見制度利用促進基本計画を受けて見直しが行われ、2019年４月頃に新様式に改訂される見込みといわれている。

【申立書記載例４－２】 補助開始の審判申立書

受付印	補　助　開　始　申　立　書
	（注意）登記手数料としての収入印紙は，貼らずにそのまま提出してください。 この欄に申立手数料としての収入印紙を貼ってください（貼った印紙に押印しないでください）。 申立手数料：補助開始＋同意権付与の場合1,600円分／補助開始＋代理権付与の場合1,600円分／保佐開始＋同意権付与＋代理権付与の場合2,400円分
貼用収入印紙　円	
予納郵便切手　円	
予納収入印紙　円	

準口頭		関連事件番号　平成　　年（家　　）第　　　　号

△　△　家庭裁判所　御中 平成　○　年　○　月　○　日	申立人の記名押印	春　野　かすみ　㊞

添付書類	（同じ書類は１通で足ります。審理のために必要な場合は，追加書類の提出をお願いすることがあります。） □ 本人の戸籍謄本（全部事項証明書）　□ 本人の住民票又は戸籍附票 □ 本人の登記されていないことの証明書　□ 本人の診断書（家庭裁判所が定める様式のもの） □ 本人の財産に関する資料　□ 補助人候補者の住民票又は戸籍附票 □（同意権又は代理権付与を求める場合）同意権又は代理権を要する行為に関する資料（契約書写し等） □

申立人	住　所	〒○○○－○○○○　電話 ○○○（○○○）○○○○ △△市△△町１１番地１　（　　方）	
	フリガナ 氏　名	ハルノ 春　野　かすみ	大正・㊗昭和・平成　○年○月○日生（○○歳）
	職　業	主　婦	
	本人との関係	※１ 本人　２ 配偶者　③ 四親等内の親族（長　女） ４（未成年・成年）後見人　５（未成年・成年）後見監督人 ６ 保佐人・保佐監督人　７ 任意後見受任者・任意後見人・任意後見監督人 ８ 市区町村　９ その他（　　）	
本人	本　籍 （国　籍）	△　△　都・道・府・㊗県　△△市△△町１１番地	
	住　所	〒　－　電話（　） 申立人と同じ　（　　方）	
	フリガナ 氏　名	ハルノ　ハナコ 春　野　花　子	明治・大正・㊗昭和・平成　○年○月○日生（○○歳）
	職　業	無　職	

（注）太枠の中だけ記入してください。※の部分は，当てはまる番号を○で囲み，３又は９を選んだ場合には，（　）内に具体的に記入してください。

申　立　て　の　趣　旨
本人について補助を開始するとの審判を求める。
（必ず，当てはまる番号を○で囲んでください。） ①　本人が以下の行為（日用品の購入その他日常生活に関する行為を除く。）をするには，その補助人の同意を得なければならないとの審判を求める。（☆） ②　本人のために以下の行為について補助人に代理権を付与するとの審判を求める。
（行為の内容を記入してください。書き切れない場合は別紙を利用してください。）
別紙記載のとおり

申　立　て　の　理　由
（申立ての動機，本人の生活状況など具体的に記入してください。書き切れない場合は別紙を利用してください。）
１　本人は，精神遅滞により軽度の知的障害を有する者であるところ，現在，肩書住所で家族とともに暮らしています。
２　本人は，知的能力の低さから，安易に高価な物を購入したり，消費者金融から借入れをして債務を負うなどして困っているので，本申立てをします。
３　そこで，本人が上記のような行為をして損害を被らないように，別紙同意行為目録記載の行為について補助人の同意を要する旨の審判を求めます。
４　本人の預貯金管理や生活費支出等をするために，別紙代理行為目録記載の行為について，代理権の付与を求めます。

補助人 候補者 （適当な人がいる場合に記載してください。）	（いずれかを○で囲んでください。） １．申立人と同じ（右欄の記載は不要） ２．申立人以外（右欄に記載）	住　所	〒　　－　　電話　（　　） （　　方）		
		フリガナ 氏　名			大正 昭和　年　月　日生 平成 （　歳）
		職　業		本人との関係	
		勤務先	電話　（　　）		

（注）太枠の中だけ記入してください。☆申し立てる行為は，民法第13条第１項に規定されている行為の一部に限られます。

（東京家裁後見サイト）

（別紙）【補助開始申立用】　保佐の場合には，自動的に下記の範囲について
同意権・取消権が付与されます。

同 意 行 為 目 録

作成者　春　野　かすみ

必要な行為（日用品の購入その他日常生活に関する行為を除く。）にチェックしてください。

内容については，本人の同意を踏まえた上で，最終的に，裁判所が決めます。

1　元本の領収又は利用

☑(1)　預貯金の払戻し

□(2)　金銭の利息付貸付け

2　借財又は保証

☑(1)　金銭消費貸借契約の締結（貸付けについては1又は3にも当たる。）

□(2)　債務保証契約の締結

3　不動産その他重要な財産に関する権利の得喪を目的とする行為

□(1)　本人所有の土地又は建物の売却

□(2)　本人所有の土地又は建物についての抵当権の設定

□(3)　贈与又は寄附行為

☑(4)　商品取引又は証券取引

☑(5)　通信販売（インターネット取引を含む）又は訪問販売による契約の締結

☑(6)　クレジット契約の締結

□(7)　金銭の無利息貸付け

□(8)

□**4　訴訟行為**

（相手方の提起した訴え又は上訴に対して応訴するには同意を要しない。）

□**5　和解又は仲裁合意**

□**6　相続の承認若しくは放棄又は遺産分割**

□**7　贈与の申込みの拒絶，遺贈の放棄，負担付贈与の申込みの承諾又は負担付遺贈の承認**

□**8　新築，改築，増築又は大修繕**

□**9　民法602条に定める期間を超える賃貸借**

（別紙）【保佐・補助開始申立用】

代 理 行 為 目 録

作成者　春野かすみ

必要な代理行為をチェック又は記入してください（包括的な代理権の付与は認められません。）。

どのような代理権を付与するかは，本人の意向（同意）を踏まえ，裁判所が判断します。

1　財産管理関係

(1)　不動産関係

□[1]本人の不動産に関する（□売却，□担保権設定，□賃貸，□警備，□＿＿＿＿＿＿）契約の締結，更新，変更及び解除

□[2]他人の不動産に関する（□購入，□借地，□借家）契約の締結，更新，変更及び解除

□[3]住居等の（□新築，□増改築，□修繕（樹木の伐採を含む。），□解体，□＿＿＿＿＿＿）に関する請負契約の締結，変更及び解除

□[4]本人の不動産内に存する動産の処分

□[5]本人又は他人の不動産に関する賃貸借契約から生じる債権の回収及び債務の弁済

(2)　預貯金等金融関係

☑[1]（☑全ての，□別紙の口座に関する，□別紙の口座を除く全ての）預貯金及び出資金に関する金融機関等との一切の取引（解約（脱退）及び新規口座の開設を含む。）

□[2]預貯金及び出資金以外の本人と金融機関との（□貸金庫取引，□証券取引（保護預かり取引を含む。），□為替取引，□信託取引，□＿＿＿＿＿＿）

(3)　保険に関する事項

□[1]保険契約の締結，変更及び解除

□[2]保険金及び賠償金の請求及び受領

(4)　その他

☑[1]（☑年金，障害手当金その他の社会保障給付，□臨時給付金その他の公的給付，□配当金，□＿＿＿＿＿＿）の受領及びこれに関する諸手続

☑[2]（☑公共料金，☑保険料，□ローンの返済金，□管理費等，□＿＿＿＿＿＿）の支払及びこれに関する諸手続

☑[3]情報通信（携帯電話，インターネット等）に関する契約の締結，変更，解除及び費用の支払

□[4]本人の負担している債務に関する弁済合意及び債務の弁済（そのための交渉を含む。）

□[5]本人が現に有する債権の回収（そのための交渉を含む。）

2　相続関係

□[1]相続の承認又は放棄

□[2]贈与又は遺贈の受諾

□[3]遺産分割（協議，調停及び審判）又は単独相続に関する諸手続

□[4]遺留分減殺請求（協議及び調停）に関する諸手続

3　身上監護関係

□[1]介護契約その他の福祉サービス契約の締結，変更，解除及び費用の支払並びに還付金等の受領

□[2]介護保険，要介護認定，健康保険等の各申請（各種給付金及び還付金の申請を含む。）及びこれらの認定に関する不服申立て

□[3]福祉関係施設への入所に関する契約（有料老人ホームの入居契約等を含む。）の締結，変更，解除及び費用の支払並びに還付金等の受領

□[4]医療契約及び病院への入院に関する契約の締結，変更，解除及び費用の支払並びに還付金等の受領

4　その他

□[1]税金の申告，納付，更正，還付及びこれらに関する諸手続

□[2]登記，登録の申請

□[3]マイナンバー関連書類の受領

□[4]調停手続（**2**[3]及び[4]を除く。）及び訴訟手続（民事訴訟法55条2項の特別授権事項を含む。）

※保佐人又は補助人が申立代理人又は訴訟代理人となる資格を有する者であるときのみ付与することができる。

□[5]調停手続（**2**[3]及び[4]を除く。）及び訴訟手続（民事訴訟法55条2項の特別授権事項を含む。）について，申立代理人又は訴訟代理人となる資格を有する者に対し授権をすること

□[6]＿＿＿＿＿＿＿＿＿＿＿＿＿＿＿＿＿＿＿＿

5　関連手続

□[1]以上の各事務の処理に必要な費用等の支払

□[2]以上の各事務に関連する一切の事項（公的な届出，手続等を含む。）

以　上

Ⅲ　審判手続

1　概　説

審判手続は後見と同様である。以下については、第２章を参照されたい。

(1)　手続の概要

(2)　手続案内

(3)　受付

(4)　申立人・補助人候補者等からの事情聴取

(5)　親族の意向照会

(6)　補助人候補者の適格性審理

(7)　調査官による調査

(8)　審問

2　本人の陳述聴取・意向調査

前述のとおり、本人以外の者の申立てにより補助開始の審判をするには、本人の同意があることを要する（民15条２項）ので、本人の陳述を聴かなければならない（法139条１項１号）。本人の同意は本人の意思に基づくことを要するので、単に同意の旨を述べているというだけでは足りず、補助開始の審判の意味を理解していること、意思の自由が抑圧されていないことを要する。

その他の事項については、第２章を参照されたい。

3　本人の判断能力の審理（精神鑑定の要否）

補助開始の審判をするには、本人の精神状況について、医師その他適当な者の意見を聴かなければならない（法138条）。医師の意見は、通常は診断書の提出により聴取しており、必ずしも鑑定を行うことを要しない。補助制度は、本人の行為能力を制限しないで代理権を与えたり、民法13条１項各号中のある行為について補助人の同意を要する定めをしたときに、かつ、その行為に限り本人の行為能力を制限する制度であるから、本人の行為能力を制限する程度は、後見や保佐より低いものである。また、前述のとおり、補助制度は本人の申立てによるか、または本人の同意を要件として開始するものとされているから、後見開始または保佐開始の審判をする場合ほど厳格な手続による必要はないのである。

Ⅳ　審判とその告知・審判に対する不服申立て

1　審判書

審判は、原則として、所定の事項を記載した審判書を作成して行う（法76条）。

《審判書記載例４－４》　補助開始の審判書

平成○年(家)第0005号　補助開始の審判申立事件
同第0006号　補助人の同意を要する行為の定めの審判申立事件
同第0007号　補助人に対する代理権付与の審判申立事件

審　　　判

住所　△△県△△市△△町11番地１
申　立　人　　春　野　か　す　み
本籍　△△県△△市△△町11番地
住所　△△県△△市△△町11番地１
本　　人　　春　野　花　子
昭和○年○月○日生

主　　　文

1　本人について補助を開始する。
2　本人の補助人として申立人を選任する。
3　本人は，別紙同意行為目録記載の行為（ただし，日用品の購入その他日常生活に関する行為を除く。）をするにはその補助人の同意を得なければならない。
4　本人のために別紙代理行為目録記載の行為について補助人に代理権を付与する。

理　　　由

1　補助開始について
　医師による診断書その他一件記録によれば，本人は，精神遅滞に起因する知的障害により，自己の財産を管理・処分するには援助が必要な場合がある状態にあって，回復の可能性は低いと認められ，本人は精神上の障害により事理を弁識する能力が不十分であるから，補助を開始するのが相当である。

2　補助人の選任について

(1)　一件記録によれば，以下の事実が認められる。

①　本人の生活状況について

肩書住所で一人暮らしをしている。

②　本人の財産状態

現在判明しているものは一件記録中の財産目録記載のとおりである。

③　本件申立ての動機・目的

高額な物品の購入・借金等による被害の防止，収支管理等

④　補助人候補者

本人の姉（申立人）であって，欠格事由及び不適格事由は認められない。

(2)　以上の事実によれば，上記候補者を補助人に選任するのが相当である。

3　同意を要する行為の定め・代理権の付与について

本人が別紙同意行為目録記載の行為をするには補助人の同意を要するものとし，別紙代理行為目録記載の事項について補助人に代理権を付与するにつき，本人も同意しており，その必要性及び相当性が認められる。

よって，主文のとおり審判する。

平成○年○月○日

△△家庭裁判所家事部

裁判官　大　丘　忠　介　印

（別紙）

同意行為目録

1　預貯金の払戻し

2　金銭消費貸借契約の締結

3　商品取引又は証券取引

4　通信販売（インターネット取引を含む）及び訪問販売による契約の締結

5　クレジット契約の締結

以上

（別紙）

代理行為目録

1　全ての預貯金及び出資金に関する金融機関等との一切の取引（解約（脱退）・新規口座の開設を含む。）
2　年金，障害手当金その他の社会保障給付の受領及びこれに関する諸手続
3　公共料金，保険料の支払及びこれに関する諸手続
4　情報通信（携帯電話，インターネット等）に関する契約の締結，変更，解除及び費用の支払

以上

2　審判の告知

(1)　補助開始・補助人選任の審判

次の者に対して告知をする。告知の方法は家庭裁判所が相当と認める方法による（法74条１項）。

①　申立人（法74条１項）
②　補助人に選任される者（法140条１項１号）
③　補助開始の審判により終了する任意後見契約がある場合には、その任意後見人および任意後見監督人（法140条１項１号、任意後見10条３項）
④　本人（法74条１項）

(2)　申立てを却下する審判

申立人に対して告知する（法74条１項）。

3　不服申立て（即時抗告）の可否・申立権者・方法・申立期間

(1)　補助開始審判の申立てを認容する審判

(A)　申立権者

民法15条１項本文に掲げる者（本人、配偶者、４親等内の親族、後見人、後見監督人、保佐人、保佐監督人、検察官および任意後見10条２項に掲げる者（任意後見受任者、任意後見人、任意後見監督人）（法141条１項１号））は、即時抗告の申立てをすることができる。

なお、市区町村長による即時抗告は認められていない。

(B)　申立期間

本人および補助人に対する告知の日（複数ある場合には、そのうち最も遅い日）から2週間である（法86条）。

(2)　補助開始審判の申立てを却下する審判

(A)　申立権者

申立人は即時抗告をすることができる（法141条1項2号）。

(B)　申立期間

申立人に対する告知から2週間である（法86条）。

(3)　補助人選任の審判

補助人選任の審判に対しては、即時抗告はできない。誰を補助人として選任するかは、家庭裁判所が諸事情を総合的に考慮して判断すべきものであり、家庭裁判所の裁量に委ねられているからである。

Ⅴ　登記嘱託

補助開始の審判が効力を生じたときは、書記官は、遅滞なく後見登記法に定める登記を嘱託しなければならない（法116条1号、規77条1項1号）。登記手数料は2600円である（登記手数料令14条1項3号）。

Ⅵ　補助人の同意を要する行為の定め（同意権付与）の審判申立事件

1　事件の概要

保佐制度においては、保佐開始の審判があれば当然に、被保佐人は民法13条1項に掲げる行為をするについて保佐人の同意を得なければならないものとなるが、補助制度においては、補助人の同意を要する行為の定めの審判があった場合に、その行為についてのみ、補助人の同意を得て行うべきものとされる。前述のとおり、補助の制度は重要な個々の法律行為について本人を保護する制度だからである。

すなわち、家庭裁判所は、一定の者の申立てにより、補助人が特定の法律行為をするにはその補助人の同意を得なければならない旨の審判をすることができる（民17条１項本文、法別表第一40の項）。ただし、その行為は、民法13条１項に規定する行為の一部に限る（民17条１項ただし書。民法13条１項に定める行為については、第３章を参照）。本人以外の申立てによってこの審判をするには本人の同意がなければならない（民17条２項）。

2　申立手続

⑴　申立権者

申立権者は次のとおりである。

①　本人、配偶者、４親等内の親族、後見人、後見監督人、保佐人、保佐監督人、補助人、補助監督人、検察官（民17条１項・15条１項）

②　任意後見受任者、任意後見人、任意後見監督人（任意後見10条２項）

③　市区町村長（老人福祉法32条、知的障害者福祉法28条、精神保健福祉法51条の11の２、地方自治法283条）

⑵　管　轄

補助開始の審判をし、またはその事件の係属する家庭裁判所である（法136条２項）。

⑶　申立費用

申立てには次の費用を要する。

①　申立手数料　　収入印紙800円（民訴費用３条１項・別表１・一五）

②　予納郵便切手　　500円×３枚、100円×５枚、82円×10枚、62円×２枚、20円×８枚、10円×10枚、１円×16枚（合計3220円）（または窓口で指示するとおり）

③　登記手数料　　収入印紙　1400円

ただし、補助開始の審判申立てと同時に申し立てる場合には②③は不要。後記４参照。

⑷　添付書類

申立ての際の添付書類は次のとおりである。家庭裁判所により異なるので、以下には一般例を示す（【　】は、東京家庭裁判所の例である）。

①　申立人の戸籍謄本【住民票の写し】（注３）

②　本人の戸籍謄本【戸籍抄本】、住民票の写しまたは戸籍附票の写し、

後見登記事項証明書（注３）

東京家庭裁判所では、申立て時に被補助人自筆の同意書を添付する扱いである。

（注３）　開始申立て時に提出してあり、記載内容に変更がない場合は不要としている庁もある。

【申立書記載例４－６】　補助人の同意を要する行為の定めの審判申立書

受付印	家事審判申立書　事件名（補助人の同意を要する行為の定め）
	（この欄に申立手数料として１件について800円分の収入印紙を貼ってください。） （貼った印紙に押印しないでください。） （注意）　登記手数料としての収入印紙を納付する場合は，登記手数料としての収入印紙は貼らずにそのまま提出してください。
収入印紙　円 予納郵便切手　円 予納収入印紙　円	

準口頭		関連事件番号　平成　年（家　）第　号

△　△　家庭裁判所　御中 平成　○　年　○　月　○　日	申立人（又は法定代理人など）の記名押印	春　野　かすみ　㊞

添付書類	（審理のために必要な場合は，追加書類の提出をお願いすることがあります。）

申立人	本籍（国籍）	（戸籍の添付が必要とされていない申立ての場合は，記入する必要はありません。） △　△　都道府㊍県　△△市△△町｜｜番地	
	住所	〒○○○－○○○○ △△市△△町｜｜番地｜	電話　○○○（○○○）○○○○ （　方）
	連絡先	〒　－	電話　（　） （　方）
	フリガナ 氏名	ハルノ 春　野　かすみ	大正・㊞昭和・平成　○年○月○日生 （○○歳）
	職業	主婦（補助人）	
※ 被補助人	本籍（国籍）	（戸籍の添付が必要とされていない申立ての場合は，記入する必要はありません。） △　△　都道府㊍県　△△市△△町｜｜番地	
	住所	〒　－ 申立人と同じ	電話　（　） （　方）
	連絡先	〒　－	電話　（　） （　方）
	フリガナ 氏名	ハルノ　ハナコ 春　野　花　子	大正・㊞昭和・平成　○年○月○日生 （○○歳）
	職業	主婦	

（注）　太枠の中だけ記入してください。※の部分は，申立人，法定代理人，成年被後見人となるべき者，不在者，共同相続人，被相続人等の区別を記入してください。

申　立　て　の　趣　旨
「被補助人は，別紙同意行為目録記載の行為をするにはその補助人の同意を得なければならない。」との審判を求める。

申　立　て　の　理　由
被補助人は，平成○年○月○日に補助開始の審判を受け，申立人が補助人に選任されたが，最近被補助人は独断で所有不動産について売却あるいは担保権設定をしようとしており，また，本人の父親が死亡しその遺産分割の必要が生じたが，これらを一人で判断して行うと不利益を被るおそれがあるので，本件申立てをします。

（別紙）

同意行為目録

1　本人所有の土地又は建物について処分行為（売却又は担保権設定）をすること

2　本人の亡父の遺産分割

以上

3　審理手続

(1)　審　理

家庭裁判所は、申立てのあった法律行為について、補助人の同意を得なければならないものとする必要性・相当性の有無を審理する。その判断は、事案に即し、その法律行為の性質、難易度、本人がその法律行為をする可能性およびそれをすることにより本人の利益が害されるおそれ並びに取引の安全等を総合的に考慮してなされる。

家庭裁判所は、申立てを相当と認めたときは、特定の法律行為について補助人の同意を得なければならない旨の審判をする。

家庭裁判所は、申立てを不相当と認めるときは、申立却下の審判をする。

《審判書記載例４－６》　補助人の同意を要する行為の定めの審判書

平成○年(家)第0008号　補助人の同意を要する行為の定めの審判申立事件

審　　　判

住所　△△県△△市△△町11番地１

申立人（補助人）　　春　　野　　か す み

本籍　△△県△△市△△町11番地

住所　△△県△△市△△町11番地１

本人（被補助人）　　春　　野　　花　　子

昭和○年○月○日生

当裁判所は，本件申立てを相当と認め，次のとおり審判する。

主　　　文

被補助人は，別紙同意行為目録記載の行為をするにもその補助人の同意を得なければならない。 平成○年○月○日 △△家庭裁判所家事部 裁判官　大　丘　忠　介　印

（別紙）同意行為目録（申立書の別紙と同じ）

⑵　審判の告知

申立認容の審判の告知は次の者に対して行う。

①　被補助人（法74条１項）

②　申立人（同項）

③　補助人（法140条１項２号）

申立却下の審判は、申立人のみに告知される（法74条１項）。

⑶　即時抗告

認容審判・却下審判のいずれに対しても、不服の申立てはできない。

4　登記嘱託

補助人に対する同意権付与の審判が効力を生じた場合、書記官は、遅滞なく、後見登記法に定める登記嘱託をしなければならない（法116条１号、規77条１項７号）。

同意権付与の審判（補助開始の審判と同時にされたものを除く）に基づく登記手数料は、1400円である（登記手数料令15条１項１号）。

なお、同意権付与の審判が補助開始の審判と同時にされた場合、その登記手数料は、補助開始の審判に基づく登記の手数料の額に含まれる（登記手数料令14条４項３号）。

Ⅶ　補助人に対する代理権の付与の審判申立事件

1　事件の概要

⑴　代理権付与の趣旨

前述のとおり、補助の制度は、特定の法律行為について補助人に代理権を付与し、これにより、本人の保護および利便性を図る制度である。そのため、家庭裁判所は、一定の者の申立てにより（職権による付与は認められていない）、被補助人のために、特定の法律行為について補助人に代理権を付与する旨の審判をすることができるものとした（民876条の９第１項、法別表第一51の項）。本人以外の者の申立てによってこの審判をするには、本人の同意がなければならない（民876条の９第２項・876条の４第２項）。

この審判の申立ては、補助開始の審判の申立てとともになされる場合と、補助開始の審判がされた後にされる場合とがある。

法律行為の特定性、代理権付与の対象となる行為の範囲については、第３章Ⅶを参照されたい。

⑵　代理行為目録

実務においては、代理行為を一覧的に記載した、代理行為目録等を用意しておき、その中から代理権の付与を求める行為を選んでチェックする方式を採っている。

2　申立手続

⑴　申立権者

申立権者は次のとおりである。

①　本人、配偶者、４親等内の親族、後見人、後見監督人、保佐人、保佐監督人、補助人、補助監督人、検察官（民876条の９第１項・15条１項）

②　市区町村長（老人福祉法32条、知的障害者福祉法28条、精神保健福祉法51条の11の２、地方自治法283条）

③　任意後見受任者、任意後見人、任意後見監督人（任意後見10条２項）

⑵　管　轄

補助開始の審判をし、またはその事件の係属する家庭裁判所である（法146条２項）。

⑶　申立費用

申立てに要する費用は次のとおりである。

①　申立手数料　　収入印紙　800円（民訴費用３条１項・別表１・一五）

②　予納郵便切手　　500円×３枚、100円×５枚、82円×10枚、62円×２枚、20円×８枚、10円×10枚、１円×16枚（合計3220円）（または窓口で指示するとおり）

③　登記手数料　　収入印紙　1400円

ただし、補助開始の審判申立てと同時に申し立てる場合には②③は不要。後記４参照。

⑷　添付書類

申立てに添付する書類は次のとおりである。家庭裁判所により異なるので、以下には一般例を示す（【　】は、東京家庭裁判所の例である）。

①　申立人の戸籍謄本【住民票の写し】（注４）

②　本人の戸籍謄本【戸籍抄本】、住民票の写しまたは戸籍附票の写し、後見登記事項証明書（注４）

東京家庭裁判所では、申立て時に被補助人自筆の同意書を添付する扱いである。

（注４）　開始申立て時に提出してあり、記載内容に変更がない場合は不要としている庁もある。

【申立書記載例4－7】　補助人に対する代理権付与の審判申立書（東京家裁後見サイト）

受付印	補助人に対する代理権の付与の申立
収入印紙　800円 予納郵便切手　3220円 予納収入印紙　1400円	この欄に収入印紙800円分を貼る。 予納収入印紙1400円分は貼らないで提出する。 （貼った印紙に押印しないでください。）

準口頭		関連事件番号　平成　　年（家　　）第　　　号

東京　家庭裁判所　御中 平成　○　年　○　月　○　日	申立人の記名押印	春野　かすみ　印

添付書類	☑　同意書 ※後見登記事項に変更がある場合は　□　住民票　□　戸籍抄本

申立人	住所	〒○○○－○○○○ △△市△△町１１番地１	電話　○○○（○○○）○○○○ （　　　方）
	連絡先	〒　　－	電話　　（　　） （　　　方）
	フリガナ 氏名	ハル　ノ 春野　かすみ	大正・（昭和）・平成　○年○月○日生
	職業	主婦（補助人）	
	被補助人との関係	長女	
被補助人	本籍	（戸籍の添付が必要とされていない申立ての場合は，記入する必要はありません。） △△　都・道・府・（県）　△△市△△町１１番地	
	住所	〒　　－ 申立人と同じ	電話　　（　　） （　　　方）
	連絡先	〒　　－	電話　　（　　） （　　　方）
	フリガナ 氏名	ハル　ノ　ハナ　コ 春野　花子	明治・大正・（昭和）　○年○月○日生
	職業	主婦	

（注）　太わくの中だけ記入してください。

申　立　て　の　趣　旨
被補助人のために別紙代理行為目録記載の行為につき，申立人に代理権を付与する旨の審判を求めます。
申　立　て　の　理　由
被補助人は，平成○年○月○日に補助開始の審判を受け，申立人が補助人に選任されたが，この度被補助人の所有不動産について売却あるいは担保権設定の必要が生じ，また，本人の父親が死亡しその遺産分割の必要が生じたので，本件申立てをします。

（注）　太わくの中だけ記入してください。

（別紙）【保佐・補助申立用】

代　理　行　為　目　録

作成者　　春野かすみ

必要な代理行為をチェック又は記入してください（包括的な代理権の付与は認められません。）。

どのような代理権を付与するかは，本人の意向（同意）を踏まえ，裁判所が判断します。

1　財産管理関係

(1)　不動産関係

☑[1]本人の不動産に関する（☑売却，☑担保権設定，□賃貸，□警備，□＿＿＿＿＿＿）契約の締結，更新，変更及び解除

□[2]他人の不動産に関する（□購入，□借地，□借家）契約の締結，更新，変更及び解除

□[3]住居等の（□新築，□増改築，□修繕（樹木の伐採を含む。），□解体，□＿＿＿＿＿＿）に関する請負契約の締結，変更及び解除

□[4]本人の不動産内に存する動産の処分

□[5]本人又は他人の不動産に関する賃貸借契約から生じる債権の回収及び債務の弁済

(2)　預貯金等金融関係

□[1]（□全ての，□別紙の口座に関する，□別紙の口座を除く全ての）預貯金及び出資金に関する金融機関等との一切の取引（解約（脱退）及び新規口座の開設を含む。）

□[2]預貯金及び出資金以外の本人と金融機関との（□貸金庫取引，□証券取引（保護預かり取引を含む。），□為替取引，□信託取引，□＿＿＿＿＿＿）

(3)　保険に関する事項

□[1]保険契約の締結，変更及び解除

□[2]保険金及び賠償金の請求及び受領

(4)　その他

□[1]（□年金，障害手当金その他の社会保障給付，□臨時給付金その他の公的給付，□配当金，□＿＿＿＿＿＿）の受領及びこれに関する諸手続

□[2]（□公共料金，□保険料，□ローンの返済金，□管理費等，□＿＿＿＿＿＿）の支払及びこれに関する諸手続

□[3]情報通信（携帯電話，インターネット等）に関する契約の締結，変

更，解除及び費用の支払

□[4]本人の負担している債務に関する弁済合意及び債務の弁済（そのための交渉を含む。）

□[5]本人が現に有する債権の回収（そのための交渉を含む。）

2　相続関係

□[1]相続の承認又は放棄

□[2]贈与又は遺贈の受諾

☑[3]遺産分割（協議，調停及び審判）又は単独相続に関する諸手続

□[4]遺留分減殺請求（協議及び調停）に関する諸手続

3　身上監護関係

□[1]介護契約その他の福祉サービス契約の締結，変更，解除及び費用の支払並びに還付金等の受領

□[2]介護保険，要介護認定，健康保険等の各申請（各種給付金及び還付金の申請を含む。）及びこれらの認定に関する不服申立て

□[3]福祉関係施設への入所に関する契約（有料老人ホームの入居契約等を含む。）の締結，変更，解除及び費用の支払並びに還付金等の受領

□[4]医療契約及び病院への入院に関する契約の締結，変更，解除及び費用の支払並びに還付金等の受領

4　その他

□[1]税金の申告，納付，更正，還付及びこれらに関する諸手続

□[2]登記，登録の申請

□[3]マイナンバー関連書類の受領

□[4]調停手続（**2**[3]及び[4]を除く。）及び訴訟手続（民事訴訟法55条２項の特別授権事項を含む。）

※保佐人又は補助人が申立代理人又は訴訟代理人となる資格を有する者であるときのみ付与することができる。

□[5]調停手続（**2**[3]及び[4]を除く。）及び訴訟手続（民事訴訟法55条２項の特別授権事項を含む。）について，申立代理人又は訴訟代理人となる資格を有する者に対し授権をすること

□[6]＿＿＿＿＿＿＿＿＿＿＿＿＿＿＿＿＿＿＿＿＿＿＿＿＿＿＿＿＿＿

5　関連手続

□[1]以上の各事務の処理に必要な費用等の支払

□[2]以上の各事務に関連する一切の事項（公的な届出，手続等を含む。）

以　上

同　　意　　書

私は，別紙代理行為目録記載の行為について，保佐人（補助人）に代理権を付与することに同意します。

平成　　年　　月　　日

（〒　　－　　　）

住　　所＿＿＿＿＿＿＿＿＿＿＿＿＿＿＿＿

氏名（署名）＿＿＿＿＿＿＿＿＿＿＿＿印

3　審理手続

(1)　審理・審判

家庭裁判所は、申立ての範囲内において、個々の事案に即して代理権付与の必要性・相当性を判断する。前述のとおり、代理権の付与は申立人の請求によることとされ、職権による付与は認められていない。したがって、家庭裁判所は申立てに含まれない行為について代理権を付与することはできない。一方、申立てに含まれる行為について家庭裁判所は、その判断により代理権を付与しないことができる。

本人以外の者の申立ての場合は、本人の同意がなければならない（民876条の9第2項・876条の4第2項）。この審判が、補助開始の審判とともに申し立てられた場合には、補助開始の審判をするにあたって本人の陳述を聴取する中で（法139条）、同意の確認がなされることになる。したがって、家庭裁判所は申立てのあった行為のうち、本人の同意が得られた法律行為のみを対象として代理権付与の審判をすることができる。

家庭裁判所は、申立てのあった法律行為について、代理権付与の必要性・相当性の有無を審理する。

家庭裁判所は、申立てを相当と認めたときは、補助人に対する代理権付与の審判をする。

家庭裁判所は、申立てを不相当と認めるときは、申立却下の審判をする。

《審判書記載例４－７》　補助人に対する代理権付与の審判書

平成○年(家)第0004号　補助人に対する代理権付与の審判申立事件 **審　　判** 住所　△△県△△市△△町11番地１ 申立人（補助人）　春　野　か す み 本籍　△△県△△市△△町11番地 住所　△△県△△市△△町11番地１ 本人（被補助人）　春　野　花　子 昭和○年○月○日生 当裁判所は，本件申立てを相当と認め，次のとおり審判する。 **主　　文** 被補助人のために別紙代理行為目録記載の行為について補助人に代理権を付与する。 平成○年○月○日 △△家庭裁判所家事部 裁判官　大　丘　忠　介　印

（別紙）　代理行為目録（申立書の別紙と同じ）

※なお、遺産分割については、被補助人と補助人が共同相続人である場合には利益相反行為となるので、臨時補助人の選任を要する。

(2)　審判の告知

申立認容の審判の告知は次の者に対して行う。

①　被補助人（法140条１項６号）

②　申立人（法74条１項）

③　補助人（同項）

申立却下の審判は、申立人のみに告知される（法74条１項）。

(3)　即時抗告

認容審判・却下審判のいずれに対しても、不服の申立てはできない。

4　登記嘱託

補助人に対する代理権付与の審判が効力を生じた場合、書記官は、遅滞なく、後見登記法に定める登記嘱託をしなければならない（法116条1号、規77条1項8号）。

代理権付与の審判（補助開始の審判と同時にされたものを除く）に基づく登記手数料は、1400円である（登記手数料令15条1項2号）。

なお、代理権付与の審判が補助開始の審判と同時にされた場合、その登記手数料は、補助開始の審判に基づく登記の手数料の額に含まれる（登記手数料令14条4項4号）。

第５章　後見等開始の審判前の保全処分事件

Ⅰ　事件の概要

後見等開始の審判の申立てがあったとき、申立てがされてから当該審判が効力を生じるまでの間に、緊急に、本人の財産の保存・管理を行い、その散逸を防止し、あるいは本人の監護について措置を講じる必要性が生じることがある。そのような事態に対処するため、後見等開始の審判前の保全処分に関する規定がおかれている（法126条・134条・143条。なお、通則として法105条〜115条）。

この保全処分の内容は、財産の管理者の選任、関係人に対する本人の財産管理または監護に関する事項の指示および後見・保佐・補助の各命令となっている。

この保全処分は、一般の民事保全とは異なり、後見等開始の審判申立事件の係属を前提としている。また、財産の管理者の選任、関係人に対する本人の財産管理または監護に関する事項の指示については申立てまたは職権により、後見命令等については申立てにより行われる。なお、これらの保全処分は、本案である後見等開始の審判の効力を全面的に前倒しするものではなく、原則として限定的な効力にとどまるものであるから、その点に注意を要する。

Ⅱ　保全処分の種類・内容

１　財産の管理者の選任

本人による財産管理が不十分な場合に備えて、財産管理者を選任するものである。

ただし、財産の管理者の権利・義務については、不在者財産管理人に関する規定が準用されており、原則として、財産の保存・管理の範囲内で代理権を有するにすぎない（法126条８項、民27条～29条）。

ところで、ここで準用される規定には、家庭裁判所の許可を得て権限を超える行為を行うことができる旨の規定（民28条）も含まれている。しかし、任務の終期が不確定な不在者財産管理人とは異なり、法定後見の場合、審理が終了し、後見を開始する時点で処分権限を有する成年後見人等（保佐・補助で財産処分に関する代理権が付与される場合も同じ）を選任することが予定されており、財産の管理者の役割はあくまで一時的なものである。したがって、財産の管理者による処分が許可されるのは、極めて例外的な場合に限られるものと解するのが相当であろう。

なお、財産の管理者が選任されても、本人は財産管理権を失わない。

2　本人の財産の管理または監護に関する事項の指示

後記主文例に記載されたような指示が考えられる。

ただし、この保全処分は、強制執行に親しまない勧告的効力にとどまると解されている。

3　後見命令、保佐命令、補助命令

前述のように、財産の管理者が選任されただけでは、本人は財産管理権を失わないので、本人による不必要な財産処分や契約締結を防止することができない。そこで、本人や財産管理者に取消権（保佐・補助については同意権）を付与するため、後見命令等の保全処分が設けられた。

後見命令の審判があったときは、本人および財産の管理者は、本人がした財産上の行為を取り消すことができる（法126条７項）。保佐命令・補助命令の審判があったときは、本人および財産の管理者は、本人が財産の管理者の同意を得ないでした財産上の行為を取り消すことができる（法134条５項・143条５項）。これらの各規定により行為を取り消す場合においては、制限行為能力者の行為の取消しに関する民法の規定が準用される（上記各条項）。

このように、後見命令等という名称の保全処分ではあるが、あくまで取消権・同意権が付与されるにすぎず、これにより財産の管理者が成年後見人等と同様の権限（処分権など）を有することになるものではない。

Ⅲ　要　件

1　本案である後見等開始の審判がされる蓋然性があること

本人につき、後見・保佐・補助とされる程度に判断力が低下している蓋然性があることを要する。心証の程度は疎明とされているが（法106条２項）、本人の財産管理・身上監護に相当の影響を及ぼすことを考慮すると、医師の診断書によりこれを疎明する必要がある（親族等の陳述や調査官の調査では足りない）と解するのが相当であろう。

なお、本案が補助の場合であって、本人以外の申立てのときは、補助開始につき本人の同意を要するが、これを本案とする保全処分については、本人の同意は要件とされていない。ただし、本人が補助開始に同意する可能性がない場合には、本案認容の蓋然性がないとして保全処分も却下せざるを得ない。

2　保全の必要性

財産の管理者の選任等については、本人の財産の管理または本人の監護のために必要があること（法126条・134条および143条の各１項）が要件となっている。

後見命令等については、本人の財産の保全のために特に必要があること（同各２項）が必要である。

なお、本案の審理期間が短縮している場合、保全の必要性も減少することになる。

Ⅳ　手続の開始

1　申立権者

⑴　財産管理者の選任および本人の財産管理または監護に関する事項の指示

申立てによりまたは職権で手続が開始される（法126条・134条および143条の各１項）。

申立権者の範囲については、明文の規定はないが、利害関係人であることを要するものと解されている（永吉盛雄「審判前の保全処分」岡垣学＝野田愛子編『講座　実務家事審判法１』51頁）。

⑵　後見命令等

申立てのみであり、職権による開始は認められていない。また、申立権者は、本案の申立てを行った者に限られる（法126条・134条および143条の各２項）。

2　管　轄

本案の審判事件（後見等開始の審判申立事件）の係属している家庭裁判所である（法105条１項）。

ただし、本案の審判事件が即時抗告によって高等裁判所に係属している場合には、当該高等裁判所となる（同条２項）。

3　申立費用

申立てに要する費用は次のとおりである。

①　申立手数料　　不要である。

②　予納郵便切手　　窓口で指示されるとおり

③　後見（保佐・補助）命令の場合には、登記手数料として収入印紙1400円

4　提出書類等

申立てにあたり提出する書類は次のとおりである。

①　申立書

②　添付書類等

この保全処分は、本案の後見等開始申立事件の係属が前提となっているので、添付書類等についても本案のものとほぼ共通する。

これに加えて、保全の必要性を証する書面等（たとえば、高額の物品の購入申込書、契約書、請求書等）を提出する。

【申立書記載例５－４－１】　後見開始の審判前の保全処分の申立書（財産の管理者の選任、後見命令の申立て）

審判前の保全処分（財産の管理者の選任，後見命令）申立書

平成○年○月○日

△△家庭裁判所　御中

申立代理人弁護士　　青　空　　晴　子

本案審判事件　　平成○○年(家)第○○○○号後見開始の審判申立事件
当事者　　　　　別紙当事者目録記載のとおり
管理すべき財産　別紙財産目録記載のとおり

申立ての趣旨

本人について後見開始の審判が確定するまでの間，

1　本人春野花子の財産の管理者を選任し，

2　本人春野花子の財産上の行為につき，財産管理者の後見を受けるべきことを命ずる

旨の審判を求める。

保全処分を求める事由

1　本案申立てを相当とする事由

本人は，脳血管性の認知症により判断能力が低下し，財産の管理・処分ができない精神状態にあるので，本日，成年後見開始の審判を求める申立てをした。

2　本人は，訪問販売により高価な品物を何度も購入するなどして被害が生じており，さらに預貯金通帳の保管場所を忘れては，ヘルパーを泥棒呼ばわりし，買物をする際には釣銭の計算を誤るなどしており，後見開始の審判が確定するまでの間に損害を被るおそれがあるので，本件申立てをした。

3　なお，財産の管理者には，後に訴訟を提起する予定もあるので，裁判所において法律の専門家を選任していただきたい。

添付書類

1　戸籍謄本，住民票の写し，財産目録等　　本案添付のものを援用する。

2　委任状

３　疎明資料　　甲○号証～○号証

別紙当事者目録・別紙財産目録（略）

【申立書記載例５－４－２】　保佐開始の審判前の保全処分（財産の管理者の選任、保佐命令の申立て）

申立ての趣旨

本人について保佐開始の審判が効力を生ずるまでの間，
１　本人の財産の管理者を選任し，
２　本人に，民法13条１項に規定する財産上の行為につき，財産管理者の保佐を受けるべきことを命ずる
旨の審判を求める。

【申立書記載例５－４－３】　補助開始の審判前の保全処分（財産の管理者の選任、補助命令の申立て）

申立ての趣旨

本人について補助開始の審判が効力を生ずるまでの間，
１　本人の財産の管理者を選任し，
２　本人に，別紙行為目録記載の行為につき，財産管理者の補助を受けるべきことを命ずる
旨の審判を求める。

（別紙）

行　為　目　録

１　10万円以上の物品の購入契約
２　本人所有の不動産に関する売買，抵当権，賃借権の設定その他の処分行為
（ただし，いずれも民法９条ただし書に規定する行為を除く。）

以上

【申立書記載例５－４－４】　後見開始の審判前の保全処分（財産の管理者の選任、関係人に対する指示の申立て）

申立ての趣旨

1　本人について後見開始の審判が効力を生ずるまでの間，本人の財産の管理者を選任する。
2　利害関係人○○は，財産の管理者に対し，別紙目録記載の預貯金通帳及びその届け出印鑑並びにキャッシュカードを引き渡すこと。
との審判を求める。

V　審判手続

1　受　付

保全処分の申立てをするときは、申立ての趣旨および当該保全処分を求める事由を明らかにしなければならない（法106条1項）。

受付については、通常、本案と同時になされることが多い。

受付の詳細については第2章Ⅲ3参照。

2　審　理

(1)　保全処分を求める事由の疎明

申立人は、保全処分を求める事由を疎明しなければならない（法106条2項）。

(2)　申立人からの事情聴取

本案に関する事情聴取以外では、保全の必要性、財産の管理者候補者の適格性に関する事情聴取が中心となろう。

保全の必要性については、まず、申立人が保全処分により実現したいと考えている内容を聴取する必要がある。これにより、保全処分にふさわしい事案かどうか、適切な類型が選択されているかどうか、緊急性の有無などの判断を適切に行うことが可能となるからである。

また、財産の管理者候補者の適格性に関しては、特に、親族間紛争の有無等について聴取しておく必要があろう。

(3)　本人の陳述聴取・本人調査

本人が陳述不能な状態にある事案のような例外的場合を除き、原則として、保全処分や財産の管理者候補者に関する本人の陳述を聴取しなければならない（法107条・126条３項）。

本人の陳述聴取の方法については、本案の審理と同様に、調査官による調査によるのが一般的であろう。

⑷　親族の意見照会、本人調査以外の調査官による調査等

たとえば、申立人が、事実上本人の身上監護や財産管理を行っている親族に無断で申立てを行い、かつ、保全の必要性が必ずしも明確ではない場合のように、事案に応じて、親族の意見照会や本人調査以外の調査官による調査等が必要となることもある。

⑸　判断能力（鑑定の要否・診断書）

前述のように、本案認容の蓋然性を疎明するための資料として、診断書の提出が予定されている。したがって、本人の判断能力についても、この診断書によって判断されることが多いであろう。

保全処分の暫定的な性格と鑑定に時間を要することが多いことに照らすと、基本的に、鑑定は不要であろう。

⑹　財産の管理者候補者の適格性

申立人が、財産の管理者の候補者として申立人自身を推薦する事案が多い。しかし、実務上、保全処分が申し立てられる事案では、親族間紛争がある場合、すなわち、本人の財産の管理方法について親族間に意見の対立がある場合や、親族が互いに他方が不正行為を行っている（財産を適切に管理できない）と主張している場合も多い。親族間紛争がある場合には、保全処分としての性格上、申立人の適格性の審理に時間をかけるよりも、早期に財産の管理者を選任することの必要から、第三者の財産の管理者が選任されることが多くなる。

⑺　審　問

事情聴取等により、当該保全処分の申立てが不適切と判断されるような事案でなければ、裁判官が、審問・面接により、要件等について確認するのが適切であろう。

《審判書記載例５－５－１》　財産の管理者の選任、後見命令

平成○年（家ロ）第0001号　審判前の保全処分（財産の管理者の選任）申立事件
同第0002号　審判前の保全処分（後見命令）申立事件
（本案　平成○年(家)第0001号後見開始の審判申立事件）

審　　　判

本籍　△県△郡△町大字△１番地
住所　東京都△区△１丁目１番１号
申　立　人　　春　　野　　か　す　み
本籍　△県△郡△町大字△２番地
住所　東京都△区△２丁目２番２号
本　　人　　春　　野　　花　　子
昭和○年○月○日生

主　　　文

1　本人についての後見開始の審判が効力を生ずるまでの間，本人の財産の管理者として，次の者を選任する。
住所　東京都△区△３丁目３番３－303号
（事務所）東京都△区△4-4-4　□ビル505号室
青空法律事務所
氏名　青　　空　　晴　　子
2　本人は，後見開始の申立てについての審判が効力を生ずるまでの間，財産上の行為（民法９条ただし書に規定する行為を除く。）につき，財産の管理者の後見を受けよ。

理　　　由

1　本件記録によれば，次の事実が一応認められる。
(1)　本人は，脳血管性認知症により，判断力が著しく低下し，自己の財産を管理・処分することができない状態にある。
(2)　本人には，住所地の自宅不動産や預貯金などの財産があるが，預貯金通帳の散逸や，訪問販売による不必要な売買契約締結により，被害を被るおそれが強い。
2　以上の事実によれば，本人の財産を保全するため，本人につき財産の管理者を選任し，財産上の行為につき，本人に財産管理者の後見を受けるべきことを命ずる必要がある。

なお，財産の管理者としては，弁護士である青空晴子を選任することが相当である。よって，主文のとおり審判する。

平成○年○月○日

△△家庭裁判所家事第△部

裁判官　大　丘　忠　介　印

《審判書記載例５－５－２》　保佐命令の主文

本人は，保佐開始の審判の申立てについての審判が効力を生ずるまでの間，民法13条１項に規定する財産上の行為につき，財産の管理者である申立人の保佐を受けよ。

《審判書記載例５－５－３》　補助命令の主文

本人は，補助開始の審判の申立てについての審判が効力を生ずるまでの間，別紙行為目録記載の行為につき，財産の管理者である申立人の補助を受けよ。

※行為目録は申立書添付のものと同じ。

《審判書記載例５－５－４①》　事件の関係人に対する指示①（監護に関する事項の指示）

参加人△は，本人が適切な治療を受けることができるよう配慮すること。

《審判書記載例５－５－４②》　事件の関係人に対する指示②（財産管理に関する事項の指示）

本人は，別紙物件目録記載の不動産について，財産の管理者の同意なくして，譲渡並びに質権，抵当権及び賃借権の設定その他一切の処分をしてはならない。

４　審判の告知

⑴　財産の管理者の選任

審判の告知は、以下の者に対して行う。

①　財産の管理者（法74条１項）

②　申立人（同項）

⑵　本人の財産管理等の指示

審判の告知は、以下の者に対して行う。

①　指示の名宛人（法74条１項）

②　申立人

⑶　後見（保佐・補助）命令

審判の告知は、以下の者に対して行う。

①　本人（法74条１項。ただし、保佐命令・補助命令の場合）

②　申立人（同項）

③　財産の管理者（法74条１項・134条３項・143条３項）

④　本人（ただし、後見命令の場合）に対する通知（法126条５項）

⑷　申立てを却下する審判

審判の告知は、申立人（法74条１項）に対して行う。

5　不服申立て

⑴　財産の管理者の選任、財産管理・監護に関する事項の指示

認容、却下審判いずれに対しても即時抗告はできない（法110条１項１号）。

⑵　後見命令等

⒜　認容の審判に対する即時抗告

即時抗告をすることができる（法110条２項）。申立権者は民法７条に掲げる者および任意後見契約法10条２項に掲げる者（法123条１項１号・132条１項１号・141条１項１号）である。

申立期間は財産の管理者に対する告知の日（複数ある場合には、そのうち最も遅い日）から２週間である（法86条・126条６項）。

ただし、保佐命令、補助命令の場合は家事事件手続法134条４項・143条４項による。

⒝　却下する審判に対する即時抗告

申立権者は申立てを却下する審判に対し即時抗告をすることができる（法110条１項）。申立期間は、申立人に対する告知の日から２週間（法86条）である。

Ⅵ　後見登記

後見（保佐・補助）命令および同命令があるときにおける財産の管理者の改任の審判については、登記嘱託を要する（法116条２号、規77条１項１号）。

第6章　法定後見関係の付随事件

I　保佐人の同意に代わる許可の審判申立事件

1　事件の概要

保佐人の同意を要する行為につき、保佐人が被保佐人の利益を害するおそれがないにもかかわらず同意をしないときは、家庭裁判所は、被保佐人の請求により保佐人の同意に代わる許可を与えることができる（民13条3項、法別表第一19の項）。

本人の自己決定権を尊重する制度である。

2　申立手続

(1)　申立権者

被保佐人である（民13条3項、法129条3号・118条）。

(2)　管　轄

保佐開始の審判をし、またはその事件の係属する家庭裁判所である（法128条2項）。

(3)　申立費用

申立てに要する費用は以下のとおりである。

①　申立手数料　　収入印紙　800円（民訴費用3条1項・別表1・一五）

②　予納郵便切手　　窓口で指示されるとおり

(4)　添付書類

申立てにあたり添付する書類は次のとおりである。家庭裁判所により異なるので、以下には一般例を示す。

①　申立人（被保佐人）の戸籍謄本、住民票の写しまたは戸籍附票の写し、後見登記事項証明書（**注1**）

②　同意を要する行為に関する資料（契約書案、不動産の売買であればその

登記事項証明書または登記簿謄本等）

（注１） 開始申立て時に提出してあり、記載内容に変更がない場合は不要としている庁もある。

【申立書記載例６－１】　保佐人の同意に代わる許可の審判申立書

受付印	家事審判申立書　事件名（保佐人の同意に代わる許可）
	（この欄に申立手数料として１件について800円分の収入印紙を貼ってください。） （貼った印紙に押印しないでください。） （注意）　登記手数料としての収入印紙を納付する場合は，登記手数料としての収入印紙は貼らずにそのまま提出してください。
収入印紙　円 予納郵便切手　円 予納収入印紙　円	

準口頭		関連事件番号　平成　年（家　）第　号

△　△　家庭裁判所　御中 平成　○　年　○　月　○　日	申立人（又は法定代理人など）の記名押印	秋　山　冬　朗　㊞

添付書類	（審理のために必要な場合は，追加書類の提出をお願いすることがあります。）

申立人	本籍（国籍）	（戸籍の添付が必要とされていない申立ての場合は，記入する必要はありません。） △　△　都道府（県）　△△市△△町１１番地	
	住所	〒○○○－○○○○ △△市△△町１１番地１	電話　○○○（○○○）○○○○ （　方）
	連絡先	〒○○○－○○○○ △△市△△町５５番地５　○○ホーム	電話　○○○（○○○）○○○○ （　方）
	フリガナ 氏名	アキヤマ　フユロウ 秋　山　冬　朗	大正・（昭和）・平成　○年○月○日生 （○○歳）
	職業	無　職（被保佐人）	
※ 保佐人	本籍（国籍）	（戸籍の添付が必要とされていない申立ての場合は，記入する必要はありません。） △　△　都道府（県）　△△市△△町１１番地	
	住所	〒○○○－○○○○ △△市△△町１１番地１	電話　○○○（○○○）○○○○ （　方）
	連絡先	〒　－	電話　（　） （　方）
	フリガナ 氏名	アキヤマ 秋　山　もみじ	大正・（昭和）・平成　○年○月○日生 （○○歳）
	職業	主　婦	

（注）　太枠の中だけ記入してください。※の部分は，申立人，法定代理人，成年被後見人となるべき者，不在者，共同相続人，被相続人等の区別を記入してください。

申　立　て　の　趣　旨
被保佐人が，別紙物件目録記載の不動産について，別紙売買契約書（案）のとおり，売却することを許可するとの審判を求める。

申　立　て　の　理　由
1　申立人（被保佐人）について，平成○年○月○日保佐開始の審判がされ，その保佐人として，秋山もみじが選任された。
2　被保佐人は，生活費の確保のため別紙物件目録記載の不動産を別紙売買契約書（案）記載のとおり売却したいが，何ら被保佐人に不利益がないにもかかわらず，保佐人は売買に同意しない。
3　よって，保佐人の同意に代わる許可をされたく，本件申立てをする。

（別紙）物件目録（略）　売買契約書（案）（略）

3　審判手続

(1)　審理・審判

家庭裁判所は、被保佐人がその行為をすることが被保佐人の利益を害するおそれがないか否かを審理する。

家庭裁判所は、保佐人の陳述を聴かなければならない（法130条1項3号）。

本申立てがなされる事案では、保佐人と被保佐人との間に意見の対立がある状況が考えられるので、調査官による事実の調査・両者の関係調整が行われるであろう。

家庭裁判所は、審理の結果、申立てを相当と認めるときは、被保佐人が申立てにかかる行為をすることを許可する。相当でないと認めるときは申立て

《審判書記載例6－1》　保佐人の同意に代わる許可の審判書

平成○年(家)第0001号　保佐人の同意に代わる許可の審判申立事件

審　　　判

本籍　△△県△△市△△町11番地
住所　△△県△△市△△町11番地1
申立人（被保佐人）　秋　山　冬　朗
昭和○年○月○日生
住所　△△県△△市△△町11番地1
保　佐　人　秋　山　もみじ

本件申立てについて，当裁判所は，その申立てを相当と認め，次のとおり審判する。

主　　　文

被保佐人が，別紙物件目録記載の不動産を，別紙売買契約書（案）記載のとおり売買することを許可する。

平成○年○月○日
△△家庭裁判所家事部
裁判官　大　丘　忠　介　印

（別紙）物件目録（略）　売買契約書（案）（略）

を却下する。

⑵　審判の告知

次の者に対し審判の告知を行う。

①　被保佐人（法74条１項）

②　保佐人および保佐監督人（法131条３号）

申立却下の審判は申立人のみに告知する（法74条１項）。

⑶　即時抗告

認容審判・却下審判のいずれに対しても不服の申立てはできない。

4　登記嘱託

同意に代わる許可の審判は、後見登記法に定める登記の嘱託の対象とされていない。許可を受けた行為をしようとする被保佐人は、審判書謄本によって許可を受けた事実を証明すれば足りる。

Ⅱ　補助人の同意に代わる許可の審判申立事件

1　事件の概要

補助人の同意を要する行為につき、補助人が被補助人の利益を害するおそれがないにもかかわらず同意をしないときは、家庭裁判所は、被補助人の請求により補助人の同意に代わる許可を与えることができる（民17条３項、法別表第一38の項）。

本人の自己決定権を尊重する制度である。

2　申立手続

⑴　申立権者

被補助人である（民17条３項、法137条３号・118条）。

⑵　管　轄

補助開始の審判をし、またはその事件の係属する家庭裁判所である（法136条２項）。

⑶　申立費用

申立てに要する費用は次のとおりである。

①　申立手数料　　収入印紙　800円（民訴費用3条1項・別表1・一五）

②　予納郵便切手　　窓口で指示されるとおり

(4)　添付書類

申立てにあたり添付する書類は次のとおりである。家庭裁判所により異なるので、以下には一般例を示す。

①　申立人（被補助人）の戸籍謄本、住民票の写しまたは戸籍附票の写し、後見登記事項証明書**（注2）**

②　同意を要する行為に関する資料（契約書案、不動産の売買であればその登記事項証明書（不動産登記簿謄本）等）

（注2）　開始申立て時に提出してあり、記載内容に変更がない場合は不要としている庁もある。

【申立書記載例6－2】 補助人の同意に代わる許可の審判申立書

受付印	家事審判申立書　事件名（補助人の同意に代わる許可）
	（この欄に申立手数料として1件について800円分の収入印紙を貼ってください。） （貼った印紙に押印しないでください。）
収入印紙　円 予納郵便切手　円 予納収入印紙　円	（注意）登記手数料としての収入印紙を納付する場合は，登記手数料としての収入印紙は貼らずにそのまま提出してください。

準口頭		関連事件番号　平成　年（家　）第　号

△　△　家庭裁判所　御中 平成　○　年　○　月　○　日	申立人 （又は法定代理人など） の記名押印	秋　山　冬　朗　㊞

添付書類	（審理のために必要な場合は，追加書類の提出をお願いすることがあります。）

申立人	本籍（国籍）	（戸籍の添付が必要とされていない申立ての場合は，記入する必要はありません。） △　△　都道府(県)　△△市△△町1丁1番地	
	住所	〒○○○－○○○○ △△市△△町1丁1番地1	電話　○○○（○○○）○○○○ （　方）
	連絡先	〒　－	電話　（　） （　方）
	フリガナ 氏名	アキヤマ　フユロウ 秋　山　冬　朗	大正・(昭和)・平成　○年○月○日生 （○○歳）
	職業	無　職（被補助人）	
※補助人	本籍（国籍）	（戸籍の添付が必要とされていない申立ての場合は，記入する必要はありません。） △　△　都道府(県)　△△市△△町1丁1番地	
	住所	〒○○○－○○○○ △△市△△町1丁1番地1	電話　○○○（○○○）○○○○ （　方）
	連絡先	〒　－	電話　（　） （　方）
	フリガナ 氏名	アキヤマ 秋　山　もみじ	大正・(昭和)・平成　○年○月○日生 （○○歳）
	職業	主　婦	

（注）太枠の中だけ記入してください。※の部分は，申立人，法定代理人，成年被後見人となるべき者，不在者，共同相続人，被相続人等の区別を記入してください。

申　立　て　の　趣　旨
被補助人が，被相続人亡秋山冬子の遺産について，別紙遺産分割協議書（案）記載のとおり遺産分割をすることを許可するとの審判を求める。

申　立　て　の　理　由
1　申立人（被補助人）について，平成○年○月○日補助開始の審判がされ，その補助人として，秋山もみじが選任された。
2　このたび，被補助人の妻秋山冬子が平成○年○月○日死亡し，その遺産分割について，全相続人の合意のもとに別紙遺産分割協議書（案）が作成されたが，同案は何ら被補助人に不利益がないにもかかわらず，補助人はこれに同意しない。
3　よって，補助人の同意に代わる許可をされたく，本件申立てをする。

（別紙）遺産分割協議書（案）

3　審判手続

(1)　審理・審判

家庭裁判所は、被補助人がその行為をすることが被補助人の利益を害するおそれがないか否かを審理する。

家庭裁判所は、補助人の陳述を聴かなければならない（法139条１項２号）。

本申立てがなされる事案では、補助人と被補助人との間に意見の対立がある状況が考えられるので、調査官による事実の調査・両者の関係調整が行われるであろう。

家庭裁判所は、審理の結果、申立てを相当と認めるときは、被補助人が申立てに係る行為をすることを許可する。相当でないと認めるときは申立てを

《審判書記載例６－２》　補助人の同意に代わる許可の審判書

平成○年(家)第0002号　補助人の同意に代わる許可の審判申立事件

審　　　判

本籍　△△県△△市△△町11番地
住所　△△県△△市△△町11番地１
申立人（被補助人）　秋　山　冬　朗
昭和○年○月○日生
住所　△△県△△市△△町11番地１
補　助　人　秋　山　もみじ

本件申立てについて，当裁判所は，その申立てを相当と認め，次のとおり審判する。

主　　　文

被補助人が，被相続人秋山冬子（平成○年○月○日死亡）の遺産について別紙遺産分割協議書（案）のとおり遺産分割することを許可する。

平成○年○月○日
△△家庭裁判所家事部
裁判官　大　丘　忠　介　印

（別紙）　遺産分割協議書（案）（略）

却下する。

⑵　審判の告知

次の者に対し審判の告知を行う。

①　被補助人（申立人）（法74条１項）

②　補助人および補助監督人（法140条３号）

申立却下の審判は申立人のみに告知する（法74条１項）。

⑶　即時抗告

認容審判・却下審判のいずれに対しても不服の申立てはできない。

4　登記嘱託

同意に代わる許可の審判は、後見登記法に定める登記の嘱託の対象になっていない。

許可を受けた行為をしようとする被補助人は、審判書謄本によって許可を受けた事実を明らかにすれば足りる。

Ⅲ　保佐人の同意を要する行為の定め（同意権付与）の取消しの審判申立事件

1　事件の概要

家庭裁判所は、一定の者の申立てにより、保佐人の同意を得なければならない旨の審判をした行為の全部または一部につき、その審判を取り消すことができる（民14条２項、法別表第一21の項）。

保佐人の同意を得なければならないものとしておく必要性のなくなった行為については、審判を取り消しておく趣旨である。

2　申立手続

⑴　申立権者

本人、配偶者、４親等内の親族、未成年後見人、未成年後見監督人、保佐人、保佐監督人、検察官である（民14条２項・１項）。

⑵　管　轄

保佐開始の審判をし、またはその事件の係属する家庭裁判所である（法128条2項）。

⑶　申立費用

申立てに要する費用は次のとおりである。

①　申立手数料　　収入印紙　800円（民訴費用3条1項・別表1・一五）

②　予納郵便切手　　500円×3枚、100円×5枚、82円×10枚、62円×2枚、20円×8枚、10円×10枚、1円×16枚（合計3220円）（または窓口で指示されるとおり）

⑷　添付書類

申立てにあたり添付する書類は次のとおりである。家庭裁判所により異なるので、以下には一般例を示す。

①　申立人の戸籍謄本（**注3**）

②　本人の戸籍謄本、住民票の写しまたは戸籍附票の写し、後見登記事項証明書（**注3**）

（**注3**）　開始申立て時に提出してあり、記載内容に変更がない場合は不要としている庁もある。

【申立書記載例６－３】　保佐人の同意を要する行為の定めの取消しの審判申立書

受付印	家事審判申立書　事件名（保佐人の同意を要する行為の定めの取消し）
	（この欄に申立手数料として１件について800円分の収入印紙を貼ってください。） （貼った印紙に押印しないでください。） （注意）　登記手数料としての収入印紙を納付する場合は，登記手数料としての収入印紙は貼らずにそのまま提出してください。
収入印紙　円 予納郵便切手　円 予納収入印紙　円	

準口頭		関連事件番号　平成　年（家　）第　号

△　△　家庭裁判所 御中 平成　○　年　○　月　○　日	申立人 （又は法定代理人など） の記名押印	秋　山　冬　朗　㊞

添付書類	（審理のために必要な場合は，追加書類の提出をお願いすることがあります。）

申立人	本籍 （国籍）	（戸籍の添付が必要とされていない申立ての場合は，記入する必要はありません。） △　△　都道府(県)　△△市△△町｜｜番地	
	住所	〒○○○－○○○○ △△市△△町｜｜番地｜	電話　○○○（○○○）○○○○ （　方）
	連絡先	〒　－	電話　（　） （　方）
	フリガナ 氏名	アキヤマ　フユロウ 秋　山　冬　朗	大正(昭和)平成　○年○月○日生 （○○歳）
	職業	無　職（被保佐人）	
※ 保佐人	本籍 （国籍）	（戸籍の添付が必要とされていない申立ての場合は，記入する必要はありません。） △　△　都道府(県)　△△市△△町｜｜番地	
	住所	〒○○○－○○○○ △△市△△町｜｜番地｜	電話　○○○（○○○）○○○○ （　方）
	連絡先	〒　－	電話　（　） （　方）
	フリガナ 氏名	アキヤマ 秋　山　も　み　じ	大正(昭和)平成　○年○月○日生 （○○歳）
	職業	主　婦	

（注）　太枠の中だけ記入してください。※の部分は，申立人，法定代理人，成年被後見人となるべき者，不在者，共同相続人，被相続人等の区別を記入してください。

申　立　て　の　趣　旨
御庁が平成○年○月○日にした，「被保佐人が別紙同意行為目録記載の行為をするにもその保佐人の同意を得なければならない。」旨の審判を取り消すとの審判を求める。

申　立　て　の　理　由
1　申立人（被保佐人）について，平成○年○月○日保佐開始の審判がされ，その保佐人として，秋山もみじが選任され，同時に申立ての趣旨記載の審判がされた。
2　その後，別紙同意行為目録記載の短期賃貸借契約が締結され，期間経過により終了し，また，要介護認定も受け，これらの行為は目的を達したので，同意を受けるべき行為としておく必要性が消滅した。
3　よって，本件申立てをする。

（別紙）

同意行為目録

1　本人所有の不動産につき民法602条に定める期間を超えない賃貸借をすること

2　本人につき要介護認定の申請及びこれに関し不服申立てをすること

以上

3　審判手続

(1)　審理・審判

家庭裁判所は、取消しの申立てのあった法律行為について、保佐人の同意を得なければならないものとしておく必要性の有無を審理する。たとえば、同意を得なければならないと定められた行為が1回的な法律行為で、すでに行われて終了している場合には、上記必要性は消滅しているといえる。

家庭裁判所は、申立てを相当と認めるときは取消しの審判をし、不相当と認めるときは、申立却下の審判をする。

《審判書記載例6－3》　保佐人の同意を要する行為の定めの取消しの審判書

平成○年(家)第0001号　保佐人の同意を要する行為の定めの取消しの審判申立事件

審　　判

本籍　△△県△△市△△町11番地

住所　△△県△△市△△町11番地1

申立人（被保佐人）　秋　山　冬　朗

昭和○年○月○日生

住所　△△県△△市△△町11番地1

保　佐　人　秋　山　も　み　じ

本件申立てについて，当裁判所は，その申立てを相当と認め，次のとおり審判する。

主　　文

当庁が○年○月○日にした「被保佐人が別紙同意行為目録記載の行為をするにもその保佐人の同意を得なければならない。」旨の審判を取り消す。

平成○年○月○日
△△家庭裁判所家事部
裁判官　大　丘　忠　介　印

（別紙）　同意行為目録（申立書添付のものと同じ）

⑵　審判の告知

次の者に対し審判の告知を行う。

①　被保佐人（法74条1項）

②　申立人（同項）

③　保佐人および保佐監督人（法131条5号）

申立却下の審判は申立人のみに告知する（法74条1項）。

⑶　即時抗告

認容審判・却下審判のいずれに対しても、不服の申立てはできない。

4　登記嘱託

保佐人に対する同意権付与の取消しの審判が効力を生じた場合、書記官は、遅滞なく、後見登記法に定める登記嘱託をしなければならない（法116条1号、規77条1項7号）。

登記手数料は不要である（登記手数料令15条2項）。

Ⅳ　補助人の同意を要する行為の定め（同意権付与）の取消しの審判申立事件

1　事件の概要

家庭裁判所は、一定の者の申立てにより、補助人の同意を得なければならない旨の審判をした行為の全部または一部につき、その審判を取り消すことができる（民18条2項、法別表第一40の項）。

補助人の同意を得なければならないものとしておく必要性のなくなった行為については、審判を取り消しておく趣旨である。

2　申立手続

⑴　申立権者

本人、配偶者、４親等内の親族、未成年後見人、未成年後見監督人、補助人、補助監督人、検察官である（民18条２項・１項）。

⑵　管　轄

補助開始の審判をし、またはその事件の係属する家庭裁判所である（法136条２項）。

⑶　申立費用

申立てに要する費用は次のとおりである。

①　申立手数料　　収入印紙　800円（民訴費用３条１項・別表１・一五）

②　予納郵便切手　　500円×３枚、100円×５枚、82円×10枚、62円×２枚、20円×８枚、10円×10枚、１円×16枚（合計3220円）（または窓口で指示されるとおり）

⑷　添付書類

申立てにあたり添付する書類は次のとおりである。家庭裁判所により異なるので、以下には一般例を示す。

①　申立人の戸籍謄本 **（注４）**

②　本人の戸籍謄本、住民票の写しまたは戸籍附票の写し、後見登記事項証明書 **（注４）**

（注４）　開始申立て時に提出してあり、記載内容に変更がない場合は不要としている庁もある。

【申立書記載例6－4】　補助人の同意を要する行為の定めの取消しの審判申立書

受付印	家事審判申立書　事件名（補助人の同意を要する行為の定めの取消し）
	（この欄に申立手数料として1件について800円分の収入印紙を貼ってください。） （貼った印紙に押印しないでください。） （注意）　登記手数料としての収入印紙を納付する場合は，登記手数料としての収入印紙は貼らずにそのまま提出してください。
収入印紙　円 予納郵便切手　円 予納収入印紙　円	

準口頭		関連事件番号　平成　年（家　）第　号

△　△　家庭裁判所 御中 平成　○　年　○　月　○　日	申立人 （又は法定代理人など） の記名押印	秋　山　冬　朗　㊞

添付書類	（審理のために必要な場合は，追加書類の提出をお願いすることがあります。）

申立人	本籍 （国籍）	（戸籍の添付が必要とされていない申立ての場合は，記入する必要はありません。） △　△　都道府（県）　△△市△△町1丁目1番地	
	住所	〒○○○－○○○○ △△市△△町1丁目1番地1	電話　○○○（○○○）○○○○ （　方）
	連絡先	〒　－	電話　（　） （　方）
	フリガナ 氏名	アキヤマ　フユロウ 秋　山　冬　朗	大正 （昭和） 平成　○年○月○日生 （○○歳）
	職業	無　職（被補助人）	
※ 補助人	本籍 （国籍）	（戸籍の添付が必要とされていない申立ての場合は，記入する必要はありません。） △　△　都道府（県）　△△市△△町1丁目1番地	
	住所	〒○○○－○○○○ △△市△△町1丁目1番地1	電話　○○○（○○○）○○○○ （　方）
	連絡先	〒　－	電話　（　） （　方）
	フリガナ 氏名	アキヤマ 秋　山　もみじ	大正 （昭和） 平成　○年○月○日生 （○○歳）
	職業	主　婦	

（注）　太枠の中だけ記入してください。※の部分は，申立人，法定代理人，成年被後見人となるべき者，不在者，共同相続人，被相続人等の区別を記入してください。

申　立　て　の　趣　旨
御庁が平成○年○月○日にした，「被補助人が別紙同意行為目録記載の行為をするにはその補助人の同意を得なければならない。」旨の審判を取り消すとの審判を求める。

申　立　て　の　理　由
1　申立人（被補助人）について，平成○年○月○日補助開始の審判がされ，その補助人として，秋山もみじが選任され，同時に申立ての趣旨記載の審判がされた。
2　その後，別紙同意行為目録記載の行為はいずれも終了し，その目的を達したので，同意を受けるべき行為としておく必要性が消滅した。
3　よって，本件申立てをする。

（別紙）

同意行為目録

1　本人所有の土地又は建物について処分行為（売却又は担保権設定）をすること

2　本人の亡父の遺産分割

以上

3　審判手続

⑴　審理・審判

家庭裁判所は、取消しの申立てのあった法律行為について、補助人の同意を得なければならないものとしておく必要性の有無を審理する。たとえば、同意を得なければならないと定められた行為が1回的な法律行為で、すでに行われて終了している場合には、上記必要性は消滅しているといえる。

家庭裁判所は、申立てを相当と認めるときは取消しの審判をし、不相当と認めるときは、申立却下の審判をする。

なお、同意権および代理権付与の審判をすべて取り消す場合には、家庭裁判所は、補助開始の審判を取り消さなければならない（民18条3項）。

《審判書記載例6－4》　補助人の同意を要する行為の定めの取消しの審判書

平成○年(家)第0001号　補助人の同意を要する行為の定めの取消しの審判申立事件

審　　　判

本籍　△△県△△市△△町11番地
住所　△△県△△市△△町11番地1
申立人（被補助人）　秋　山　冬　朗
昭和○年○月○日生
住所　△△県△△市△△町11番地1
補　助　人　秋　山　も　み　じ

本件申立てについて，当裁判所は，その申立てを相当と認め，次のとおり審判する。

主　　文

当庁が平成○年○月○日にした「被補助人が別紙同意行為目録記載の行為をするにはその補助人の同意を得なければならない。」旨の審判を取り消す。

平成○年○月○日

△△家庭裁判所家事部

裁判官　大　丘　忠　介　印

（別紙）　同意行為目録（申立書添付のものと同じ）

(2)　審判の告知

次の者に対し審判の告知を行う。

① 被補助人（法74条1項）

② 申立人（同項）

③ 補助人および補助監督人（法140条5号）

申立却下の審判は申立人のみに告知する（法74条1項）。

(3)　即時抗告

認容審判・却下審判のいずれに対しても、不服の申立てはできない。

4　登記嘱託

補助人に対する同意権付与の審判を取り消す審判が効力を生じた場合、書記官は、遅滞なく、後見登記法に定める登記嘱託をしなければならない（法116条1号、規77条1項7号）。

補助人の同意を得ることを要する行為を定める審判の取消しの審判に基づく登記手数料は不要である（登記手数料令15条2項）。

V　保佐人に対する代理権の付与の取消しの審判申立事件

1　事件の概要

家庭裁判所は、一定の者の申立てにより、保佐人に代理権を付与する旨の審判の全部または一部を取り消すことができる（民876条の4第3項・1項、法別表第一33の項）。

代理権付与の必要性がなくなったものについては代理権を消滅させる制度である。

2　申立手続

⑴　申立権者

本人、配偶者、４親等内の親族、後見人、後見監督人、保佐人、保佐監督人、検察官である（民876条の４第３項・１項）。

⑵　管　轄

保佐開始の審判をし、またはその事件の係属する家庭裁判所である（法128条２項）。

⑶　申立費用

申立てに要する費用は次のとおりである。

①　手数料　　収入印紙　800円（民訴費用３条１項・別表１・一五）

②　予納郵便切手　　500円×３枚、100円×５枚、82円×10枚、62円×２枚、20円×８枚、10円×10枚、１円×16枚（合計3220円）（または窓口で指示されるとおり）

⑷　添付書類

申立てにあたり添付する書類は次のとおりである。家庭裁判所により異なるので、以下には一般例を示す。

①　申立人の戸籍謄本（**注５**）

②　本人の戸籍謄本、住民票の写しまたは戸籍附票の写し、後見登記事項証明書（**注５**）

（注５）　開始申立て時に提出してあり、記載内容に変更がない場合は不要としている庁もある。

【申立書記載例６－５】　保佐人に対する代理権付与の審判の取消しの審判申立書

受付印	家事審判申立書　事件名（保佐人に対する代理権付与の審判の取消し）
	（この欄に申立手数料として１件について800円分の収入印紙を貼ってください。） （貼った印紙に押印しないでください。）
収入印紙　円 予納郵便切手　円 予納収入印紙　円	（注意）登記手数料としての収入印紙を納付する場合は，登記手数料としての収入印紙は貼らずにそのまま提出してください。

準口頭		関連事件番号　平成　年（家　）第　号

△　△　家庭裁判所 御中 平成　○　年　○　月　○　日	申立人（又は法定代理人など）の記名押印	秋　山　冬　朗　㊞

添付書類	（審理のために必要な場合は，追加書類の提出をお願いすることがあります。）

申立人	本籍（国籍）	（戸籍の添付が必要とされていない申立ての場合は，記入する必要はありません。） △　△　都道府㊫　△△市△△町｜｜番地	
	住所	〒○○○－○○○○ △△市△△町｜｜番地｜	電話　○○○（○○○）○○○○ （　方）
	連絡先	〒　－	電話　（　） （　方）
	フリガナ 氏名	アキヤマ　フユロウ 秋　山　冬　朗	大正・㊐昭和・平成　○年○月○日生 （○○歳）
	職業	無　職（被保佐人）	
※ 保佐人	本籍（国籍）	（戸籍の添付が必要とされていない申立ての場合は，記入する必要はありません。） △　△　都道府㊫　△△市△△町｜｜番地	
	住所	〒○○○－○○○○ △△市△△町｜｜番地｜	電話　○○○（○○○）○○○○ （　方）
	連絡先	〒　－	電話　（　） （　方）
	フリガナ 氏名	アキヤマ 秋　山　もみじ	大正・㊐昭和・平成　○年○月○日生 （○○歳）
	職業	主　婦	

（注）太枠の中だけ記入してください。※の部分は，申立人，法定代理人，成年被後見人となるべき者，不在者，共同相続人，被相続人等の区別を記入してください。

申　立　て　の　趣　旨
御庁が平成〇年〇月〇日にした，「被保佐人のために別紙代理行為目録記載の行為について保佐人に代理権を付与する。」旨の審判を取り消すとの審判を求める。

申　立　て　の　理　由
1　申立人（被保佐人）について，平成〇年〇月〇日保佐開始の審判がされ，その保佐人として，秋山もみじが選任され，同時に申立ての趣旨記載の審判がされた。
2　その後，別紙同意行為目録記載の遺産分割及び登記・登録が終了し，目的を達したので，同代理権を付与しておく必要性が消滅した。
3　よって，本件申立てをする。

（別紙）

代理行為目録

1　遺産分割
2　登記・登録

以上

3　審判手続

⑴　審理・審判

家庭裁判所は、取消しの申立てのあった法律行為について、代理権付与の必要性が消滅しているか否かを審理する。たとえば、代理権を付与されている行為が1回的な法律行為で、すでに行われて終了している場合には、上記必要性は消滅しているといえる。

家庭裁判所は、申立てを相当と認めるときは取消しの審判をし、不相当と認めるときは、申立却下の審判をする。

《審判書記載例6－5》　保佐人に対する代理権付与の審判の取消しの審判書

平成○年(家)第0001号　保佐人に対する代理権付与の審判の取消しの審判申立事件

審　　判

本籍　△△県△△市△△町11番地
住所　△△県△△市△△町11番地1
申立人（被保佐人）　秋　山　冬　朗
昭和○年○月○日生
住所　△△県△△市△△町11番地1
保　佐　人　秋　山　も　み　じ

本件申立てについて，当裁判所は，その申立てを相当と認め，次のとおり審判する。

主　　文

当庁が○年○月○日にした，被保佐人のために別紙代理行為目録記載の行為について保佐人に代理権を付与する旨の審判を取り消す。

平成○年○月○日

△△家庭裁判所家事部
裁判官　大　丘　忠　介　印

（別紙）　代理行為目録（申立書添付のものと同じ）

⑵　審判の告知

次の者に対し審判の告知を行う。

①　保佐人（法74条1項）

②　申立人（同項）

③　被保佐人および保佐監督人（法131条7号）

申立却下の審判は申立人のみに告知する（法74条1項）。

⑶　即時抗告

認容審判・却下審判のいずれに対しても、不服の申立てはできない。

4　登記嘱託

保佐人に対する代理権付与の取消しの審判が効力を生じた場合、書記官は、遅滞なく、後見登記法に定める登記嘱託をしなければならない（法116条1号、規77条1項8号）。

登記手数料は不要である（登記手数料令15条3項）。

Ⅵ　補助人に対する代理権の付与の取消しの審判申立事件

1　事件の概要

家庭裁判所は、一定の者の申立てにより、補助人に代理権を付与する旨の審判の全部または一部を取り消すことができる（民876条の9第2項・876条の4第3項、法別表第一52の項）。

代理権付与の必要性がなくなったものについては代理権を消滅させる制度である。

2　申立手続

⑴　申立権者

本人、配偶者、４親等内の親族、後見人、後見監督人、補助人、補助監督人、検察官である（民876条の９第２項・976条の４第３項・１項）。

⑵　管　轄

補助開始の審判をし、またはその事件の係属する家庭裁判所である（法136条２項）。

⑶　申立費用

申立てに要する費用は次のとおりである。

①　申立手数料　　収入印紙　800円（民訴費用３条１項・別表１・一五）

②　予納郵便切手　　500円×３枚、100円×５枚、82円×10枚、62円×２枚、20円×８枚、10円×10枚、１円×16枚（合計3220円）（または窓口で指示されるとおり）

⑷　添付書類

申立てにあたり添付する書類は次のとおりである。家庭裁判所により異なるので、以下には一般例を示す。

①　申立人の戸籍謄本（注６）

②　本人の戸籍謄本、住民票の写しまたは戸籍附票の写し、後見登記事項証明書（注６）

（注６）　開始申立て時に提出してあり、記載内容に変更がない場合は不要としている庁もある。

【申立書記載例６－６】 補助人に対する代理権付与の審判の取消しの審判申立書

受付印	家事審判申立書　事件名（補助人に対する代理権付与の審判の取消し）
	（この欄に申立手数料として１件について800円分の収入印紙を貼ってください。） （貼った印紙に押印しないでください。） （注意）　登記手数料としての収入印紙を納付する場合は，登記手数料としての収入印紙は貼らずにそのまま提出してください。
収入印紙　　円 予納郵便切手　　円 予納収入印紙　　円	

準口頭		関連事件番号　平成　　年（家　　）第　　　号

△　△　家庭裁判所 御中 平成　○　年　○　月　○　日	申立人 （又は法定代理人など） の記名押印	秋　山　　冬　朗　　㊞

添付書類	（審理のために必要な場合は，追加書類の提出をお願いすることがあります。）

申立人	本籍 （国籍）	（戸籍の添付が必要とされていない申立ての場合は，記入する必要はありません。） △　△　都道府㊎県　△△市△△町１１番地	
	住所	〒○○○－○○○○ △△市△△町１１番地１	電話　○○○（○○○）○○○○ （　　　方）
	連絡先	〒　　－	電話　　（　　） （　　　方）
	フリガナ 氏名	アキヤマ　フユロウ 秋　山　　冬　朗	大正・㊊昭和・平成　○年○月○日生 （○○歳）
	職業	無　職（被補助人）	
※ 補助人	本籍 （国籍）	（戸籍の添付が必要とされていない申立ての場合は，記入する必要はありません。） △　△　都道府㊎県　△△市△△町１１番地	
	住所	〒○○○－○○○○ △△市△△町１１番地１	電話　○○○（○○○）○○○○ （　　　方）
	連絡先	〒　　－	電話　　（　　） （　　　方）
	フリガナ 氏名	アキヤマ 秋　山　　もみじ	大正・㊊昭和・平成　○年○月○日生 （○○歳）
	職業	主　婦	

（注）　太枠の中だけ記入してください。※の部分は，申立人，法定代理人，成年被後見人となるべき者，不在者，共同相続人，被相続人等の区別を記入してください。

申　立　て　の　趣　旨
御庁が平成○年○月○日にした，「被補助人のために別紙代理行為目録記載の行為について補助人に代理権を付与する。」旨の審判を全部取り消すとの審判を求める。

申　立　て　の　理　由
1　申立人（被補助人）について，平成○年○月○日について補助開始の審判がされ，その補助人として，秋山もみじが選任され，同時に申立ての趣旨記載の審判がされた。
2　その後，別紙代理行為目録記載の遺産分割及び登記・登録が終了し，目的を達したので，同代理権を付与しておく必要性が消滅した。
3　よって，本件申立てをする。

（別紙）

代理行為目録

1　遺産分割
2　登記・登録

以上

3　審判手続

⑴　審理・審判

家庭裁判所は、取消しの申立てのあった法律行為について、代理権付与の必要性が消滅しているか否かを審理する。たとえば、代理権を付与されている行為が１回的な法律行為で、すでに行われて終了している場合には、上記必要性は消滅しているといえる。

家庭裁判所は、申立てを相当と認めるときは取消しの審判をし、不相当と認めるときは、申立却下の審判をする。

なお、同意権および代理権付与の審判をすべて取り消す場合には、家庭裁判所は、補助開始の審判を取り消さなければならない（民18条３項）。

《審判書記載例６－６》　補助人に対する代理権付与の審判の取消しの審判書（民法18条３項により補助開始の審判をも取り消す例）

平成○年㈮第0001号　補助人に対する代理権付与の審判の取消しの審判申立事件

審　　　判

本籍　△△県△△市△△町11番地
住所　△△県△△市△△町11番地１
申立人（被補助人）　秋　山　冬　朗
昭和○年○月○日生
住所　△△県△△市△△町11番地１
補　助　人　秋　山　も　み　じ

本件申立てについて，当裁判所は，その申立てを相当と認め，次のとおり審判する。

主　　　文

1　当庁が○年○月○日にした，被補助人のために別紙代理行為目録記載の行為について補助人に代理権を付与する旨の審判を取り消す。
2　当庁が○年○月○日に被補助人についてした補助開始の審判を取り消す。

平成○年○月○日

△△家庭裁判所家事部

裁判官　　大　　丘　　忠　　介　　印

（別紙）代理行為目録（申立書添付のものと同じ）

(2)　審判の告知

次の者に対し審判の告知を行う。

①　補助人（法74条１項）　　送達の方法による。

②　申立人（同項）

③　被補助人および補助監督人（法140条７号）

申立却下の審判は申立人のみに告知する（法74条１項）。

(3)　即時抗告

認容審判・却下審判のいずれに対しても、不服の申立てはできない。

4　登記嘱託

保佐人に対する代理権付与の取消しの審判が効力を生じた場合、書記官は、遅滞なく、後見登記法に定める登記嘱託をしなければならない（法116条１号、規77条１項８号）。

登記手数料は不要である（登記手数料令15条３項）。

Ⅶ　成年後見人、保佐人または補助人の選任（補充的選任・追加的選任）事件

1　事件の概要

⑴　補充的選任

成年後見人、保佐人または補助人が欠けたときは、家庭裁判所は、一定の者の申立てによりまたは職権で、成年後見人、保佐人または補助人を選任する（民843条２項・876条の２第２項・876条の７第２項、法別表第一３の項・22の項・41の項）。

成年後見人等が欠けたときとは、成年後見人等の辞任・解任、欠格事由の発生、死亡または失踪宣告により成年後見人等が不存在になった場合をいう。

⑵　追加的選任

成年後見人、保佐人または補助人が選任されている場合であっても、家庭裁判所は、必要があると認めるときは、一定の者の申立てにより、または職権で、さらに成年後見人、保佐人または補助人を選任することができる（民843条３項・876条の２第２項・876条の７第２項、法別表第一３の項・22の項・41の項）。

2　申立手続

⑴　申立権者

(A)　成年後見人選任の審判

補充的選任の場合、本人、その親族その他の利害関係人、生活保護機関（生活保護法81条）である。

追加的選任の場合、成年後見人、本人、その親族その他の利害関係人である。

(B)　保佐人選任の審判

補充的選任の場合、本人、その親族その他の利害関係人である。

追加的選任の場合、保佐人、本人、その親族その他の利害関係人である。

(C)　補助人選任の審判

補充的選任の場合、本人、その親族その他の利害関係人である。

追加的選任の場合、補助人、本人、その親族その他の利害関係人である。

(2)　管　轄

後見、保佐または補助の各開始の審判をした家庭裁判所である（法117条2項・128条2項・136条2項）。

(3)　申立費用

申立てに要する費用は次のとおりである。

① 申立手数料　　収入印紙　800円（民訴費用3条1項・別表1・一五）

② 予納郵便切手　　500円×3枚、100円×5枚、82円×10枚、62円×2枚、20円×8枚、10円×10枚、1円×16枚（合計3220円）（または窓口で指示されるとおり）

(4)　添付書類

申立てにあたり添付する書類は次のとおりである。家庭裁判所により異なるので、以下には一般例を示す（【　】は、東京家庭裁判所の例である）。

① 申立人の戸籍謄本【不要】

② 本人の戸籍謄本、住民票の写しまたは戸籍附票の写し、後見登記事項証明書【戸籍抄本、住民票の写し】（注7）

③ 成年後見人、保佐人または補助人候補者の住民票の写しまたは戸籍附票の写し

④ 後見人等候補者説明書

（注7）　開始申立て時に提出してあり、記載内容に変更がない場合は不要としている庁もある。

【申立書記載例6－7①】 成年後見人選任の審判申立書　（東京家裁後見サイト）

受付印	**成　年　後　見　人　の　選　任　の　申　立**
収入印紙　800円 予納郵便切手　3220円	この欄に収入印紙800円分を貼る。 （貼った印紙に押印しないでください。）

準口頭		関連事件番号　平成　　年（家　　）第　　　　号

東京　　家庭裁判所 御中 平成　○　年　○　月　○　日	申立人の記名押印	**青　空　晴　男**　　印

添付書類	□　後見人候補者の住民票及び候補者事情説明書（※裁判所に一任の場合は不要） ※後見登記事項に変更がある場合は□　住民票　□　戸籍抄本

申立人	住所	〒○○○－○○○○ △△市△△町55番地1	電話　○○○（○○○）○○○○ （　　　方）
	連絡先	〒○○○－○○○○ △△市△△町44番地2　○○法律事務所	電話　○○○（○○○）○○○○ （　　　方）
	フリガナ 氏名	アオゾラ　ハルオ **青　空　晴　男**	大正・(昭和)・平成　○年○月○日生
	職業	弁護士	
	成年被後見人との関係	弁護士	
成年被後見人	本籍	△△市△△町11番地	
	住所	〒○○○－○○○○ △△市△△町11番地1	電話　○○○（○○○）○○○○ （　　　方）
	連絡先	〒　　－	電話　　（　　） （　　　方）
	フリガナ 氏名	アキヤマ　フユロウ **秋　山　冬　朗**	明治・大正・(昭和)　○年○月○日生
	職業	無職	

（注）太わくの中だけ記入してください。

申立ての趣旨
成年被後見人の成年後見人を選任するとの審判を求めます。

申立ての理由
1　本人の成年後見人弁護士青空晴男は，主に成年被後見人の亡父の遺産分割調停事件の解決を目的として選任されたところ，同調停が成立し，その役割が終了したので，先般成年後見人の辞任許可の申立てをし，同審判がされた。そこで，後任の成年後見人選任の審判を求める。
2　成年後見人候補者としては，本人の二女で，本人の介護をしている秋山かえでが適任であると考える。
(添付書類)
成年後見人候補者について，戸籍謄本，住民票写し(あるいは戸籍の附票)，身分証明書，後見等登記のないことの証明書および成年後見人候補者事情説明書

成年後見人候補者 □ 裁判所に一任する	住所	〒　　　　電話　（　） （　　方）		
	フリガナ 氏名		昭和 平成　年　月　日生	
	職業		成年被後見人との関係	
	勤務先	電話　（　）		

(注)　太わくの中だけ記入してください。

【申立書記載例６－７②】　追加的選任の申立ての場合の「申立ての理由」記載例

申立ての理由
本人の成年後見人に秋山もみじが選任されているところ，このたび後見事務の増大及び成年後見人の家庭の事情の変更により，さらに成年後見人の選任が必要となったので，その旨の審判を求める。 なお，成年後見人候補者としては，本人の二女である秋山かえでが適任であり，また，現成年後見人との間に権限の分掌や共同行使の定めの必要はないと考える。

3　審判手続

(1)　審　理

(A)　成年後見人、保佐人または補助人候補者の意見聴取

成年後見人等を選任するには、成年後見人等となるべき者の意見を聴かなければならない（法120条２項１号・130条２項１号・139条２項１号）。

(B)　本人の意見聴取

成年後見人、保佐人または補助人を選任するには、本人の陳述を聴かなければならない（法120条１項３号・130条１項５号・139条１項４号）。

成年後見人等を選任するにあたっては、本人の意見も考慮すべき事情の１つとされている（民843条４項・876条の２第２項・876条の７第２項）ことに対応する規定であり、本人の自己決定権を尊重する趣旨である。

本人が、ある成年後見人等候補者に反対する場合には、その理由をよく聴き、当該候補者の適格性を疑わせる事情を陳述するときは調査をし、そうではなく、ただ制度に対する理解不足や感情的反発などから後見開始等または成年後見人等候補者に反対していると認められるときは、必ずしも本人の陳述に従わなければならないわけではなく、わかりやすく制度の趣旨等を説明し、説得することも必要であろう。

ただし、本人が意見聴取に協力しなかったり、いわゆる植物状態あるいは重度の知的障害等により意見聴取が不可能である場合には、意見聴取は不要である。

(C)　追加的選任の必要性

追加的選任の場合には、成年後見人、保佐人または補助人を複数人おくことの必要性を審理する。後記Ⅺ参照。

(D)　成年後見人等の適格性調査

成年後見人等を選任する場合の留意事項については、第２章Ⅲ８参照。

(2)　審　判

(A)　選任の審判

補充的選任の申立ての場合には、性質上、却下することはできない。

追加的選任の場合には、必要性が認められる場合に選任の審判がされることになる。

(B)　却下の審判

追加的選任の必要がない場合などには申立てを却下する。

《審判書記載例６－７》　成年後見人選任の審判書

平成○年(家)第0001号　成年後見人選任の審判申立事件

審　　　判

住所　△△県△△市△△町55番地１

申　立　人　　　　青　　空　　晴　　男

本籍　△△県△△市△△町11番地

住所　△△県△△市△△町11番地１

本人（成年被後見人）　　秋　　山　　冬　　朗

昭和○年○月○日生

本件について，当裁判所は，申立てを相当と認め，次のとおり審判する。

主　　　文

本人の成年後見人として次の者を選任する。

住所　△△県△△市△△町33番地１

氏名　秋　　山　　か　え　で

平成○年○月○日

△△家庭裁判所家事部

裁判官　　大　　丘　　忠　　介　　印

⑶　審判の告知

次の者に対し審判の告知を行う。

(A)　選任の審判

成年後見人、保佐人または補助人、申立人に対して行う（法74条１項）。

(B)　却下の審判

申立人に対して行う（法74条１項）。

⑷　即時抗告

認容審判・却下審判のいずれに対しても、不服の申立てはできない。

4　登記嘱託

成年後見人等を選任する審判が効力を生じた場合、書記官は、遅滞なく、後見登記法に定める登記嘱託をしなければならない（法116条１項、規77条１項２号）。

成年後見人等を選任する審判に基づく登記手数料は、不要である。

Ⅷ　成年後見監督人、保佐監督人または補助監督人の選任事件

1　事件の概要

家庭裁判所は、必要があると認めるときは、一定の者の申立てによりまたは職権で、成年後見監督人、保佐監督人または補助監督人を選任する（民849条の２・876条の３第１項・876条の８第１項、法別表第一７の項・26の項・45の項）。

成年後見監督人等は必ずおかなければならないものではなく、必要と認められるときに選任される。したがって、欠員補充の観念はなく、従前の成年後見監督人等が何らかの事由により不在となった場合にも、あらためて選任の必要があるか否かを審理する。

成年後見監督人等をおく実益として考えられるのは、①成年後見人等の身近に監督人をおくことにより、本人の財産管理および身上監護の後見等事務の遂行をより適切・適正なものとする、②監督に加えて、助言等により後見

等事務を行いやすくする、③成年後見人等がある団体に所属している場合にはその団体の監督的機能を活用する、などが考えられる。ただ、③の場合には身内びいきとならないよう注意する必要がある。

2　申立手続

(1)　申立権者

(A)　成年後見監督人選任の審判

成年被後見人、その親族、成年後見人である（民849条の２）。

(B)　保佐監督人選任の審判

被保佐人、その親族、保佐人である（民876条の３第１項）。

(C)　補助監督人選任の審判

被補助人、その親族、補助人である（民876条の８第１項）。

(2)　管　轄

後見、保佐または補助の各開始の審判をした家庭裁判所である（法117条２項・128条２項・136条２項）。

(3)　申立費用

申立てに要する費用は次のとおりである。

①　申立手数料　　収入印紙　800円（民訴費用３条１項・別表１・一五）

②　予納郵便切手　　500円×３枚、100円×５枚、82円×10枚、62円×２枚、20円×８枚、10円×10枚、１円×16枚（合計3220円）（または窓口で指示されるとおり）

(4)　添付書類

申立てにあたり添付する書類は次のとおりである。家庭裁判所により異なるので、以下には一般例を示す。

①　申立人の戸籍謄本

②　本人の戸籍謄本、住民票の写しまたは戸籍附票の写し、後見登記事項証明書**（注９）**

（注９）　開始申立て時に提出してあり、記載内容に変更がない場合は不要としている庁もある。

【申立書記載例6－8】　成年後見監督人選任の審判申立書

受付印	家事審判申立書　事件名（成年後見監督人選任）
	（この欄に申立手数料として1件について800円分の収入印紙を貼ってください。） （貼った印紙に押印しないでください。） （注意）　登記手数料としての収入印紙を納付する場合は，登記手数料としての収入印紙は貼らずにそのまま提出してください。
収入印紙　円 予納郵便切手　円 予納収入印紙　円	

準口頭		関連事件番号　平成　年（家　）第　号

△　△　家庭裁判所 御中 平成　○　年　○　月　○　日	申立人 （又は法定代理人など） の記名押印	秋　山　かえで　印

添付書類	（審理のために必要な場合は，追加書類の提出をお願いすることがあります。）

申立人	本籍（国籍）	（戸籍の添付が必要とされていない申立ての場合は，記入する必要はありません。） △　△　都道府県（県に○）　△△市△△町11番地	
	住所	〒○○○－○○○○ △△市△△町33番地1	電話　○○○（○○○）○○○○ （　方）
	連絡先	〒　－	電話　（　） （　方）
	フリガナ 氏名	アキヤマ 秋　山　かえで	大正・昭和（○）・平成　○年○月○日生 （○○歳）
	職業	会社員	
※ 成年被後見人	本籍（国籍）	（戸籍の添付が必要とされていない申立ての場合は，記入する必要はありません。） △　△　都道府県（県に○）　△△市△△町11番地	
	住所	〒○○○－○○○○ △△市△△町11番地1	電話　○○○（○○○）○○○○ （　方）
	連絡先	〒　－	電話　（　） （　方）
	フリガナ 氏名	アキヤマ　フユロウ 秋　山　冬　朗	大正・昭和（○）・平成　○年○月○日生 （○○歳）
	職業	無職	

（注）　太枠の中だけ記入してください。※の部分は，申立人，法定代理人，成年被後見人となるべき者，不在者，共同相続人，被相続人等の区別を記入してください。

申　立　て　の　趣　旨
本人の成年後見監督人選任の審判を求める。

申　立　て　の　理　由
本人の成年後見人に秋山もみじが選任されているところ，後見事務が増大する一方，現成年後見人は比較的高齢であるため，その監督者を置くことにより，後見事務の適正及び円滑な遂行を図るため，成年後見監督人選任の審判を求める。 なお，成年後見監督人候補者としては，専門家である青空晴男が適任であると考える。

3　審判手続

⑴　審　理

⒜　成年後見監督人、保佐監督人または補助監督人候補者の意見聴取

成年後見監督人、保佐監督人または補助監督人を選任するには、成年後見監督人等となるべき者の意見を聴かなければならない（法120条２項２号・130条２項２号・139条２項２号）。

⒝　本人の意見聴取

成年後見監督人、保佐監督人または補助監督人を選任するには、本人の陳述を聴かなければならない（法120条１項３号・130条１項５号・139条１項４号）。これは、成年後見人等を選任するにあたっては、本人の意見も考慮すべき事情の１つとされている（民852条・843条４項・876条の３第２項前段・876条の８第２項前段）ことに対応する規定である（前記Ⅶ３参照）。

⒞　成年後見監督人等選任の必要性

前記１参照。

⒟　成年後見人等の適格性調査

成年後見人等を選任する場合の留意事項については、第２章Ⅲ８参照。

⑵　審　判

⒜　選任の審判

成年後見監督人等選任の必要性が認められる場合には選任の審判がされることになる。

⒝　却下の審判

選任の必要がない場合などには申立てを却下する。

《審判書記載例６－８》　成年後見監督人選任の審判書

平成○年㈮第0001号　成年後見監督人選任の審判申立事件

審　　　　判

住所　△△県△△市△△町33番地１

申　立　人　　　　　秋　　山　　かえで

本籍　△△県△△市△△町11番地
住所　△△県△△市△△町11番地１
本人（成年被後見人）　秋　山　冬　朗
昭和○年○月○日生
本件について，当裁判所は，申立てを相当と認め，次のとおり審判する。
主　文
本人の成年後見監督人として次の者を選任する。
住所　△△県△△市△△町55番地１
（事務所）△△市△△町44番地２　青空法律事務所
氏名　青　空　晴　男
平成○年○月○日
△△家庭裁判所家事部
裁判官　大　丘　忠　介　印

⑶　審判の告知

(A)　選任審判

成年後見監督人、保佐監督人または補助監督人、申立人に対して行う（法74条１項）。

(B)　却下の審判

申立人に対して行う（法74条１項）。

⑷　即時抗告

認容審判・却下審判のいずれに対しても、不服の申立てはできない。

4　登記嘱託

成年後見監督人等を選任する審判が効力を生じた場合、書記官は、遅滞なく、後見登記法に定める登記嘱託をしなければならない（法116条１号、規77条１項２号）。

成年後見監督人等を選任する審判に基づく登記手数料は、不要である（登記手数料令14条２項１号・３項１号・４項１号）。

Ⅸ　成年後見人等の辞任許可の審判申立事件

1　事件の概要

成年後見人は、正当な事由があるときは、家庭裁判所の許可を得て、その任務を辞することができる（民844条、法別表第一４の項）。正当な事由とは、後見事務を遂行し得ない遠隔地で職務に従事する場合、成年後見人の職務が長期間になった場合、老齢・疾病・身体障害等による負担加重などである（中川淳『親族法逐条解説〔改訂版〕』517頁）。当面の具体的な目的の遂行のために専門家成年後見人が選任されたが、その目的を達し、親族の成年後見人に交代する場合等も考えられる。

保佐人、補助人、成年後見監督人、保佐監督人、補助監督人の辞任についてもこれが準用されている（民852条・876条の３第２項・876条の８第２項、法別表第一７の項・23の項・27の項・42の項・46の項）。

2　申立手続

⑴　申立権者

辞任の許可を求める成年後見人等である。

⑵　管　轄

後見開始等の審判をした家庭裁判所である（法117条２項・128条２項・136条２項）。

⑶　申立費用

申立てに要する費用は（成年後見人等１名につき）次のとおりである。

①　申立手数料　　収入印紙　800円（民訴費用３条１項・別表１・一五）

②　予納郵便切手　　500円×３枚、100円×５枚、82円×10枚、62円×２枚、20円×８枚、10円×10枚、１円×16枚（合計3220円）（または窓口で指示されるとおり）

③　登記手数料　　収入印紙　1400円

⑷　添付書類

申立てにあたり添付する書類は次のとおりである。家庭裁判所により異なるので、以下には一般例を示す（【　】は、東京家庭裁判所の例である）。

①　申立人（成年後見人等）の戸籍謄本、住民票の写しまたは戸籍附票の写し【住民票の写し】（注11）

②　本人の戸籍謄本、住民票の写しまたは戸籍附票の写し、後見登記事項証明書（注11）

③　辞任の理由を証する資料（診断書等）

【④　後見等事務報告書・財産目録】

（注11）　開始申立て時に提出してあり、記載内容に変更がない場合は不要としている庁もある。

【申立書記載例6－9】 成年後見人の辞任許可の審判申立書

（東京家裁後見サイト）

受付印	成年後見人の辞任許可の申立
収入印紙 800円 予納郵便切手 3220円 予納収入印紙 1400円	この欄に収入印紙800円分を貼る。 予納収入印紙1400円分は貼らないで提出する。 （貼った印紙に押印しないでください。）

準口頭		関連事件番号 平成 年（家 ）第 号

東京 家庭裁判所 御中 平成 ○ 年 ○ 月 ○ 日	申立人の記名押印	青空 晴男 印

添付書類	□ 後見等事務報告書 □ 財産目録 ※後見登記事項に変更がある場合は□ 住民票 □ 戸籍抄本

申立人	住所	〒000－0000 △△市△△町55番地1	電話 000（000）0000 （ 方）
	連絡先	〒000－0000 △△市△△町44番地2 青空法律事務所	電話 000（000）0000 （ 方）
	フリガナ 氏名	アオゾラ ハルオ 青空 晴男	大正 (昭和) 平成 ○ 年 ○ 月 ○ 日生
	職業	弁護士	
	成年被後見人との関係	弁護士	
成年被後見人	本籍	△△市△△町1 1番地	
	住所	〒000－0000 △△市△△町1 1番地1	電話 000（000）0000 （ 方）
	連絡先	〒 －	電話 （ ） （ 方）
	フリガナ 氏名	アキヤマ フユロウ 秋山 冬朗	明治 大正 (昭和) ○ 年 ○ 月 ○ 日生
	職業	無職	

（注） 太枠の中だけ記入してください。

申　立　て　の　趣　旨
申立人が成年被後見人の成年後見人を辞任することを許可する旨の審判を求める。

申　立　て　の　理　由
1　申立人は，御庁により平成○年○月○日に本人の成年後見人に選任された。
2　後見開始当時の成年後見人選任の主な目的は本人の亡父の遺産分割調停事件の解決であったため，弁護士である申立人が成年後見人に選任されたのであるが，このたび同調停が成立し，申立人の役割が終了したので，親族後見人に交代するのが相当であると考え，辞任いたしたく，本件申立てをした。
3　申立人の後任としては，本人の二女である秋山かえでが適任であると思料するので，別件として成年後見人選任の申立てをする予定である。

(注)　太わくの中だけ記入してください。

３　審判手続

⑴　審理・審判

家庭裁判所は、成年後見人等を辞任する正当な事由があるか否かを審理し、許可または申立却下の審判をする。

成年後見人等がその任務を辞したことによって、新たに成年後見人等を選任する必要が生じたときは、その成年後見人等は、遅滞なく新たな成年後見人等の選任を家庭裁判所に請求しなければならない（民845条）。

《審判書記載例６－９》　成年後見人の辞任許可の審判書

平成○年(家)第0001号　成年後見人の辞任許可の審判申立事件

審　　　判

住所　△△県△△市△△町55番地１
申　立　人　　　青　　空　　晴　　男
本籍　△△県△△市△△町11番地
住所　△△県△△市△△町11番地１
本人（成年被後見人）　秋　　山　　冬　　朗
昭和○年○月○日生

本件について，当裁判所は，申立てを相当と認め，次のとおり審判する。

主　　　文

申立人が成年被後見人の成年後見人を辞任することを許可する。

平成○年○月○日
△△家庭裁判所家事部
裁判官　　大　　丘　　忠　　介　　印

⑵　審判の告知

申立人に対してする（法74条１項）。

⑶　即時抗告

認容審判・却下審判のいずれに対しても、不服の申立てはできない。

4　登記嘱託

成年後見人等の辞任を許可する審判が効力を生じた場合、書記官は、遅滞なく、後見登記法に定める登記嘱託をしなければならない（法116条1号、規77条1項4号）。

成年後見人等の辞任を許可する審判に基づく登記手数料は1400円である（登記手数料令15条1項3号）。

Ⅹ　成年後見人等の解任事件および解任の審判前の保全処分事件

1　事件の概要

成年後見人に不正な行為、著しい不行跡その他後見の任務に適しない事由があるときは、家庭裁判所は、一定の者の請求または職権により、これを解任することができる（民846条、法別表第一5の項）。

そして、この規定は成年後見監督人、保佐人・保佐監督人・補助人・補助監督人および任意後見監督人に準用される（民852条・876条の2第2項・876条の3第2項・876条の7第2項・876条の8第2項、任意後見7条4項、法別表第一8の項・24の項・28の項・43の項・47の項・117の項）とともに、任意後見人についても同趣旨の規定がおかれている（任意後見8条、法別表第一120の項）。

解任事由は、次のとおり、成年後見人等としての適格性を欠くと認められる事由である。

「不正な行為」とは、違法な行為または社会的に非難されるべき行為を意味し、主として成年後見人等が本人の財産を横領したり、私的に流用する（背任）などの財産管理に関する不正をいう（小林昭彦＝原司『平成11年民法一部改正法等の解説』230頁）。また、本人に対する虐待行為も含まれると解すべきである。

「著しい不行跡」とは、品行または操行（素行）が甚だしく悪いことを意味し、直接成年後見人等の職務に関係しない行状の問題であっても、それが本人の財産の管理に危険を生じさせるなど、成年後見人等としての適格性の欠如を推認させる場合をいう（小林＝原・前掲書230頁～231頁）。

「その他任務に適しない事由」とは、成年後見人等の権限濫用、管理失当（財産の管理方法が不適当であること）、任務怠慢などをいう（小林＝原・前掲書231頁）。老齢、疾病または身体障害などの場合には辞任により解決されるであろうが、これらが任務遂行に支障を生ずるにもかかわらず辞任により解決できなければ、解任により解決されることになろう。

成年後見人等が解任され成年後見人等を欠くことになったときは、家庭裁判所は、成年被後見人等もしくはその親族その他の利害関係人の請求により、または職権で、成年後見人等を選任する（民843条２項・876条の２第２項・876条の７第２項）。

2　申立手続

⑴　申立権者

成年後見監督人（保佐監督人、補助監督人）、本人、その親族、検察官である（民846条等）。

⑵　管　轄

後見開始等の審判をした家庭裁判所である（法117条２項・128条２項・136条２項）。

⑶　申立費用

申立てに要する費用は次のとおりである（成年後見人等１名につき）。

①　申立手数料　　収入印紙　800円（民訴費用３条１項・別表１・一五）

②　予納郵便切手　　500円×３枚、100円×５枚、82円×10枚、62円×２枚、20円×８枚、10円×10枚、１円×16枚（合計3220円）（または窓口で指示されるとおり）

⑷　添付書類

申立てにあたり添付する書類は次のとおりである。家庭裁判所により異なるので、以下には一般例を示す。

①　申立人の戸籍謄本（本人の親族が申立人であるとき）

②　本人の戸籍謄本、住民票の写しまたは戸籍附票の写し、後見登記事項証明書（**注12**）

(注12)　開始申立て時に提出してあり、記載内容に変更がない場合は不要としている庁もある。

【申立書記載例6－10①】　成年後見人の解任の審判申立書

家事審判申立書（成年後見人の解任）

平成○年○月○日

△△家庭裁判所　御中

申立人代理人弁護士　青　空　晴　男　印

（当事者）

本籍　△△県△△市△△町11番地

住所　△△県△△市△△町11番地1

申　立　人　秋　山　も　み　じ

（事務所）△△市△△町44番地2　青空法律事務所

電話番号　○○○－○○○－○○○○

申立人代理人弁護士　青　空　晴　男

住所　△△県△△市△△町44番地1

電話番号　○○○－○○○－○○○○

秋山冬朗成年後見人　夏　川　ほ　た　る

本籍　△△県△△市△△町11番地

住所　△△県△△市△△町11番地1

成年被後見人　秋　山　冬　朗

昭和○年○月○日生

申立ての趣旨

成年被後見人の成年後見人夏川ほたるを解任するとの審判を求める。

申立ての理由

1　成年後見人夏川ほたるは，御庁により平成○年○月○日に成年被後見人の成年後見人に選任された。

2　しかし，成年後見人は，成年被後見人が交通事故による示談金として受領した3000万円を，成年後見人名義による株式の取引資金として流用し，成年被後見人に返還していない。

3　よって，成年後見人にはその任務に適しない事由があるから，解任することを求める。

3　職権による立件手続

⑴　立件の端緒

後見監督の過程において解任事由が存在する疑いが生じた場合が多い。

⑵　調査官の報告

調査官は、解任事由があると思料するときは、その旨を家庭裁判所（裁判官）に報告しなければならず、その報告は所定の事項（①解任すべき成年後見人等および本人の氏名および住所（法人である成年後見人等にあっては、名称または商号および主たる事務所または本店）、②後見等開始の原因および年月日、③成年後見人等の就職年月日、④解任すべき事由、⑤その他参考となる事項）を記載した報告書によらなければならない（規79条等）。

4　審判手続

⑴　審理・審判

家庭裁判所は、成年後見人等を解任すべき事由の存否を審理する。

家庭裁判所は、成年後見人等を解任するには、その陳述を聴かなければならない（法120条１項４号・５号等）。

解任を相当とするときは解任の審判をする。そうでないときは申立却下の審判をする。

《審判書記載例６－10①》　成年後見人等の解任の審判書

平成○年(家)第0001号　成年後見人の解任の審判申立事件

審　　　判

本籍　△△県△△市△△町33番地
住所　△△県△△市△△町33番地１
申　立　人　　秋　山　も み じ
同代理人弁護士　　青　空　晴　男
住所　△△県△△市△△町44番地１
秋山冬朗成年後見人　　夏　川　ほ た る

本籍　△△県△△市△△町1丁目11番地
住所　△△県△△市△△町11番地1
成年被後見人　秋　山　冬　朗
昭和○年○月○日生

本件について，当裁判所は，次のとおり審判する。

主　文

成年被後見人の成年後見人夏川ほたるを解任する。

理　由

1　前提事実
一件記録によれば，以下の事実が認められる。
(1)　成年後見人は，平成○年○月○日当裁判所において，成年被後見人の成年後見人に選任された。
(2)　成年後見人は，平成○年○月に，成年被後見人の銀行口座から3000万円の払戻しを受け，自己名義の株式取引口座に入金し，1年を経過した現在においても，これを成年被後見人に返還していない。
(3)　成年後見人は，当裁判所による後見監督の際，上記出金の事実を後見事務報告書に記載せず，また，後に金員の使途の報告を求めても回答しなかった。

2　成年後見人の解任について
上記事実によれば，成年後見人夏川ほたるにはその任務に適しない事由があると認められる。
よって，主文のとおり審判する。
平成○年○月○日
△△家庭裁判所家事部
裁判官　大　丘　忠　介　印

(2)　審判の告知

解任される成年後見人等、申立人に対して行う（法74条1項）。

(3)　即時抗告

解任の審判、解任申立てを却下する審判いずれに対しても即時抗告することができる（法123条1項4号～7号等）。

申立権者は、解任の審判の場合、成年後見人等、成年後見監督人等、本人もしくはその親族（法123条１項４号・６号）である。申立却下の審判の場合、申立人、成年後見監督人等、本人もしくはその親族（同項５号・７号）である。

5　登記嘱託

成年後見人等を解任する審判が確定した場合、書記官は、遅滞なく、後見登記法に定める登記嘱託をしなければならない（法116条１号、規77条１項５号）。

成年後見人等を解任する審判に基づく登記手数料は不要である（登記手数料令14条２項１号・３項１号・４項１号）。

6　解任の審判前の保全処分

(1)　概　要

成年後見人等解任事件を本案として、その審判の効力が生ずるまでの間、成年後見人等の職務の執行を停止し、その職務代行者を選任する（ただし、任意後見人を除く）保全処分をすることができる（法127条１項・135条・144条）。成年後見人等の職務執行停止は、その不適切・不正な行為が行われることにより本人の利益が害されるおそれがあって緊急にこれを防止する必要がある場合に、職務代行者の選任は、成年後見人等が事実上または法律上任務を果たせなくなって緊急にこれに代わって職務の遂行をする者を必要とする場合に、それぞれその必要性を生ずる。

職務執行停止と職務代行者選任とは「又は」と択一的に規定されているが（法127条１項）、必要があればいずれもできると解される。任意後見人については職務代行者を選任することはできない（裁判所職員総合研修所監修『家事審判法実務講義案〔六訂版〕』66頁）。

なお、家庭裁判所は、いつでも、その選任した職務代行者を改任することができる（法127条３項）。

(2)　申立手続

(A)　申立権者

成年後見人等の解任の申立てをした者である。

⒝　職権による保全処分の可否

旧法下の家事審判規則86条は同規則74条１項の規定をそのまま準用しているために、成年後見人等解任事件においても申立てがあった場合にしか保全処分をすることができないように読めたが、同規則74条１項は親権喪失等の審判の申立てがあった場合の保全処分に関する規定であって、その審判は申立てがあった場合にのみなし得ることから、保全処分についてもそのような規定になったものと解されるのであって、職権による立件ができる成年後見人等解任事件においては、保全処分も職権でできると解すべきであり、実務においてもそのように運用されていた。

家事事件手続法下では明文で職権による保全処分を認めた（法127条１項）。

⒞　管　轄

本案である解任事件の係属する家庭裁判所である（法127条１項等）。

⒟　申立費用

申立てに要する費用は次のとおりである（成年後見人等１名につき）。

①　申立手数料　　不要である。

②　予納郵便切手　　500円×３枚、100円×５枚、82円×10枚、62円×２枚、20円×８枚、10円×10枚、１円×16枚（合計3220円）（または窓口で指示されるとおり）

③　登記手数料　　収入印紙　1400円

⒠　添付書類

本案事件においてその添付書類が提出されていれば足りる。

【申立書記載例６－10②】　成年後見人の解任の審判前の保全処分（職務執行停止、職務代行者の選任）の申立書

審判前の保全処分申立書
（成年後見人の職務執行停止，職務代行者の選任）

平成○年○月○日

△△家庭裁判所　御中

申立人代理人弁護士　青　空　晴　男　印

（本案審判事件）平成○年(家)第0001号成年後見人の解任の審判申立事件

（当事者）

本籍　△△県△△市△△町11番地

住所　△△県△△市△△町11番地１

申　立　人　秋　山　もみじ

同代理人弁護士　青　空　晴　男

住所　△△県△△市△△町44番地１

電話番号　○○○－○○○－○○○○

秋山冬朗成年後見人　夏　川　ほたる

本籍　△△県△△市△△町11番地

住所　△△県△△市△△町11番地１

成年被後見人　秋　山　冬　朗

昭和○年○月○日生

住所　△△県△△市△△町55番地１

（事務所）△△市△△町44番地２　青空法律事務所

電話番号　○○○－○○○－○○○○

職務代行者候補者弁護士　青　空　晴　男

申立ての趣旨

1　成年後見人夏川ほたるの解任の申立てについての審判が効力を生ずるまでの間，成年被後見人の成年後見人夏川ほたるの職務の執行を停止する。

2　上記の期間中，成年後見人夏川ほたるの職務代行者を選任する。

旨の審判を求める。

申立ての理由

1　成年後見人夏川ほたるは，平成○年○月○日御庁において，成年被後見人の成年後見人に選任された。

2　成年後見人は，平成○年○月に，成年被後見人の銀行口座から3000万円の払戻しを受け，自己名義の株式取引口座に入金し，１年を経過した現在においても，これを成年被後見人に返還していない上，さらに，本人の預貯金等を投資・投機等に流用する動きを示している。
3　そこで，申立人は成年後見人夏川ほたるの解任の審判申立てをしたが，審判が効力を生ずるまでの間，成年後見人の職務の執行を停止し，その職務代行者として，申立人代理人弁護士を選任していただきたい。

(3)　職権による立件手続

本案事件が立件され（前述）、かつ、保全の必要性・緊急性が認められるときに立件される。

(4)　審判手続

(A)　審　理

申立人は、①求める保全処分、②当該保全処分を求める事由を明らかにし、③その事由を疎明しなければならない（法106条１項・２項）。家庭裁判所も、職権で、事実の調査および証拠調べをすることができる（同条３項）。

解任の対象者である成年後見人等の陳述を聴くこと（法107条）は必要がないと解される。保全処分においては、密行性が必要とされる場合があるからである（同条ただし書）。

《審判書記載例６－10②》　成年後見人の解任の審判前の保全処分（職務執行停止、職務代行者の選任）の審判書

平成○年（家ロ）第0001号　成年後見人の解任の審判前の保全処分（成年後見人の職務執行停止，職務代行者の選任）申立事件
（本案平成×年㈷第0001号成年後見人の解任の審判申立事件）

審　　判

本籍　△△県△△市△△町11番地
住所　△△県△△市△△町11番地１
申　立　人　　秋　山　も　み　じ
同代理人弁護士　　青　空　晴　男
住所　△△県△△市△△町44番地１

秋山冬朗成年後見人　夏　川　ほ た る
本籍　△△県△△市△△町11番地
住所　△△県△△市△△町11番地1
成年被後見人　秋　山　冬　朗
昭和○年○月○日生

主　文

1　成年後見人夏川ほたるの解任の申立てについての審判が効力を生ずるまでの間，成年被後見人の成年後見人夏川ほたるの職務の執行を停止する。
2　上記の期間中，成年後見人夏川ほたるの職務代行者として次の者を選任する。
住所　△△県△△市△△町55番地1
（事務所）△△市△△町44番地2　青空法律事務所
氏名　青　空　晴　男

理　由

1　一件記録及び申立人の審問の結果によれば，一応次の事実が認められる。
(1)　成年後見人夏川ほたるは，平成○年○月○日当裁判所において，成年被後見人の成年後見人に選任された。
(2)　同成年後見人は，平成○年○月に，成年被後見人の銀行口座から3000万円の払戻しを受け，自己名義の株式取引口座に入金し，1年を経過した現在においてもこれを成年被後見人に返還していない上，さらに，本人の預貯金等を投資・投機等に流用する動きを示している。
2　上記事実によれば，成年後見人夏川ほたるの解任の申立てについての審判が効力を生ずるまでの間，成年後見人の職務の執行を停止し，その職務代行者を選任する必要がある。なお，財産の管理者としては，弁護士である青空晴男を選任することが相当である。
よって，主文のとおり審判する。
平成○年○月○日
△△家庭裁判所家事部
裁判官　大　丘　忠　介　印

(B)　審判の告知

次の者に対し審判の告知を行う。

①　職務執行停止の保全処分の審判を受ける成年後見人等（法74条1項）

この告知により審判の効力を生ずる（同条２項）。

②　選任された職務代行者（同条１項）

③　申立人（同条１項）

(C)　**即時抗告**

(a)　職務執行停止の保全処分の審判

職務執行停止の保全処分の審判に対しては、解任の審判に対し即時抗告ができる者、すなわち成年後見人等、成年後見監督人等、本人もしくはその親族が、即時抗告をすることができる（法110条２項）。

(b)　職務執行停止の保全処分申立却下の審判

職務執行停止の保全処分申立却下の審判に対しては、申立人が即時抗告をすることができる（法110条１項本文）。

(c)　職務代行者選任の保全処分の審判またはその申立てを却下する審判

職務代行者選任の保全処分の審判またはその申立てを却下する審判に対しては、即時抗告をすることができない（法110条１項２号、規77条２項２号）。

(5)　**登記嘱託**

成年後見人等の職務の執行を停止する保全処分またはその職務代行者を選任する（改任を含む）の審判が効力を生じ、または効力を失った場合には、書記官は、遅滞なく、後見登記法に定める登記嘱託をしなければならない（法116条２号）。

成年後見人等の職務の執行を停止し、またはその職務代行者を選任する審判に基づく登記手数料は1400円である（登記手数料令15条１項４号）。

XI　数人の成年後見人等の権限行使の定めの審判およびその取消事件

1　事件の概要

旧「禁治産制度」の下では後見人は１人に限られていた（旧民843条）が、新しい成年後見制度においては、複数の成年後見人等（保佐人・補助人・成年後見監督人・保佐監督人・補助監督人にも準用）をおくことが可能になった

(民859条の２・876条の５・876条の10・852条・876条の３・876条の８)。

複数の成年後見人等を選任する場合としては、①財産管理と身上監護を法律専門家と福祉専門家がそれぞれ分担する、親族と各種専門家が協同するなどの場合、②本人の入所施設と住所・財産所在地が離れているため双方に成年後見人等をおく場合、③財産が多岐・多額に及ぶ場合、④知的障害の未成年者が成人に達したときに、親権者であった両親がともに成年後見人等に就任する場合、⑤親なき後の後見等のために、親が成年後見人等に就任するとともに、他の親族をも成年後見人等に就任させる場合、などが考えられる。

なお、任意後見契約については特に規定がないが、同契約は任意代理の委任契約であるから、複数の任意後見受任者を選任することができると解されている。

複数の成年後見人等を選任する場合には、権限の共同行使または分掌の定めをすることができる(民859条の２第１項、法別表第一10の項・29の項・48の項)。共同行使の定めをしたときは各成年後見人等が一致してでなければ有効に法律行為をすることができず、事務の分掌の定めをしたときはその事務の範囲内でしか有効に法律行為をすることができない。これらの制限に反して法律行為をすれば越権代理(無権代理)行為となる。ただし、共同行使や権限分掌の定めがされた場合でも、意思表示の受領は１人の成年後見人等ができる(民859条の２第３項)。また、成年後見人および保佐人は、精神保健福祉法20条による保護者としての義務を負うが、この義務は分掌できないと解されている。

一部の成年後見人等に、死亡・欠格、辞任・解任等の事由が生じた場合、権限の共同行使または分掌の定めのない単純複数後見人等の場合には、他の成年後見人等に影響を及ぼさず、ただ、後任者を選任するべきか否かという問題が生じるにすぎないが、権限の共同行使の定めがある場合には、残存する成年後見人等のみでは権限行使ができなくなり、権限分掌の定めがある場合には、欠けた成年後見人等の権限を行使する者がいなくなる(他方の成年後見人等の権限が当然に拡大するわけではない)ので、後任者を選任するか、権限行使の定めを取り消すかしなければならないと解される。

任意後見契約の場合にも、単純複数の場合には、それぞれ別個の契約であるから、ある契約に生じた事情は他に影響を及ぼさないと解される。

任意後見契約で代理権の共同行使の定めがある場合には契約は1個で不可分であると解されるから、1人について死亡・欠格事由が生ずると契約は失効し、任意後見監督人選任前はこれを選任することができず、選任・契約発効後は任意後見が終了すると解される。

2　職権による立件

後見開始等は申立てがなければ審判をすることができない（民7条・11条・15条）が、成年後見人等の選任は職権により行われる（民8条・12条・16条）。したがって、複数の成年後見人等を選任するのも、それらの権限の行使に関する定めをするのも職権で行われ、当事者に申立権はない（民859条の2参照）。

したがって、後見開始等の申立人が、複数の成年後見人等の選任やその権限行使に関する審判の申立てをしても、それは職権の発動を促す意味を有するにすぎない。

3　複数の成年後見人等の選任および権限の行使に関する定めを求める場合

(1)　申立書への記載

後見開始等の申立書には、成年後見人等の候補者があれば記載することになっているので、複数の候補者を記載し、複数の成年後見人等の選任を求める理由、権限の共同行使または分掌を求める場合にはその旨および理由を記載すべきである。「申立書」ではなく「上申書」等の形式でも妨げない。

【申立書記載例6－11①】　数人の成年後見人の権限行使の定めの審判上申書（権限の共同行使の定めの上申書）

平成〇年(家)第0001号　後見開始の審判申立事件

上　申　書

本　　　人　　　　　秋　　山　　冬　　朗

本人の後見事務の遂行に当たっては，慎重を期して，また，両後見人が一致して行うべく，成年後見人Ａと成年後見人Ｂは共同してその権限を行使しなければならない旨の定めをされるよう上申します。

平成○年○月○日

申　立　人　　秋　山　も み じ　印

△△家庭裁判所家事部　御中

【申立書記載例６－11②】　数人の成年後見人の権限行使の定めの審判上申書（権限の分掌の定めの上申書）

平成○年㈮第0001号　後見開始の審判申立事件

上　申　書

本　　人　　秋　山　冬　朗

本人の後見事務の遂行に当たっては，成年後見人Ａは身上監護の事務を，成年後見人Ｂはそれ以外の事務を，それぞれ分掌してその権限を行使しなければならない旨の定めをされるよう上申します。

平成○年○月○日

申　立　人　　秋　山　も み じ　印

△△家庭裁判所家事部　御中

⑵　権限の共同行使の態様

後記《審判書記載例６－11①②》のような態様がある。

⑶　権限の分掌の態様

後記《審判書記載例６－11③》のような態様がある。

4　審判手続

⑴　審理・審判

複数の成年後見人等の選任並びに権限の共同行使または分掌の定めの要否、その態様等について審理し、審判をする。

《審判書記載例6－11①》　権限の全部共同行使の定めの審判主文例

成年後見人A及び成年後見人Bは，共同してその権限を行使しなければならない。

《審判書記載例6－11②》　権限の一部共同行使の定めの審判主文例

成年後見人A及び成年後見人Bは，別紙物件目録記載の不動産の売却については共同してその権限を行使しなければならない。

《審判書記載例6－11③》　権限の分掌の定めの審判主文例

(i)　**身上監護事務と財産管理事務**

成年後見人A及び成年後見人Bは，別紙のとおり事務を分掌してその権限を行使しなければならない。

（別紙） 1　成年後見人Aは成年後見人の身上監護に関する事務を分掌する。 2　成年後見人Bは1以外の事務を分掌する。

(ii)　**特定の法律行為とそれ以外の事務**

成年後見人A及び成年後見人Bは，別紙のとおり事務を分掌してその権限を行使しなければならない。

（別紙） 1　成年後見人Aは，「成年後見人所有の不動産についての借地契約の締結・変更・解除」を分掌する。 2　成年後見人Bは1以外の事務を分掌する。

(2)　権限の行使の定めの審判の告知

権限行使の定めの審判を受けた成年後見人等に対してする（法74条1項）。

5　登記嘱託

権限行使の定めの審判が効力を生じた場合には、書記官は、遅滞なく、後見登記法に定める登記嘱託をしなければならない（法116条１号、規77条１項６号）。

登記手数料は不要である（登記手数料令14条２項２号・３項２号・４項２号）。

6　権限行使の定めの審判の取消し

家庭裁判所は、職権で、複数の成年後見人等の権限行使の定めの審判を取り消すことができる（民859条の２第２項等）。

審判手続および登記嘱託は前記４・５に準ずる。

XII　特別代理人の選任、臨時保佐人または臨時補助人の選任の審判申立事件

1　事件の概要

(1)　特別代理人の選任

成年後見人またはその代表する者と本人との利益が相反する行為については、成年後見人は、特別代理人の選任を家庭裁判所に請求しなければならない。ただし、成年後見監督人がある場合は、この限りでない（民860条・826条、法別表第一12の項）。成年後見監督人がある場合には、同人が本人を代理して上記行為を行うべきものとされている（民851条４号）。

(2)　臨時保佐人の選任

保佐人またはその代表する者と本人との利益が相反する行為については、保佐人は、臨時保佐人の選任を家庭裁判所に請求しなければならない。ただし、保佐監督人がある場合は、この限りではない（民876条の２第３項、法別表第一25の項）。保佐監督人がある場合には同人が本人を代理して上記行為を行うべきものとされている（民876条の３第２項・851条４号）。

(3)　臨時補助人の選任

補助人またはその代表する者と本人との利益が相反する行為については、

補助人は、臨時補助人の選任を家庭裁判所に請求しなければならない。ただし、補助監督人がある場合は、この限りではない（民876条の7第3項、法別表第一44の項）。補助監督人がある場合には同人が本人を代理して上記行為を行うべきものとされている（民876条の8第2項・851条4号）。

(4)　利益相反行為

(A)　利益相反行為に該当する例

利益相反行為に該当する例として、次のようなものがある。

①　成年後見人等と本人との売買契約その他有償の財産譲渡行為

②　本人の財産を成年後見人等が賃貸借契約・使用貸借契約等により利用する行為

③　本人の財産を成年後見人等に無償で譲渡する行為

④　成年後見人等の債務について本人を連帯債務者あるいは保証人とする行為

⑤　成年後見人等の債務について本人の財産に抵当権その他の担保権を設定する行為

⑥　本人と成年後見人等が共同相続人である場合の遺産分割

⑦　本人と成年後見人等が共同相続人である場合に、成年後見人等は相続放棄をせず、本人に相続放棄をさせる行為

⑧　複数の本人の成年後見人等が、本人間での利益相反行為を行う場合

⑨　後見人が、本人の財産を後見人の内縁の夫に無償譲渡する行為も利益相反行為に当たるとした判例がある（最判昭45・5・22民集24巻5号402頁）。

(B)　利益相反行為に該当しない例

利益相反行為に該当しない例として、次のようなものがある。

①　成年後見人等から本人に対する贈与（負担付でないとき）

②　成年後見人等が第三者の債務者のために本人の財産に担保を設定する行為

③　成年後見人等が（自己の用途にあてる目的で）本人名義で借入れをし、本人の財産に担保権を設定する行為（ただし、これは権限の濫用行為となる）

④　成年後見人等が本人と約束手形を共同で振り出す行為

2　申立手続

(1)　申立権者

成年後見人、保佐人または補助人である。

(2)　管　轄

後見等開始の審判をし、またはその事件の係属する家庭裁判所である（法117条2項・128条2項・136条2項）。

(3)　申立費用

申立てに要する費用は次のとおりである。

①　申立手数料　　収入印紙　800円（民訴費用3条1項・別表1・一五）

②　予納郵便切手　　82円×9枚、10円×8枚（合計818円）（または窓口で指示されるとおり）

(4)　添付書類

申立てにあたり添付する書類は次のとおりである。家庭裁判所により異なるので、以下には一般例を示す（【　】は、東京家庭裁判所の例である）。

①　申立人の戸籍謄本【住民票の写し】(注13)

②　本人の戸籍謄本、住民票の写しまたは戸籍附票の写し、後見登記事項証明書【戸籍抄本、住民票の写し】(注13)

③　特別代理人、臨時保佐人または臨時補助人の候補者の戸籍謄本、住民票の写しまたは戸籍附票の写し【住民票の写し】

④　利益相反行為関係資料（遺産分割協議書案、契約書案、不動産の登記事項証明書または登記簿謄本等）

これらは、利益相反行為の当否を判断して許否を決するために提出を求めるのではなく、特別代理人等の適任性を判断するための一資料として提出を求めるのである。

(注13)　開始申立て時に提出してあり、記載内容に変更がない場合は不要としている庁もある。

【申立書記載例6－12①】　特別代理人選任申立書　　　（東京家裁後見サイト）

受付印	**特　別　代　理　人　選　任　申　立　書**
収入印紙　800円 予納郵便切手　818円	（この欄に収入印紙800円をはる。） （はった印紙に押印しないでください。）

準口頭		基本事件番号　平成 ○ ○ 年（家　　）第　　○○○○　　号

東京家庭裁判所　　御中 □立川支部 平成　　年　　月　　日	申立人の記名押印	アキヤマ 秋　山　　もみじ　　印

添付書類	□特別代理人候補者の住民票　□遺産分割協議書案　□本人の法定相続分が確保されていることがわかる書面　□抵当権設定契約書案　□金銭消費貸借契約書案（□保証委託契約書案）　□不動産の全部事項証明書 □ ※後見登記事項に変更がある場合は□住民票　□戸籍謄本

申立人	住　所	〒○○○－○○○○ △△市△△町｜｜番地｜		電話 ○○○（○○○）○○○○ 携帯 ○○○(○○○○)○○○○ （　　方）		
	フリガナ 氏　名	アキヤマ 秋　山　　もみじ	大正 ㊐昭和 平成　○年 ○月 ○日生		職業	主　婦
	被後見人との関係	※ ①　後見人　　2　利害関係人				
本人	本　籍	△　△　都道府㊮県　△△市△△町｜｜番地				
	住　所	〒○○○－○○○○ △△市△△町｜｜番地｜		電話 ○○○（○○○）○○○○ （　　方）		
	フリガナ 氏　名	アキヤマ　フユロウ 秋　山　冬　朗				

申　立　て　の　趣　旨
特別代理人の選任を求める。

申　立　て　の　理　由	
利益相反する者	利益相反行為の内容
※ ①　後見人と被後見人との間で利益相反する。 2　その他（　　　　　　　）	※ ①　被相続人亡　秋　山　冬　子　の遺産を分割するため 2　被相続人亡　　　　　　　　の相続を放棄するため 3　身分関係存否確定の調停・訴訟の申立てをするため 4　被後見人の所有する物件に（根）抵当権を設定するため 5　その他（　　　　　　　　　　　　　　　）
	（その詳細） 被後見人の妻秋山冬子は平成×年×月×日死亡し，成年後見人は冬子の長女であって成年被後見人とは冬子の共同相続人の立場に立つから，冬子の遺産の分割について利益相反する。

特別代理人候補者				
住　所	〒○○○－○○○○ △△市△△町55番地1	電話　○○○（○○○）○○○○ （　　　方）		
フリガナ 氏　名	トクダイ　タロウ 特　代　太　郎	㊗昭和　○年　○月　○日生 平成	職業	弁護士
本　人 との関係	知　人			

（注）　太枠の中だけ記入してください。※の部分については，当てはまる番号を○で囲み，利益相反する者欄の2及び利益相反行為の内容欄の5を選んだ場合には，（　）内に具体的に記入してください。

【申立書記載例6－12②】　特別代理人選任申立書（保佐人の債務を担保するため、被保佐人が連帯保証し、かつ共有不動産に抵当権を設定する場合の申立ての理由）

> 申立ての理由
>
> 1　保佐人と被保佐人との間で利益相反する。
>
> 2　被保佐人が連帯保証し，かつ保佐人と共有する不動産に抵当権を設定するため保佐人は被保佐人の家業を継いでいるが，事業上の必要のため，1000万円を借り入れ，その担保のため，被保佐人を連帯保証人とし，かつ，共有不動産に抵当権を設定する必要がある。

3　審判手続

(1)　審理・審判

家庭裁判所は、申立てに係る行為が利益相反行為に該当するか否かを審理する。

さらに、遺産分割協議案や契約書案の内容が、本人にとって不利なものでないか否かについても審理しているのが通例である。特別代理人等が第三者であればその判断に委ね、本人に不利な内容の行為をしたときに責任を問えば足りるが、申立人は特別代理人等の候補者として自己に近い者を挙げて申立てをするので、お手盛りをする危険があるからである。専門家等特別代理人候補者の受け皿が整備されれば第三者を選任する方向に向かうことが望ましい。

家庭裁判所は、申立てを審理し、理由ありと認めるときは、特別代理人、臨時保佐人または臨時補助人選任の審判をする。なお、実務においては、利益相反行為に該当するか否か見解が分かれている場合にも、予防的に特別代理人等を選任することがある。理由なしと認めるときは、申立却下の審判をする。

《審判書記載例６－12①》　特別代理人選任の審判書（遺産分割の特別代理人選任の場合）

平成○年(家)第0001号　特別代理人選任申立事件

審　　　判

住所　△△県△△市△△町11番地１
申立人（成年後見人）　秋　山　も　み　じ
本籍　△△県△△市△△町11番地
住所　△△県△△市△△町11番地１
成年被後見人　秋　山　冬　朗
昭和○年○月○日生

本件について，当裁判所は，申立てを相当と認め，次のとおり審判する。

主　　文

被相続人亡秋山冬子の遺産の分割をするにつき(※)，成年被後見人の特別代理人として，次の者を選任する。

住所　△△県△△市△△町55番地１
氏名　特　代　太　郎

平成○年○月○日

△△家庭裁判所家事部
裁判官　大　丘　忠　介　印

※「別紙遺産分割協議書のとおり遺産分割協議をするにつき」として別紙遺産分割協議書（案）を付ける様式もあるが，遺産分割協議書案を提出させるのは，あくまで特別代理人候補者の適任性を審査するためであって，家庭裁判所が遺産分割の内容の当否自体を審査するためではないから，別紙を添付しない様式とした。

《審判書記載例６－12②》　臨時保佐人選任の審判書（連帯保証および抵当権設定のために臨時保佐人を選任するときの主文例）

申立人（保佐人）が，○○から金1000万円を借り受けるに際し，同債務を担保するため，被保佐人が連帯保証をし，かつ，被保佐人が申立人と共有する別紙物件目録記載の不動産に債権額同額の抵当権を設定するにつき，被保佐人の臨時保佐人として，△△県△△市△△町55番地２　保佐次郎を選任する。

《審判書記載例6－12③》　臨時補助人選任の審判書（補助人が被補助人から不動産を買い受けるため臨時補助人を選任するときの主文例）

申立人（補助人）が，被補助人所有の別紙物件目録記載の不動産を金1000万円で買い受けるにつき，被補助人の臨時補助人として，△△県△△市△△町55番地3　補助三郎を選任する。

(2)　審判の告知

次の者に対し審判の告知を行う。

①　特別代理人、臨時保佐人または臨時補助人に選任される者（法74条1項）

②　申立人（同項）

(3)　即時抗告

特別代理人等の選任の審判、申立却下の審判いずれに対しても、不服の申立てはできない。

4　登記嘱託

特別代理人の選任、臨時保佐人または臨時補助人の選任の審判は、後見登記法に定める登記の嘱託の対象になっていない。

XIII　居住用不動産の処分についての許可の審判申立事件

1　事件の概要

(1)　制度の趣旨

成年後見人は、本人のため、その財産を管理し、その財産に関する法律行為について代理権を有する（民859条1項）。すなわち、本人のために必要かつ相当であれば、本人を代理してその財産を処分する権限も有するとされている。しかし、本人の居住用財産の処分は、本人の居住環境を変化させ、本人の身上や精神に大きな影響を及ぼすおそれがあることから、処分について家庭裁判所の許可を要するものとされた（民859条の３、法別表第一11の項）。

保佐人・補助人が不動産処分の代理権を付与されている場合には、居住用不動産の処分に直面することもあるので、保佐・補助にも準用されている（民876条の３第２項・876条の５第２項・876条の８第２項・876条の10第１項、法別表第一30の項・49項）。

⑵　許可を得ないでした処分行為の効力

家庭裁判所の許可は、居住用不動産の処分の法律行為の有効要件であるから、許可を得ないでした処分行為は効力を生じない、すなわち無効であると一般に解されている。

⑶　「居住の用に供する」の意義

住居（生活の本拠）として現に居住し、または居住する予定がある土地建物をいう。したがって、現に居住しておらず、居住する予定もない土地建物については許可を要しない。

⑷　許可を要する処分行為

売却、賃貸、賃貸借の解除、抵当権の設定が法文上例示されている。その他これらに準ずる処分としては、贈与、無償で貸すことすなわち使用貸借、使用貸借（借受け）契約の解除、抵当権以外の担保権の設定等が考えられる。

建物の解体・撤去は、それ自体は事実行為であるが、これを業者に依頼して行う場合には契約（法律行為）となる。実務においては、処分行為に準じて、許可を要する行為として取り扱っている。

なお、成年後見人等が処分行為の相手方となり、あるいは成年後見人等の債務を被担保債務とする担保権を居住用不動産に設定する場合には、利益相反行為となるから、成年後見監督人等がいる場合を除いて特別代理人の選任を要する（民860条等、本章XII参照）。

2　申立手続

⑴　申立権者

許可申立てに係る処分をしようとする成年後見人等である。

⑵　管　轄

後見等開始の審判をし、またはその事件の係属する家庭裁判所である（法

117条2項・128条2項・136条2項)。

(3)　申立費用

申立てに要する費用は次のとおりである。

① 申立手数料　　収入印紙　800円(民訴費用3条1項・別表1・一五)

② 予納郵便切手　　82円×1枚(82円)(または窓口で指示されるとおり)

(4)　添付書類

申立てにあたり添付する書類は次のとおりである。家庭裁判所により異なるので、以下には一般例を示す(【　】は、東京家庭裁判所の例である)。

① 申立人の戸籍謄本【住民票の写し】(注14)

② 本人の戸籍謄本、住民票の写しまたは戸籍附票の写し、後見登記事項証明書【戸籍抄本、住民票の写し】(注14)

③ 処分に係る不動産の登記事項証明書または登記簿謄本、売却の場合には固定資産税評価証明書、契約書その他後記疎明資料

(注14)　開始申立て時に提出してあり、記載内容に変更がない場合は不要としている庁もある。

【申立書記載例６－13①】　居住用不動産の処分についての許可審判申立書（東京家裁後見サイト）

受付印	居住用不動産処分許可申立書
	（この欄に収入印紙800円をはる。） （はった印紙に押印しないでください。）
収入印紙　800円	
予納郵便切手　82円	

準口頭		基本事件番号　平成　×　年（家　　）第　　　0001　　　号

東京家庭裁判所　御中 □立川支部 平成　　年　　月　　日	申立人の記名押印	秋　山　　もみじ　　印

添付書類	□　契約書（写し）　□　処分する不動産の評価証明書　□　不動産業者作成の査定書 【売却する場合】 □　処分する不動産の全部事項証明書（既に提出済みの場合は不要） □ ※後見登記事項に変更がある場合は□　住民票　□　戸籍謄本

申立人	住所	〒○○○－○○○○ △△市△△町１丁目１番地１	電話　○○○（○○○）○○○○ 携帯　○○○（○○○○）○○○○ （　　　方）
	事務所連絡先	〒　　－	電話　　（　　） （　　　方）
	フリガナ 氏名	アキヤマ 秋　山　　もみじ	
本人	本籍	△　△　都道府県（県に○）　△△市△△町１丁目１番地	
	住所	〒○○○－○○○○ △△市△△町１丁目１番地１	電話　○○○（○○○）○○○○ （　　　方）
	フリガナ 氏名	アキヤマ　フユロウ 秋　山　　冬　朗	

（注）　太枠の中だけ記入してください。

<table>
<tr><th colspan="4">申　立　て　の　趣　旨</th></tr>
<tr><td>申立人が</td><td>①　被後見人
2　被保佐人
3　被補助人</td><td>の別紙物件目録記載
の不動産につき</td><td>㋐　別紙売買契約書（案）
イ　別紙（根）抵当権設定契約書（案）
ウ　別紙賃貸借契約書（案）
エ　その他（　　　　　　　　　　）</td></tr>
<tr><td>のとおり</td><td colspan="2">ⓐ　売却　　b　（根）抵当権の設定
c　賃貸　　d　賃貸借の解除
e　その他（　　　　　　　　　）</td><td>をすることを許可する旨の審判を求める。</td></tr>
</table>

申　立　て　の　理　由
1　成年被後見人は現在病院に入院中である。
2　成年被後見人には，収支報告書記載のとおり，多額の入院費等がかかり，このたびの入院費及び生活費等を捻出するため，成年被後見人の唯一の住居である別紙物件目録記載の不動産を処分する必要に迫られた。
3　別添査定書のとおり，代金も妥当な額である。

（注）太枠の中だけ記入してください。

物　件　目　録

（土　地）

番号	所　　　　在	地　　番	地　目	面　　積	備　考
		番		平方メートル	

（建　物）

番号	所　　　　在	家屋番号	種類	構　造	床　面　積	備　考
					平方メートル	

（注）太枠の中だけ記入してください。

【申立書記載例６－13②】　居住用不動産の処分についての許可審判申立書（居住用不動産に抵当権を設定する場合の申立ての趣旨）

<table><tr><td>
申立ての趣旨
　○○が，株式会社○○銀行から，1000万円を借り受けるにつき，成年後見人が，成年被後見人に代わって，成年被後見人所有の別紙物件目録記載の不動産に，被担保債権額同額の抵当権を設定することを許可する，
との審判を求める。
</td></tr></table>

【申立書記載例６－13③】　居住用不動産の処分についての許可審判申立書（居住用不動産に抵当権を設定し、特別代理人の選任を求める場合の申立ての趣旨）

<table><tr><td>
申立ての趣旨
１　成年後見人が，株式会社○○銀行から，1000万円を借り受けるにつき，成年後見人が，成年被後見人に代わって，成年被後見人所有の別紙物件目録記載の不動産に，被担保債権額同額の抵当権を設定することを許可する。
２　上記行為をするにつき，成年被後見人の特別代理人を選任する。
との審判を求める。
</td></tr></table>

【申立書記載例６－13④】　居住用不動産の処分についての許可審判申立書（賃借不動産の賃貸借契約を解約する場合の申立ての趣旨）

<table><tr><td>
申立ての趣旨
　成年後見人が，成年被後見人に代わって，成年被後見人が賃借している住宅（△△県△△市△△町１番地１　春風アパート○号室）の賃貸借契約を解約することを許可する，
との審判を求める。
</td></tr></table>

【申立書記載例６－13⑤】　居住用不動産の処分についての許可審判申立書（居住用不動産を解体撤去する場合の申立ての趣旨）

<table><tr><td>
申立ての趣旨
　成年後見人が，成年被後見人に代わって，成年被後見人の居住用不動産である
</td></tr></table>

別紙物件目録記載の建物を解体撤去することを許可する，
との審判を求める。

3　審判手続

(1)　審理・審判

家庭裁判所は、本人の身上監護や財産管理上、当該居住用不動産の処分が必要であり、相当であるか否か、その処分による本人の居住環境の変化が本人の心身の状況に与える影響等を考慮して許否を決する。

実務上、処分の必要性・相当性および後見等監督の観点から、売却価格、被担保債務（借入）額または賃料額の相当性を示す資料の提出が求められることがある。

《審判書記載例６－13》　居住用不動産の処分についての許可の審判書（居住用不動産を売却する場合）

平成○年(家)第0001号　居住用不動産の処分についての許可申立事件

審　　　判

住所　△△県△△市△△町11番地１
申立人（成年後見人）　秋　山　も み じ
本籍　△△県△△市△△町11番地
住所　△△県△△市△△町11番地１
成年被後見人　秋　山　冬　朗
昭和○年○月○日生

本件について，当裁判所は，申立てを相当と認め，次のとおり審判する。

主　　　文

成年後見人が，成年被後見人に代わって，別紙物件目録記載の不動産を，○○株式会社（本店所在地　△△県△△市△△町１番地１）に対し，代金2000万円で売却することを許可する。

平成○年○月○日

△△家庭裁判所家事部
裁判官　大　丘　忠　介　印

⑵　審判の告知

許可の審判申立てをした成年後見人等に対してする（法74条１項）。

⑶　即時抗告

認容審判・却下審判のいずれに対しても、不服の申立てはできない。

XIV　成年後見人等に対する報酬の付与の審判申立事件

１　事件の概要

⑴　報酬付与の根拠・対象

家庭裁判所は、成年後見人および成年被後見人の資力その他の事情によって、成年被後見人の財産の中から、相当な報酬を成年後見人に与えることができる（民862条）。そして、この規定は、成年後見監督人、保佐人・臨時保佐人・保佐監督人、補助人・臨時補助人・補助監督人および任意後見監督人に準用されている（民852条・876条の５第２項・876条の３第２項・876条の10第１項・876条の８第２項、任意後見７条４項、法別表第一13の項・31の項・50の項）。

なお、利益相反行為の特別代理人の報酬については、規定はないが、民法862条を類推適用して、報酬を付与することができると解されている。

⑵　報酬と後見等事務処理費用の区別

報酬は成年後見人等が行った後見等事務の労務の対価であるのに対し、費用は後見等事務を行うために必要な出費である。費用は、たとえば、交通費、事務用品の購入費、事務処理に使用した補助者・専門家への支払い等である。両者の違いは、報酬の支弁を受けるには付与の審判によらなければならないのに対し、その実費を適宜本人の財産から支弁することができる（民861条２項）という点にある。

⑶　報酬請求権の性質

後見事務については、委任の規定が多く準用されているが、性質上当然に有償委任とは構成されていない。もっとも、専門家が行う場合は有償と解される余地がある。しかし、いずれにしても、審判以前に報酬請求権が発生しているのではなく、民法862条により家庭裁判所に報酬付与の審判をする権限が与えられ、その審判により具体的な報酬請求権が形成されると解される。

いわば、形成の審判であって、特定の義務者に対し金銭の支払いを命ずる審判ではないから、執行力（法75条）を生ずるか否かは疑問がある。

2　申立手続

⑴　申立権者

報酬付与の審判を求めることができる成年後見人等（前述）は、以下のとおりである。

① 成年後見人
② 特別代理人
③ 成年後見監督人
④ 保佐人
⑤ 臨時保佐人
⑥ 保佐監督人
⑦ 補助人
⑧ 臨時補助人
⑨ 補助監督人
⑩ 任意後見監督人
⑪ ①～⑩の相続人　　成年後見人等が在職中に死亡したときは、その相続人も報酬付与の申立てができるとされている（大判昭3・2・6民集7巻21頁）。成年後見人等が、任務終了後、報酬付与の申立てをしないまま死亡したときも、同様にその相続人は報酬付与の申立てをすることができると解される。

⑵　申立時期

成年後見人等の報酬は、後払いが原則とされている（東京家審昭48・5・29家月26巻3号63頁）。報酬は、当該成年後見人等の報告等により同人が行った職務を評価するとともに、本人の財産の状況（現在の財産額、収支状況等）を勘案して決定されるものであるから、後払いになじむ性質を有する。したがって、始期から本人の死亡あるいは成年後見人等の退任まで毎月定額を付与する旨を定める方法は問題がある。

実務においては、通常、１年間程度の間隔で定期的に、あるいは選任時に主要な課題とされていた事務が完了したとき臨時に、申立てがされている。

⑶　管　轄

後見等開始の審判をした家庭裁判所である（法117条２項・128条２項・136条２項）。

⑷　申立費用

申立てに要する費用は次のとおりである。

①　申立手数料　　収入印紙　800円（民訴費用３条１項・別表１・一六）

②　予納郵便切手　　82円×１枚（82円）（または窓口で指示されるとおり）

⑸　添付書類

申立てにあたり添付する書類は次のとおりである。家庭裁判所により異なるので、以下には一般例を示す（【　】は、東京家庭裁判所の例である）。

①　申立人の戸籍謄本【住民票の写し】（注15）

②　本人の戸籍謄本、後見登記事項証明書【戸籍抄本、住民票の写し】（注15）

③　後見等事務報告書【報酬付与申立事情説明書】、財産目録等（後見監督事件でこれらが提出されていれば援用で足りる）

（注15）　開始申立て時に提出してあり、記載内容に変更がない場合は不要としている庁もある。

【申立書記載例6－14】　成年後見人に対する報酬付与の審判申立書（東京家裁後見サイト）

指定月＿＿月

受付印	□成年後見人　□保佐人　□補助人　□未成年後見人 □監督人（□成年後見　□保佐　□補助　□任意後見 □未成年後見）に対する報酬付与申立書
収入印紙　800円 予納郵便切手　82円	この欄に収入印紙800円分を貼る。 （貼った印紙に押印しないでください。）
準口頭	基本事件番号　平成　　年（家　　）第　　　号
東京家庭裁判所　　御中 □立川支部 平成　　年　　月　　日	申立人の記名押印　　　　印
添付書類	□報酬付与申立事情説明書　□後見等（監督）事務報告書　□財産目録 □預貯金通帳の写し等　□ ※後見登記事項に変更がある場合は□住民票　□戸籍抄本

申立人	住所又は事務所	〒　－　　　電話　（　　）
	氏名	
本人	住所	〒　－
	氏名	

※申立人欄は窓空き封筒の申立人の宛名としても使用しますので，パソコン等で書式設定する場合には，以下の書式設定によりお願いします。
（申立人欄書式設定）
上端10.4cm
下端14.5cm
左端 3.3cm
右端 5cm

申立ての趣旨	申立人に対し，相当額の報酬を与えるとの審判を求める。
申立ての理由	別添報酬付与申立事情説明書のとおり

裁判所使用欄

1　申立人に対し｛□就職の日／□平成　年　月　日｝から｛□終了の日／□平成　年　月　日｝までの

報酬として，本人の財産の中から［　　　　万　0 0 0］円（内税）を与える。

2　手続費用は，申立人の負担とする。

平成　　年　　月　　日

東京家庭裁判所　□家事第1部　□立川支部

裁判官

告知	
受告知者	申立人
告知方法	□住所又は事務所に謄本送付 □当庁において謄本交付
年月日	平成　・　・ 裁判所書記官

基本事件番号　平成＿＿＿年（家）第＿＿＿＿＿＿＿号　　本人＿＿＿＿＿＿＿＿

報酬付与申立事情説明書

第1　報酬付与申立時点において管理する流動資産の額（※1万円未満切り上げ）

1　現預金（※後見制度支援信託による信託財産を含まない。）金＿＿＿＿万円

2　後見制度支援信託による信託財産　金＿＿＿＿万円

3　株式，投資信託等の金融資産（時価額）　金＿＿＿＿万円

（※保険，商品券，非上場株式等はここに含めないでください。）

第2　報酬付与申立期間（以下「申立期間」という。）及び申立期間中の収支

{□就職の日 / □平成　　年　　月　　日} から {□終了の日 / □平成　　年　　月　　日} まで

申立期間中における本人の収支は，＿＿＿＿＿＿万円（※1万円未満切り上げ）の（□黒字　□赤字）である。

第3　付加報酬の請求

□　付加報酬は求めない。

□　後見人等が本人のために行った，次頁以下にチェックした行為について，付加報酬を求める。

□　監督人が（□本人を代表した　□同意した），次頁以下にチェックした行為について，付加報酬を求める。

（次頁以下を記載する前に必ずお読みください）

1　次頁以下の行為について付加報酬を求めるときは，所定の箇所にチェックした上で，付加報酬を求める行為の内容を分かりやすく簡潔に記載してください（監督人が付加報酬を求める場合は，監督人として行った事務内容を具体的に記載してください。）。

本件申立て前に裁判所に報告済みの事情であっても，それについて付加報酬を求める場合は，必ず次頁以下に記載してください。その際に，本件申立て前に裁判所に提出した報告書等を引用する場合は，作成日付及び表題によって報告書等を特定してください。

2　次頁以下の記載とは別に文書を作成し，それを別紙として引用する場合も，その文書に付加報酬を求める行為の内容を特定してください。業務日誌をそのまま別紙として引用した場合は，付加報酬を求める行為が特定できないため，報酬を付加することができません。

3　裏付資料を添付する場合は，付加報酬を求める行為の裏付けとなり得るものを厳選して添付してください。また，それぞれに①，②などと番号を付した上で，付加報酬を求める行為と裏付資料との対応関係が明らかになるようにしてください。

4 付加報酬を求める行為は，原則として申立期間中の行為に限られ，本人の経済的利益額も，原則として申立期間中に現に得たものに限られます。申立期間より前の行為により申立期間中に経済的利益を得た場合はその旨を明記し，申立期間中の行為につき申立期間内に経済的利益を得ていない場合は，次頁以下の1ないし6ではなく7に記載してください。

□1 訴訟手続における訴訟行為（添付資料____，____，____参照）

※ 非訟手続等を含みます。なお，申立期間中に確定判決等を得たが支払を受けていない場合は，後記7に記載してください。

(1) 事案の概要は，□備考欄のとおり □添付資料____（訴状，判決書等）のとおり □ 年 月 日付け報告書のとおり

(2) 訴訟行為は，□申立人が行った □申立人が委任した弁護士が行った

(3) 申立期間中の，申立人による出廷や打合せの回数ないし内容，相手方の応訴姿勢，作成した書面の通数等の具体的事情は，□備考欄のとおり □別紙のとおり □特筆すべき事項なし

(4) かかる訴訟行為の結果，申立期間中に本人が現に得た（又は減少を免れたことによる）経済的利益額（判決，和解等に基づく回収額等）は，________万円（※1万円未満切り上げ）であった

（備考）

____

____

____

____

□2 調停及び審判手続における対応（添付資料____，____，____参照）

※ 遺産分割調停及び審判を含みます。なお，相続放棄の申述は，後記7に記載してください。

(1) 事案の概要は，□備考欄のとおり □添付資料____（調停調書，審判書等）のとおり □ 年 月 日付け報告書のとおり

(2) 調停等対応は，□申立人が行った □申立人が委任した弁護士が行った □監督人が行った

(3) 申立期間中の，申立人による出廷や打合せの回数ないし内容，相手方の対応姿勢，作成した書面の通数等の具体的事情は，□備考欄のとおり □別紙のとおり □特筆すべき事項なし

(4) かかる対応の結果，申立期間中に本人が現に得た（又は減少を免れたことによる）経済的利益額（調停，審判等に基づく回収額）は，________万円（※1万円未満切り上げ）であった

（備考）

____

____

____

____

□3 遺産分割協議，示談等の手続外合意における対応（添付資料____，____，____

__参照）

※　単独相続による遺産の受入処理は，後記７に記載してください。

⑴　事案の概要は，□備考欄のとおり　□添付資料____（協議書等）のとおり　□　　年　　月　　日付け報告書のとおり

⑵　協議等の対応は，□申立人が行った　□申立人が委任した弁護士が行った　□監督人が行った

⑶　協議等を主宰し，協議書等の案を作成したのは，□申立人である　□申立人ではない

⑷　申立期間中の，協議等に向けて申立人が行った作業，相手方の対応姿勢，協議等の回数ないし内容等の具体的事情は，□備考欄のとおり　□別紙のとおり　□特筆すべき事項なし

⑸　かかる対応の結果，申立期間中に本人が現に得た（又は減少を免れたことによる）経済的利益額（協議，合意等に基づく回収額）は，__________万円（※１万円未満切り上げ）であった

（備考）______________________________

____

____

____

□４　不動産の任意売却（添付資料____，____，____参照）

⑴　不動産業者には，□依頼していない　□依頼したところ，その業者は以下の作業を行った

____

____

____

⑵　申立期間中，申立人は，不動産の任意売却のために以下の作業（相手方との交渉，業者対応，現地確認，居住用不動産処分許可申立て及びそれらにおける困難事情等を含む。）を行った

____

____

____

⑶　不動産の任意売却により，申立期間中に本人が現に得た経済的利益額（売却による収益額等）は，__________万円（※１万円未満切り上げ）であった

□５　保険金の請求手続（添付資料____，____，____参照）

⑴　申立人が請求手続のために収集した書類，資料等は，□添付資料____（請求書等）に明記されているとおり（※明記がない場合→特に収集した書類等なし）　□以下のとおり　□特になし

____

____

⑵　申立期間中の請求手続における困難事情等（保険会社との交渉の有無，その経過等）は，□以下のとおり　□特になし

____

⑶　保険金の請求手続により，申立期間中に本人が現に得た経済的利益額（保険金取得による収益額等）は，＿＿＿＿＿＿万円（※１万円未満切り上げ）であった

□６　不動産の賃貸管理（添付資料＿＿，＿＿，＿＿参照）

⑴　賃貸物件の概要（種類），物件数，賃借人数等は，□添付資料＿＿のとおり　□以下のとおり

＿＿＿＿＿＿＿＿＿＿＿＿＿＿＿＿＿＿＿＿

＿＿＿＿＿＿＿＿＿＿＿＿＿＿＿＿＿＿＿＿

⑵　不動産業者には，□依頼していない　□依頼したところ，その業者は以下の作業を行った

＿＿＿＿＿＿＿＿＿＿＿＿＿＿＿＿＿＿＿＿

＿＿＿＿＿＿＿＿＿＿＿＿＿＿＿＿＿＿＿＿

＿＿＿＿＿＿＿＿＿＿＿＿＿＿＿＿＿＿＿＿

⑶　申立期間中，申立人は，不動産の賃貸管理として以下の作業（賃借人との契約手続，賃料回収，賃料入金確認，修繕手配及び確認及びそれらにおける困難事情等を含む。）を行った

＿＿＿＿＿＿＿＿＿＿＿＿＿＿＿＿＿＿＿＿

＿＿＿＿＿＿＿＿＿＿＿＿＿＿＿＿＿＿＿＿

＿＿＿＿＿＿＿＿＿＿＿＿＿＿＿＿＿＿＿＿

⑷　不動産の賃貸管理により，申立期間中に本人が現に得た経済的利益額（賃料収入による収益額等）は，＿＿＿＿＿＿万円（※１万円未満切り上げ）であった

□７　その他の行為（添付資料＿＿，＿＿，＿＿参照）

⑴　上記１ないし６以外に，申立人が後見人等の通常業務の範囲を超えて行った，本人の財産管理，身上監護に関する行為（親族や本人との対応，不正等への対応，本人死亡に伴う対応等を含む。）は，□備考欄のとおり　□別紙のとおり

※　別紙を用いる場合も，その別紙には通常業務の範囲を超えて行った作業を特定して記載してください。業務日誌をそのまま別紙として引用した場合は，付加報酬を求める行為が特定できないため，報酬を付加することができません。

⑵　上記⑴の行為により，申立期間中に本人が現に得た　□経済的利益額は＿＿＿＿＿＿万円（※１万円未満切り上げ）であった　□経済的利益は観念できない

（備考）

＿＿＿＿＿＿＿＿＿＿＿＿＿＿＿＿＿＿＿＿

＿＿＿＿＿＿＿＿＿＿＿＿＿＿＿＿＿＿＿＿

＿＿＿＿＿＿＿＿＿＿＿＿＿＿＿＿＿＿＿＿

＿＿＿＿＿＿＿＿＿＿＿＿＿＿＿＿＿＿＿＿

＿＿＿＿＿＿＿＿＿＿＿＿＿＿＿＿＿＿＿＿

＿＿＿＿＿＿＿＿＿＿＿＿＿＿＿＿＿＿＿＿

以　上

3　審判手続

(1)　審理・審判

報酬額は、成年後見人等と成年被後見人等の資力その他の事情によって定めることとされているが（民862条）、それ以上具体的な報酬基準は法定されていない。通常、これらのほか、後見等事務の種類・多寡・難易度、事務処理期間の長短、事務処理の成果等が参酌されよう。東京家庭裁判所本庁および同立川支部では、「成年後見人等の報酬額のめやす」を公表している（資料⑤参照）。

《審判書記載例６－14》　成年後見人に対する報酬付与の審判書

平成〇年(家)第0001号　成年後見人に対する報酬の付与の審判申立事件

審　　　判

住所　△△県△△市△△町11番地１
申立人（成年後見人）　秋　山　も み じ
本籍　△△県△△市△△町11番地
住所　△△県△△市△△町11番地１
成年被後見人　秋　山　冬　朗
昭和〇年〇月〇日生

本件について，当裁判所は，申立てを相当と認め，次のとおり審判する。

主　　　文

成年被後見人の財産の中から，申立人の平成×年×月×日から平成△年△月△日までの間の報酬として，申立人に金〇〇万円を与える。

平成〇年〇月〇日
△△家庭裁判所家事部
裁判官　大　丘　忠　介　印

(2)　審判の告知

報酬付与の審判申立てをした成年後見人等に対してする（法74条１項）。

(3)　即時抗告

認容審判・却下審判のいずれに対しても、不服の申立てはできない。

XV　本人に宛てた郵便物等の配達の嘱託（回送嘱託）の審判申立事件

1　事件の概要

(1)　立法趣旨

「成年後見の事務の円滑化を図るための民法及び家事事件手続法の一部を改正する法律」（平成28年法律第27号。平成28年4月6日成立、同月13日公布、同年10月13日施行）により、本人に宛てた郵便物等を6カ月を超えない期間成年後見人に回送する制度が設けられた（民860条の2第1項・2項、法別表第一12の2の項）。その趣旨は、本人宛ての郵便物等には、預金、利益配当およびローン・クレジット関係の通知など本人の財産関係に関する郵便物が含まれていることが多いので、これらは成年後見人が本人の財産の状況を把握し、財産管理を適切に行ううえで重要である。しかし、本人がこれらの郵便物等を自ら管理することが困難なときは、これらを成年後見人が把握することができず、ひいては本人の財産状況を十分に把握できず、適切な財産管理に支障を生ずるおそれがあるため、本人宛ての郵便物等を成年後見人に回送するということにある。

(2)　内　容

対象となる郵便物等は本人宛の①郵便法の郵便物および②民間事業者による信書の送達に関する法律第2条3項に規定する信書便物であり（民860条の2第1項。以下、これらを「郵便物等」という）、「ゆうパック」は含まないと解される。成年後見人はこれらの郵便物等の回送を必要とするときは、家庭裁判所に郵便物等の回送の嘱託の審判申立てをし、この審判により、本人宛ての郵便物等の回送をしてもらう。

そして、成年後見人は本人に宛てた郵便物等を受け取ったときは、これを開封して見ることができる（民860条の3第1項）。これらが成年後見人の事務に関しないものであるときは、成年後見人は、本人に対し、速やかに交付しなければならない（同2項）。他方、本人は、成年後見人に対し、成年後見人が受け取った郵便物等の閲覧を求めることができる（同３項）。

2　申立手続

⑴　申立権者

成年後見人に限られる。保佐、補助、任意後見および未成年後見には適用されない。

⑵　申立ての内容

家庭裁判所が、日本郵便株式会社または民間事業者に対し、本人宛ての郵便物等を成年後見人に配達すべき旨を嘱託するとの審判を求める。

⑶　管轄裁判所

本人に対し後見開始の審判をした家庭裁判所である（法117条２項）。

⑷　申立費用

①　申立手数料　　収入印紙　800円（民事訴訟法費用３条・別表１・一五）

②　予納郵便切手（窓口で確認）　500円×２枚、82円×２枚、62円×１枚、10円×１枚（合計1236円）

⑸　添付書類

申立てにあたり添付する書類は次のとおりである。家庭裁判所により異なるので、以下には一般例を示す。

①　後見開始審判後本人または申立人の住所が変わったとき　　その者の住民票の写し

②　申立人以外に成年後見人（財産管理権限を有する者）が選任されている場合または成年後見監督人が選任されている場合　　その者の本件申立てをすることについての同意書

③　必要性に関する報告書

3　審判手続

⑴　審　理

回送を必要とする事情の存否、すなわち、本人が自分で郵便物等の管理を適切に行うことができているか否か、これを支援できる親族の有無等について審理する。

⑵　審　判

①「日本郵便株式会社に対し、成年被後見人の住所（又は居所）宛てに差し出された成年被後見人宛の郵便物を申立人（成年後見人）に配達すべき旨を嘱託する」趣旨の審判がされる（回送嘱託を行う集配郵便局等は所在地および名称を記載した用紙を添付する）。

②「○○（民間事業者）に対し、成年被後見人の住所（又は居所）に宛てて差し出された成年被後見人宛の民間事業者による信書の送達に関する法律第２条３項に規定する信書便物申立人（成年後見人）に配達すべき旨を嘱託する」趣旨の審判がされる。

⑶　審判の告知

①　申立人（法74条１項）

②　本人（法122条１項２号）

⑷　即時抗告

①　認容の審判　　本人およびその親族は即時抗告をすることができる（法123条１項８号）。

②　却下の審判　　申立人は即時抗告をすることができる（同10号）。

【申立書記載例6－15】　成年被後見人に宛てた郵便物等の回送嘱託申立書

（東京家裁後見サイト）

受付印	**成年被後見人に宛てた郵便物等の回送嘱託申立書**
収入印紙　800円 予納郵便切手　円	（この欄に申立手数料として1件について800円分の収入印紙を貼ってください。） （貼った印紙に押印しないでください。）

後見開始の事件番号	平成 ○○ 年（家）第　○○○○○　号

東京家庭裁判所　御中 □立川支部 平成 ○○ 年 ○○ 月 ○○ 日	申立人の記名押印	甲　野　太　郎　印

添付資料	（審理のために必要な場合は，追加書類の提出をお願いすることがあります。） □住民票（開始以降に住所の変更があった場合のみ）　■必要性に関する報告書 □財産管理後見人の同意書　□成年後見監督人の同意書　□

申立人	住所（事務所）	〒○○○－○○○○　電話 ○○○（○○○）○○○○ △△県△△市△△町○丁目○番○号　（　方） ○○事務所
	郵便物等の回送を受ける場所	（■上記の住所（事務所）と同じ） 〒　－
	フリガナ 氏名	コウノ　タロウ 甲野　太郎
成年被後見人	本籍（国籍）	○○　都道府㊌　△△市△△町○○番地
	住所	〒○○○－○○○○ △△県△△市△△町○番地　（　方）
	居所	〒○○○－○○○○ △△県△△市△△町○丁目○番○号　○○病院　（　方）
	フリガナ 氏名	アオゾラ　ヨシコ 青空　美子

（注）　太枠の中だけ記入してください。

申　立　て　の　趣　旨
（該当する□にチェックしたもの）

■（郵便物の回送嘱託）日本郵便株式会社に対し，成年被後見人の（■住所，□居所）に宛てて差し出された成年被後見人宛ての郵便物を申立人（成年後見人）に配達すべき旨を嘱託するとの審判を求める。

□（信書便物の回送嘱託）＿＿＿＿＿＿＿＿＿＿＿＿に対し，成年被後見人の（□住所，□居所）に宛てて差し出された成年被後見人宛ての民間事業者による信書の送達に関する法律第２条第３項に規定する信書便物を申立人（成年後見人）に配達すべき旨を嘱託するとの審判を求める。

申　立　て　の　理　由

回送嘱託の必要性は，以下の□にチェックしたとおりである。

■**１　成年後見人に選任されてから１年以内における初回申立て**

■(1)　成年被後見人は自宅に独居しているが，自ら郵便物等を管理することができず，かつ，後記４に具体的に述べるとおり，これを管理することができる親族から，成年後見人への郵便物等の引渡しについての協力を得られない。

□(2)　成年被後見人は施設に入所中であるが，自ら郵便物等を管理することができず，かつ，後記４に具体的に述べるとおり，これを管理することができる施設から，成年後見人への郵便物等の引渡しについての協力を得られない。

□(3)　成年被後見人は親族と同居しているが，自ら郵便物等を管理することができず，かつ，後記４に具体的に述べるとおり，これを管理することのできる同居の親族から，成年後見人への郵便物等の引渡しについての協力を得られない。

□(4)　その他（具体的事情は，後記４に具体的に述べるとおりである。）

□**２　成年後見人に選任されてから１年以上経過した後における初回申立て**

これまでの財産・収支の管理及びその把握について生じていた支障に関する具体的事情は，後記４に具体的に述べるとおりである。

□**３　再度の申立て**

前回の回送期間内に財産・収支の状況を把握できなかった具体的事情は，後記４に具体的に述べるとおりである。

□**４　具体的事情**

成年被後見人の自宅および郵便ポストを管理している親族が，本人宛ての郵便物を成年後見人である申立人に引き渡してくれない。

回送嘱託を行う集配郵便局等　　別添のとおり

（注）　太わくの中だけ記入してください。

＜申立ての理由の記載に関する注意事項＞

○　成年後見人に選任されてから１年以内における初回申立ての場合は１の欄に，成年後見人に選任されてから１年以上経過した後の初回申立ての場合は２の欄に，再度の申立ての場合は３の欄にそれぞれチェックした上で，いずれも４の欄に具体的事情を記載してください（ただし，後見開始申立書等に具体的事情の記載がある場合は，その書面及び記載箇所を指摘して引用しても差し支えありません。）。

○　回送の嘱託は，回送元を管轄する集配郵便局等に書面を送付して行いますので，集配郵便局等の所在地及び名称を別添の書面（集配郵便局等１か所につき１用紙）に記載してください。

〒＿＿＿＿＿＿＿＿＿＿ 所在地　＿＿＿＿＿＿＿＿＿＿＿＿＿＿＿＿ 名　称　＿＿＿＿＿＿＿＿＿＿＿＿＿＿＿＿

※　回送嘱託を行う集配郵便局等の所在地及び名称を上記の枠内に記入してください。（1か所につき1用紙）

XVI　回送嘱託の取消しまたは変更の審判申立事件

1　事件の概要

(1)　立法趣旨

回送嘱託の審判がなされた後に次のような事情の変更があった場合には、回送嘱託の取消しまたは変更の審判を申し立てる必要がある（民860条の２第３項）。

(A)　回送嘱託の取消し

①　別居していた本人と成年後見人が回送嘱託期間中に同居するに至った場合

②　成年後見人が回送期間中に辞任する場合

(B)　回送嘱託の変更

①　回送嘱託の期間の短縮

②　複数の成年後見人がいる場合で、回送を受ける成年後見人を変更する場合

③　本人の住居所の変更があった場合

④　複数の本人の住居所の一部について回送嘱託の必要がなくなった場合または新たに本人の住居所を追加する場合

⑤　成年後見人の住所（事務所）変更に伴う回送先の変更

(2)　内　容

家庭裁判所が、日本郵便株式会社または民間事業者に対し、すでになされている回送嘱託を取り消す、またはこれを変更する旨の審判を求める。

2　申立手続

(1)　申立権者

本人、成年後見人または成年後見監督人である（民860条の２第３項）。

(2)　申立ての内容

前記１(2)のとおり。

(3)　管轄裁判所

本人に対し後見開始の審判をした家庭裁判所である（法117条２項）。

⑷　申立費用

①　申立手数料　　収入印紙　800円（民事訴訟法費用３条・別表１・一五）

②　予納郵便切手（窓口で確認）

(i)　郵便物等の回送を受けている者が申立人の場合　　82円×２枚

(ii)　上記以外の者が申立人の場合　　500円×２枚、62円×１枚、10円×１枚を(i)に加算

⑸　添付書類

申立てにあたり添付する書類は次のとおりである。家庭裁判所により異なるので、以下には一般例を示す。

①　回送嘱託審判後に本人または申立人の住所が変わったとき　　その者の住民票の写し

②　回送嘱託審判後の事情変更を疎明する資料　　前記１⑴の事項に関する疎明資料である。

3　審判手続

⑴　審　理

前記１⑴の事情の変更の有無・取消しまたは変更の要否について審理される。

⑵　審　判

①「○年○月○日なされた、成年被後見人宛てに差し出された郵便物等を成年後見人に配達すべき旨を嘱託する審判を取り消す」との審判がされる。

②「○年○月○日なされた、成年被後見人宛てに差し出された郵便物等を成年後見人に配達すべき旨を嘱託する審判を、以下のとおり変更する。（変更する内容は前記１⑴(B)記載の各変更事項に対応した内容となる。）」との審判がされる。

⑶　審判の告知

①　申立人（法74条１項）

②　本人（法122条１項２号）

(4) 即時抗告

① 認容の審判　成年後見人は即時抗告をすることができる（法123条1項9号）。

② 却下の審判　申立人は即時抗告をすることができる（同項10号）。

【申立書記載例6－16】　成年被後見人に宛てた郵便物等の回送嘱託の取消し・変更申立書

（東京家裁後見サイト）

受付印	**成年被後見人に宛てた郵便物等の回送嘱託の** **□取消し** **□変　更**　**申立書**
	（この欄に申立手数料として1件について800円分の収入印紙を貼ってください。） （貼った印紙に押印しないでください。）
収入印紙　800円 予納郵便切手　円	

後見開始の事件番号	平成　年（家）第　号

東京家庭裁判所　御中 □立川支部 平成　年　月　日	申立人の記名押印	印

添付書類	（審理のために必要な場合は，追加書類の提出をお願いすることがあります。） □住民票（開始以降に住所の変更があった場合のみ）　□必要性に関する報告書 □財産管理後見人の同意書　□成年後見監督人の同意書　□

申立人	住所（事務所）	〒　－　　電話　（　） （　方）
	フリガナ 氏名	
	本人との関係	□　郵便物等の回送を受けている成年後見人　□　左記以外の成年後見人 □　本人　□　成年後見監督人　□
成年被後見人	本籍（国籍）	都道 府県
	住所	〒　－
	居所	〒　－
	フリガナ 氏名	
郵便物等の回送を受けている成年後見人	住所（事務所）	（郵便物等の回送を受けている成年後見人が申立人の場合は，以下の欄は記載不要） 〒　－
	フリガナ 氏名	

（注）　太枠の中だけ記入してください。

申　立　て　の　趣　旨 （該当する□にチェックしたもの）
□（**回送嘱託審判の取消し**）平成______年______月______日付けでなされた，成年被後見人に宛てて差し出された郵便物等を成年後見人に配達すべき旨を嘱託する審判を取り消すことを求める。 □（**回送嘱託審判の変更**）平成______年______月______日付けでなされた，成年被後見人に宛てて差し出された郵便物等を成年後見人に配達すべき旨を嘱託する審判について，以下のとおり変更することを求める。 □　回送期間の終期を平成______年______月______日に短縮する □　回送を受ける成年後見人を____________________から____________________に変更（交代）する □　成年被後見人の（□住所，□居所）の変更により，嘱託の対象を成年被後見人の新しい（□住所，□居所）に変更する □　成年被後見人の（□住所，□居所）を嘱託の対象として追加する □　複数ある嘱託の対象から，成年被後見人の（□住所，□居所）について回送の嘱託を取り止める □　成年後見人の住所（事務所）変更により，郵便物等の回送先を新しい住所（事務所）に変更する □

申　立　て　の　理　由

（注）　太わくの中だけ記入してください。

<<u>回送嘱託の変更申立てに関する注意事項</u>>

○　回送期間の終期の延長はできません。

○　申立人以外の他の成年後見人に回送先を変更する場合（成年後見人の交代）は，申立ての理由中に変更（交代）する成年後見人の住所及び氏名を記載し，その成年後見人の同意書を添付してください。

○　嘱託の対象を変更（追加，縮小）する場合は，申立ての理由中に変更の内容を記載してください。

○　成年被後見人又は成年後見人の住所変更に伴う変更申立ての場合は，住民票等を添付してください。

XVII　死後事務許可の審判申立事件

1　事件の概要

(1)　立法趣旨

「成年後見の事務の円滑化を図るための民法及び家事事件手続法の一部を改正する法律」(平成28年法律第27号。平成28年４月６日成立、同月13日公布、同年10月13日施行）により、本人の死後事務に関する許可の制度が設けられた（民873条の２、法別表第一16の２の項)。本人が死亡したときは、成年後見は当然に終了し、成年後見人は法定代理権を失う（民111条１項１号・653条１号)。しかし、本人が死亡すると、遺体の引取りや火葬、本人にかかった医療費や公共料金の支払等（以下、これらを本人の「死後事務」という）の必要が生ずるが、本人に身寄りがない場合やこれらを行う親族がいない場合には成年後見人が行うことが期待され、断ることができない実情がある一方、委任終了後の緊急処分権限（民874条・654条）では処理できない部分がある。

そこで民法は、成年後見人に対し本人の死後事務を行う権限を認める一方、その範囲と要件を明確化した。

(2)　死後事務の範囲

①　相続財産に属する特定の財産の保存に必要な行為（民873条の２第１号)　　債権の時効中断、建物の修繕に関する契約の締結など

②　相続財産に属する債務（弁済期が到来しているものに限る）の弁済（同２号)　　本人の生前の医療費、入院費、介護費用、施設入居費用および公共料金の弁済など

③　本人の死体の火葬または埋葬に関する契約の締結その他相続財産の保存に必要な行為（①、②の行為を除く）(同３号)

③の火葬または埋葬に関する契約には、納骨に関する契約も含まれると解される。しかし、葬儀に関する契約は含まれないと解されていることには注意を要する。

また、①は特定の相続財産の保存行為であるのに対し、③にいう相続財産の保存に必要な行為とは相続財産全体の保存に必要な行為である。たとえ

ば、本人の電気、ガスおよび水道等の供給契約の解約、債務弁済のための預貯金の払戻し、本人の動産の保管に関する契約の締結等である。

(3)　成年後見人が死後事務を行うための要件（民873条の２柱書）

①　成年後見人がその事務を行う必要があること

②　本人の相続人が相続財産を管理することができる状態に至っていないこと

③　成年後見人が当該事務を行うについて相続人の意思に反することが明らかな場合でないこと

④　民法873条の２第３号の行為を行うについては家庭裁判所の許可を受けること（同条柱書ただし書）

民法873条の２第１号および２号の行為を行うための費用の支払のために預貯金から払戻しを受ける場合には、同条３号に該当し、家庭裁判所の許可が必要となると解される。

2　申立手続

(1)　申立権者

成年後見人に限られる。

(2)　申立ての内容

前記１(2)③の行為をすることの許可を求める。

(3)　管轄裁判所

本人に対し後見開始の審判をした家庭裁判所である（法117条２項）。

(4)　申立費用

①　申立手数料　　収入印紙　800円（民事訴訟法費用３条・別表１・一五）

②　予納郵便切手（窓口で確認）　　82円×１枚

(5)　添付書類

申立てにあたり添付する書類は以下のとおりである。家庭裁判所により異なるので、以下には一般例を示す。

①　本人死亡の記載のある戸籍謄本または死亡診断書の写し

②　要許可行為に応じた書類

・　債務弁済のための本人名義の預貯金の払戻しの場合　　債務の存在

の裏付け資料（請求書類書の写し）、預貯金通帳（表紙および残高が記載されたページ）の写しなど

・　本人が入所施設等に残置していた動産等に関する寄託契約の締結の場合　　寄託契約書（案）

・　本人の死体の火葬または埋葬に関する契約の締結　　不要

・　電気・ガス・水道の供給契約の解約　　不要

3　審判手続

⑴　審　理

前記1⑵⑶の各要件の存否が審理される。

⑵　審　判

「申立人が、以下の行為をすることを許可する。①本人の死体の火葬に関する契約の締結、②本人名義の下記預貯金口座から○○円の払戻し」との審判がされる。

⑶　審判の告知

申立人（法74条1項）

⑷　即時抗告

却下の場合のみ、申立人に認められる（法123条1項11号）。

【申立書記載例６－17】　成年被後見人の死亡後の死体の火葬または埋葬に関する契約の締結その他相続財産の保存に必要な行為についての許可申立書　（東京家裁後見サイト）

受付印		成年被後見人の死亡後の死体の火葬又は埋葬に関する契約の締結その他相続財産の保存に必要な行為についての許可　申立書
		この欄に収入印紙800円分を貼る。
収入印紙　800円		
予納郵便切手　82円		（貼った印紙に押印しないでください。）

準口頭		基本事件番号　平成　　年（家　　）第　　　号

東京家庭裁判所　　御中 □立川支部 平成　　年　　月　　日	申立人の記名押印	印

添付書類	□　申立事情説明書 □　預貯金通帳の写し □　報告書	□　死亡診断書の写し（死亡の記載のある戸籍謄本） □　寄託契約書案 □

申立人	住所又は事務所	〒　　　　電話
	氏名	
成年被後見人	住所	〒
	氏名	

※申立人欄は窓空き封筒の申立人の宛名としても使用しますので，パソコン等で書式設定する場合には，以下の書式設定によりお願いします。
（申立人欄書式設定）
上端10.4cm
下端14.5cm
左端 3.3cm
右端 5cm

申立ての趣旨	申立人が □成年被後見人の（□死体の火葬　□　　　）に関する契約を締結する □成年被後見人名義の下記の預貯金の払戻しをする 金融機関名＿＿＿＿＿支店名＿＿＿＿＿ 口座種別＿＿＿＿＿口座番号＿＿＿＿＿ 払戻金額　金＿＿＿＿＿円 □ 〔　　　　〕 ことを許可する旨の審判を求める。
申立ての理由	別添申立事情説明書のとおり

裁判所使用欄

1　本件申立てを許可する。
2　手続費用は，申立人の負担とする。
平成　　年　　月　　日
東京家庭裁判所　□家事第１部　□立川支部

裁判官

告　知	
受告知者	申立人
告知方法	□住所又は事務所に謄本送付 □当庁において謄本交付
年月日	平成　　・　　・
	裁判所書記官

基本事件番号　平成____年(家)第________号　成年被後見人亡________________

申立事情説明書

1　申立ての理由・必要性等について

（　　　　　　　　　　　　　　　　　　　　　　　　　　　　　　）

※　申立ての理由・必要性等を裏付ける資料がある場合には，資料を添付してください。

2　本件申立てにかかる行為についての相続人の意思について

- □　相続人の存在が明らかではないため，意思の確認がとれない。
- □　相続人が所在不明のため，意思の確認がとれない。
- □　相続人が疎遠であり，意思の確認がとれない。
- □　反対している相続人はいない。
- □　その他

（　　　　　　　　　　　　　　　　　　　　　　　）

第７章　任意後見監督人選任申立事件

Ⅰ　事件の概要

1　任意後見制度の概要

任意後見制度の概要については、第１章Ⅳにおいて説明した。

任意後見契約は、任意後見監督人が選任された時からその効力を生ずる旨の定めのある契約であるから、任意後見監督人が選任されてはじめてその効力が発効し、任意後見受任者が代理権を行使できるようになる。

2　任意後見監督人選任の要件（任意後見４条１項）

⑴　任意後見契約が登記されていること

任意後見契約は、法務省令（任意後見契約に関する法律第３条の規定による証書の様式に関する省令）で定める様式の公正証書によってしなければならない（任意後見３条）とされており、作成された任意後見契約証書は、公証人が登記を嘱託する（公証57条の３第１項）ことにより、後見登記等ファイルに記録される（後見登記５条）。

⑵　精神上の障害により本人の事理を弁識する能力が不十分な状況にあること

事理を弁識する能力が不十分な状況にあるときとは、法定後見制度でいえば、少なくとも補助の要件に該当する程度に判断能力が不十分な状況にあると認められる場合、すなわち判断能力が補助類型以下程度に低い場合をいい、保佐類型さらに後見類型に該当する場合を含む。

⑶　一定の者の申立て

後記Ⅱ１に掲げる者による申立てが必要とされる。

Ⅱ　手続の開始（任意後見監督人選任の審判申立て）

1　申立権者

本人、配偶者、４親等以内の親族、任意後見受任者である（任意後見４条１項本文）。

2　管　轄

本人の住所地を管轄する家庭裁判所である（法217条１項）。

3　申立費用

申立てに要する費用は次のとおりである。

① 申立手数料　　収入印紙　800円（民訴費用３条・別表１・一五）（発効を求める任意後見契約ごと（複数の受任者がいる場合でも共同行使の定めがある場合には１つの契約として扱う））

② 予納郵便切手　　500円×３枚、100円×５枚、82円×10枚、62円×２枚、20円×８枚、10円×10枚、１円×16枚（合計3220円）（または窓口で指示されたとおり）

③ 登記手数料　　収入印紙　1400円（×任意後見契約の数）

4　添付書類

申立てにあたり添付する書類は次のとおりである。家庭裁判所により異なるので、以下には一般例を示す（【　】は、東京家庭裁判所の例である）。

① 申立人の戸籍謄本【不要】

② 本人の戸籍謄本【戸籍抄本】、住民票の写し（世帯全部、省略のないもの）、後見登記事項証明書（任意後見）、後見登記されていないことの証明書（「成年被後見人、被保佐人、被補助人とする記録がない」ことを証明するもの）

③ 任意後見監督人候補者の住民票の写しまたは戸籍の附票（世帯全部、

省略のないもの）、後見登記されていないことの証明書

④　任意後見受任者の住民票の写しまたは戸籍の附票（**注1**）

⑤　申立書付票【申立事情説明書】　　申立てに係る事情を記載した書面である。これに代えまたは加えて、審判に必要な事情収集のために、各裁判所において、事情を記載した書面等の提出を求める扱いをしている例が多い。

⑥　任意後見契約の公正証書の写し

⑦　診断書（「成年後見用」のもの）

⑧　本人財産および収支に関する資料

【申立書記載例７－２】　任意後見監督人選任申立書　（東京家裁後見サイト）

受付印	**任意後見監督人選任申立書**
収入印紙(申立費用)　円 収入印紙(登記費用)　円 予納郵便切手　円	（この欄に収入印紙800円分をはる。） （はった印紙に押印しないでください。）

準口頭		関連事件番号　平成　　年（家　　）第　　号

東京家庭裁判所　御中 □立川支部 平成　○　年　○　月　○　日	申立人の記名押印	夏空　明男　印

添付書類	（審理のために必要な場合は，追加書類の提出をお願いすることがあります。） □本人の戸籍個人事項証明書（戸籍抄本）　□任意後見契約公正証書の写し □本人の後見登記事項証明書　□本人が登記されていないことの証明書 □本人の診断書（家庭裁判所が定める様式のもの） □本人の財産に関する資料　□

申立人	住所	〒○○○－○○○○　電話 ○○○（○○○）○○○○ △△市△△町１丁目１番の１　（　　方）	
	フリガナ 氏名	ナツゾラ　アキオ 夏空　明男	大正 (昭和) ○年○月○日生 平成
	本人との関係	※　１ 本人　２ 配偶者　３ 四親等内の親族（　　） (4) 任意後見受任者　５ その他（　　）	
本人	本籍	○○　都道府(県)　△△市△△町２丁目２番地	
	住所	〒○○○－○○○○　電話 ○○○（○○○）○○○○ △△市△△町２丁目２番地の２　（　　方）	
	フリガナ 氏名	ハル　ノ　ハナ　コ 春野　花子	明治 大正 (昭和) ○年○月○日生 平成

（注）太わくの中だけ記入してください。※の部分は，当てはまる番号を○で囲み，３又は５を選んだ場合には，（　）内に具体的に記入してください。

申立ての趣旨
任意後見監督人の選任を求める。

申立ての理由
（申立ての理由，本人の生活状況などを具体的に記入してください。）
1　本人は，平成〇年〇月〇日司法書士（(公社)成年後見センター・リーガルサポート会員）夏空明男との間で，別添任意後見契約公正証書写し記載のとおりの任意後見契約を締結し，別添登記事項証明書記載のとおり，その登記をした。
2　最近，本人は，アルツハイマー型認知症が進行して判断能力が低下し，財産管理に不安を覚えるようになった。
3　本人は，任意後見契約を発効させることに同意している。
4　そこで，任意後見監督人選任の審判を求める。

任意後見契約	公正証書を作成した公証人の所属	〇〇地方　法務局	証書番号	平成〇年第〇〇〇号
	証書作成年月日	平成〇年〇月〇日	登記番号	第　〇〇〇－〇〇〇〇号

任意後見受任者	住所	〒　－　電話（　）（　方）	
	フリガナ 氏名	申立人と同じ	大正 昭和　年　月　日生 平成
	本人との関係		
	勤務先	夏空司法書士事務所　電話　〇〇〇（〇〇〇）〇〇〇〇	

（注）　太わくの中だけ記入してください。

〔参考書式7－2－1〕　申立事情説明書　（東京家裁後見サイト）

申立事情説明書

（任意後見）

※この事情説明書は，申立人（申立人が記載できないときは，本人の事情をよく理解している人）が記載してください。

記入年月日及び記入者の氏名

平成＿＿年＿＿月＿＿日　　氏名　＿＿＿＿＿＿＿＿＿＿＿＿＿＿＿＿印

（記入者が申立人以外の場合は申立人との関係：＿＿＿＿＿＿）

あなたの平日昼間の連絡先（携帯電話又は勤務先等）を記入してください。

携帯電話：＿＿＿（　　）＿＿＿＿

連絡先名：＿＿＿＿＿＿＿＿＿＿＿

電話番号：＿＿＿（　　）＿＿＿＿

※裁判所名で電話しても　よい・差し支える（希望時間等＿＿＿＿）

第1　申立ての事情について

1　申立ての経緯について

(1)　任意後見契約の締結の時期及び経緯

契約日：平成＿＿＿年＿＿＿月＿＿＿日

契約場所　□　＿＿＿＿公証役場　□自宅　□病院・施設　□＿＿＿＿

契約した事情（どのような経緯で任意後見契約しましたか。）

(2)　今回の任意後見監督人選任事件を申し立てるきっかけ

（何がきっかけで，申し立てをしましたか）

ア　預貯金等の管理・解約

イ　保険金受取

ウ　不動産の処分

エ　相続手続

オ　訴訟手続等

カ　介護保険契約（施設入所又は福祉サービス契約のため）

キ　その他（＿＿＿＿＿＿＿＿＿＿＿＿＿＿＿＿＿＿＿＿）

2　本人の財産の管理状況

本人の財産を現在事実上管理しているのは誰ですか。

□　本人自身

□　申立人（あなた）

□　その他の人（氏名及び本人との関係＿＿＿＿＿＿＿＿＿＿＿＿＿＿＿）

□　誰が管理しているのか分からない

3　本人の親族について

(1)　本人に配偶者，子，親及び兄弟姉妹がいましたら，その方の氏名，住所等を記入してください。

番号	氏　　名	年齢	本人との関係	住所／電話番号
1				tel　－　－
2				tel　－　－
3				tel　－　－
4				tel　－　－
5				tel　－　－
6				tel　－　－
7				tel　－　－

（書ききれない場合は別紙にお書きください）

(2)　前記親族の中で，この申立てを知っている人がいる場合は，その人の上記(1)番号欄に○を付けてください。

(3)　(2)の親族で，この申立てに対して反対の人がいれば，その人の名前，反対の内容を記載してください。

＿＿＿＿＿＿＿＿＿＿＿＿＿＿＿＿＿＿＿＿＿＿＿＿＿＿＿＿＿＿＿＿＿＿

＿＿＿＿＿＿＿＿＿＿＿＿＿＿＿＿＿＿＿＿＿＿＿＿＿＿＿＿＿＿＿＿＿＿

＿＿＿＿＿＿＿＿＿＿＿＿＿＿＿＿＿＿＿＿＿＿＿＿＿＿＿＿＿＿＿＿＿＿

＿＿＿＿＿＿＿＿＿＿＿＿＿＿＿＿＿＿＿＿＿＿＿＿＿＿＿＿＿＿＿＿＿＿

＿＿＿＿＿＿＿＿＿＿＿＿＿＿＿＿＿＿＿＿＿＿＿＿＿＿＿＿＿＿＿＿＿＿

＿＿＿＿＿＿＿＿＿＿＿＿＿＿＿＿＿＿＿＿＿＿＿＿＿＿＿＿＿＿＿＿＿＿

＿＿＿＿＿＿＿＿＿＿＿＿＿＿＿＿＿＿＿＿＿＿＿＿＿＿＿＿＿＿＿＿＿＿

＿＿＿＿＿＿＿＿＿＿＿＿＿＿＿＿＿＿＿＿＿＿＿＿＿＿＿＿＿＿＿＿＿＿

＿＿＿＿＿＿＿＿＿＿＿＿＿＿＿＿＿＿＿＿＿＿＿＿＿＿＿＿＿＿＿＿＿＿

第２　本人の状況について

１　本人の生活

本人は現在どこで生活していますか。

□　病院，老人ホーム等の施設で生活している。

入院・入所日：平成　　年　　月　　日

施設名：＿＿＿＿＿＿＿＿＿＿＿

所在地：〒　　　－

＿＿＿＿＿＿＿＿＿＿＿＿＿＿＿＿＿＿＿＿＿＿＿＿

電話　＿＿＿＿（　　　）＿＿＿＿（担当職員名）＿＿＿＿

最寄駅：　　線　　駅下車　徒歩・バス（　　行き）・車　　分

□　転院・移転予定あり（平成＿＿年＿＿月頃：移転先＿＿＿＿＿）

□　転院・移転予定なし

□　自宅（又は親族宅）で生活している。

（同居者：＿＿＿＿＿＿＿＿＿＿＿＿＿＿＿＿＿＿＿）

自宅（又は親族宅）での本人の介護は，次のとおりである。

□　介護サービスを受けている

□　親族が介護している

（介護者：＿＿＿＿＿＿＿＿＿＿＿＿＿＿＿）

□　介護は受けていない

最寄駅：　　線　　駅下車　徒歩・バス（　　行き）・車　　分

２　次の認定を受けている場合は記入してください。

□　愛の手帳（１度・２度・３度・４度），療育手帳（Ａ・Ｂ・　　　）

□　精神障害者手帳（１級・２級・３級）

□　介護認定（要支援　１・２，要介護　１・２・３・４・５）

□　いずれもない。

３　本人の病歴（病名，認知症や障害の発現時期，受傷時期，受診時期，その後の通院・入院歴等）を記入してください。

（例：平成28年５月脳梗塞，平成29年９月～平成30年２月○×病院入院）

４　本人の経歴（出生，学歴，職歴，結婚，出産等）を分かる限り記入してください。

年月日	職歴・学歴	年月日	身分の変動，家族関係
	出生		□結婚・□養子縁組
	中学校卒業		

5　本人に関して，これまでに家庭裁判所の手続を利用したことがありますか。

□　ない

□　ある　　時　　期　平成____年____月頃

裁判所名　________家庭裁判所________支部・出張所

申立人名　__________________

事件番号　平成____年（家）第______号

事件名　後見開始·保佐開始·補助開始·任意後見監督人選任

その他（____________________________）

6　本人のこの申立てに対する認識について

(1)　本人は任意後見契約を締結したことを記憶していますか。

□　記憶している　　　□　記憶していない

(2)　本人はこの申立てがされることを知っていますか。

□　知っている。

本人は，任意後見監督人を選任（契約を発効）することに同意していますか。

□　同意している。

□　同意していない。

□　分からない（本人が理解できない場合も含む）。

□　分からない（本人が理解できない場合も含む）。

□　知らない。

7　本人の現在の状況について

(1)　裁判所まで来ることは

□　可能である。　□　不可能，又は容易に来ることができない。

(2)　会話能力

□　会話は成り立つ。　□話はできるが，意味が通じない。

□　発語はできない。

(3)　本人が裁判所へ来ることができなければ，家庭裁判所調査官が本人のところへ面接調査に伺いますが，留意すべき点（訪問可能な時間帯，訪問する際の本人の精神面への注意等）があれば記載してください。

____

____

____

____

____

〔参考書式７－２－２〕　**任意後見受任者事情説明書**　　（東京家裁後見サイト）

任意後見受任者事情説明書

※この事情説明書は，任意後見受任者が記載してください。

記入年月日及び記入者の氏名

平成　　年　　月　　日　氏名：　　　　　　　　　　印

□　申立人である　→　１の記載は不要です。２から記入してください。

１　あなた（任意後見受任者）の住所，氏名等を記入してください。

⑴　住　　所　（〒　　－　　　）　　　電話　（　　）

⑵　生年月日　大正・昭和　　年　　月　　日生（　　歳）

⑶　本人との関係　＿＿＿＿＿＿　⑷　職業（勤務先）＿＿＿＿＿＿

⑸　平日昼間の連絡先　＿＿＿＿＿＿　電話　（　　）

２　あなたは次のいずれかの事由に該当しますか。

□　未成年者

□　家庭裁判所で成年後見人等を解任された者

□　破産者で復権していない者

□　本人に対して訴訟をしたことがある者，その配偶者又は親子である者

□　いずれにも該当しない。

３　身上・経歴等

⑴　あなたの同居家族を記入してください。

氏　名	年齢	続柄	職業（勤務先，学校名）	同居・別居の別	備考

⑵　あなたの経歴（出生，学歴，職業，結婚，出産等）を記入してください。

年月日	職歴・学歴	年月日	身分の変動，家族関係
	出生		
	中学校卒業		

(3)　あなたの経済状態について記入してください。

①　職業：　＿＿＿＿＿＿＿＿＿＿＿＿

②　収入：　月収・年収　約　　　　　万円　　内訳：給与等＿＿＿万円

年金等＿＿＿万円

※　その他の収入（内容：＿＿＿＿＿＿＿＿）　　＿＿＿万円

※　夫など家族の収入で生計を立てているときは，その人の収入を記入してください。

③　負債（借入先，借入目的，金額）　　□　負債はない。

借入先	借入目的	金　額
		万円
		万円
		万円

4　本人とあなたとの任意後見契約の効力が生ずることについて，どう思われますか。

□　必要　　　□　不要（理由をお書きください。）

5　本人の今後の療養看護の方針や計画について，お考えになっているところを具体的に記入してください。（今後の生活の拠点，必要となる医療や福祉サービス，身の回りの世話等）

6　本人の財産を適正に管理していく上で，問題点や心配なことがある場合には，具体的に述べてください。

7　あなたが，本人のために立て替えて支払ったものがあれば，その額及び内容並びに，その返済を求める意思があるのか否かを記載してください。

金　額	内　　容	返済を求める意思
円		□求める。□求めない。

8　任意後見人の役割，責任について理解していますか。

□　はい

□　次のことがわからない，または次の点についてもっと知りたい。

〔参考書式７－２－３〕　**親族関係図記載例**　　（東京家裁後見サイト）

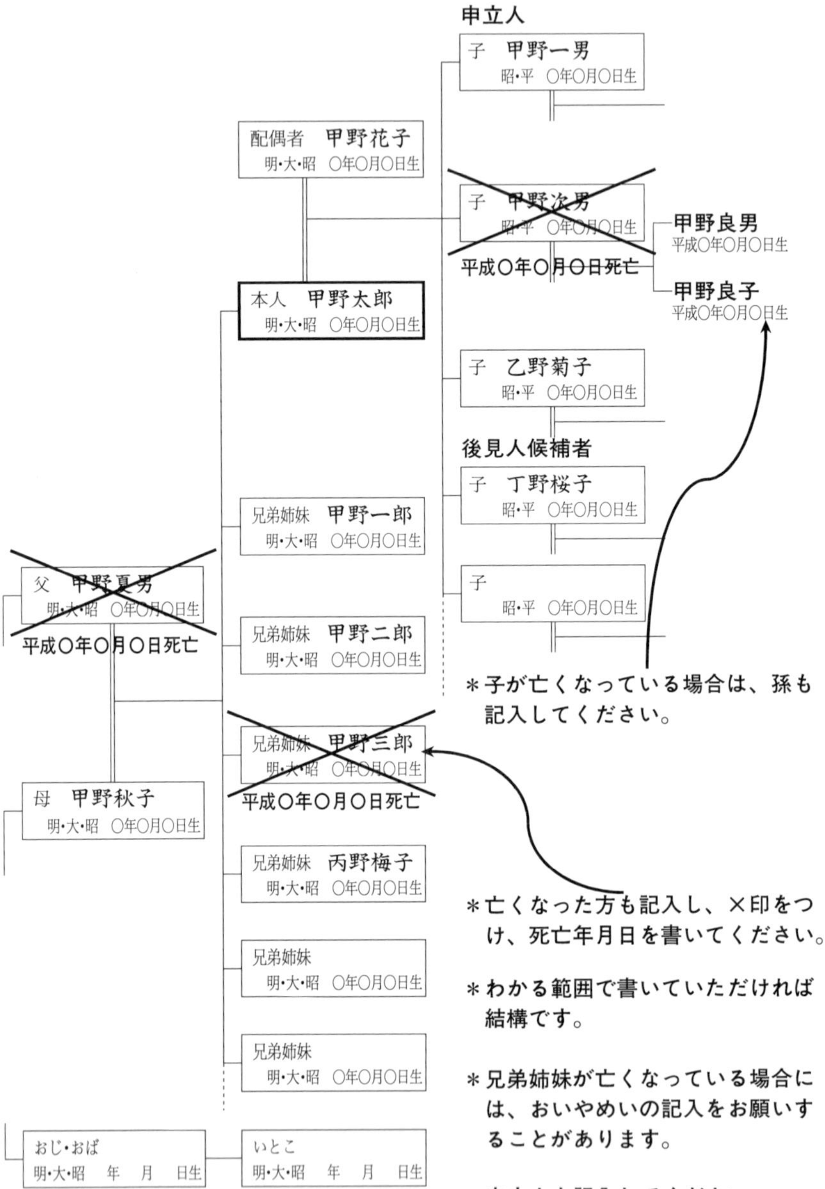

〔参考書式７－２－４〕 財産目録記載例　（東京家裁後見サイト）

記載例　財産目録(平成〇〇年〇月現在)

1　預貯金，現金

金融機関名，支店名，口座番号	金額(円) 数量	備　考	必要資料例(請求先)
〇〇銀行××支店　普通預金(2345678)	3,237,900		預貯金通帳のコピー
〇〇銀行△△支店　定期預金(123725)	5,000,000		
郵便貯金(1450-2365)	503,400		

必ず提出してください。

現金・預貯金総額　8,741,300 円

預貯金と現金の総額を記入してください。

2　保険契約，株式，投資信託等その他の資産

●●生命　生命保険(23F-005897)			保険証券のコピー(保険会社)
●●海上火災　火災保険(203778)			
▲▲電力㈱　1,000株	2,000,000		残高報告書のコピー(証券会社)

証券番号を記入してください。

3　不動産

所在，種類，面積等	備　考	必要資料例(請求先)
〇〇区〇〇町１－12 宅地　123.24㎡ 〇〇区〇〇町１－12－34 居宅　２階建て		不動産の全部事項証明書(法務局)

必ず提出してください。

4　負　債

種類(債権者)	金額(円)	備　考	必要資料例(請求先)
住宅ローン残金(▲▲銀行〇〇支店)	748,367		契約書又は残高証明書のコピー(金融機関)
借入金残金(〇〇商店)	1,500,000		契約書等のコピー

負債総額　2,248,367 円

【記載等の要領】

1　本人が現在所有している財産すべてを，記載例を参考にして記載してください。
「預貯金・現金」及び「負債」については，各総額を計算して記載してください。
　保険の場合は金額欄の記載は不要です。株の場合は種類の欄に会社名・株数を，金額欄に直近の評価額を記載してください。

2　必要資料例を参考にして，財産の内容が分かる資料を添付してください。
主な資料
- □　預貯金通帳（定期預金証書を含む）のコピー
（銀行名，支店名，口座名義人，口座番号及び直近２か月分の残高が記載されたページ）
- □　保険証券のコピー（本人が契約者又は受取人になっているものを添付してください。）
※保険証券が手元にない場合は，保険契約が記載された通知書等のコピー
- □　株式・投資信託については，その内容，数が記載された残高報告書・通知書等のコピー
- □　不動産の全部事項証明書（原本，申立日から３か月以内のもの）
- □　負債についての契約書等のコピー

(コピーの取り方)
Ａ４の用紙を縦に置いてコピーしてください。余白は切り取らないでください。

〔参考書式７－２－５〕 収支状況報告書記載例　（東京家裁後見サイト）

記載例　　収支状況報告書(平成○○年○，△月)

1　収入

区分，内容	金額(円)	備考（特記事項等）	必要資料例
年金(老齢基礎年金)	100,000		年金通知書のコピー(２か月分)※
賃料	124,000		契約書等のコピー※
株式配当金	10,000		通知書等のコピー※

A　合計234,000円

2　支出

区分，内容	金額(円)	備考（特記事項等）	必要資料例
生活費	40,000		
施設費	80,000		施設・病院作成の領収書のコピー(２か月分)※
税金（固定資産税）	40,000		請求書のコピー※
保険料（国民健康保険、介護保険）	16,000		請求書のコピー※
住宅ローン(▲▲銀行○○支店)	84,000	平成○○/○○に終了する予定	領収書のコピー※
借金返済（○○商店）	50,000		領収書のコピー※
平成○○/○/○胃の手術	20,000		領収書のコピー※

B　合計　510,000円

A－B＝ －276,000円

【記載等の要領】

1　直前２か月間の収入及び支出について，記載例を参考にして記入してください。

　なお，生活費とは，本人の食費，水道光熱費，被服費等日常生活に要するものとし，住居費や療養費は別の区分としてください。

2　収入・支出（年金，賃料等）については，必要資料例を参考にして資料を添付してください。

※金融機関を通じて，振り込んだり，振り込まれたりしているときは，通帳に取引相手が明記されている場合に限り，領収書等に代えて通帳のコピーを提出することができます。

注意!!：資料にマイナンバーが記載されているときは，その部分を隠してコピーしたものを提出してください。

(コピーの取り方)
Ａ４の用紙を縦に置いてコピーしてください。余白は切り取らないでください。

〔参考書式７－２－６〕　診断書（成年後見用）　　　　（東京家裁後見サイト）

※なお，2019年４月頃に新様式に改訂される見込みといわれている。

診　断　書（成年後見用）　　　　平成21年４月改訂

１　氏名　　　　　　　　　　生年月日　M・T・S・H　年　月　日生（　歳）
　住所

２　医学的診断
　診断名

　所　見（現病歴，現在症，重症度，現在の精神状態と関連する既往症・合併症など）

　（該当する場合にチェック　□遷延性意識障害　□重篤な意識障害）

３　判断能力判定についての意見（下記のいずれかにチェックしてください。）
□　自己の財産を管理・処分することができない。（後見相当）
□　自己の財産を管理・処分するには，常に援助が必要である。（保佐相当）
□　自己の財産を管理・処分するには，援助が必要な場合がある。（補助相当）
□　自己の財産を単独で管理・処分することができる。

判定の根拠

⑴　見当識
□障害がない　□まれに障害が見られる　□障害が見られるときが多い
□障害が高度

⑵　他人との意思疎通
□できる　□できないときもある　□できないときが多い　□できない

⑶　社会的手続や公共施設の利用（銀行等との取引，要介護申請，鉄道やバスの利用など）
□できる　□できないときもある　□できないときが多い　□できない

⑷　記憶力
□問題がない　□問題があるが程度は軽い　□問題があり程度は重い
□問題が顕著

(5) 脳の萎縮または損傷
□ない　□部分的に見られる　□著しい　□不明
(6) 各種検査
長谷川式認知症スケール　（□　点（　月　日実施），□未実施□実施不可）
MMSE　（□　点（　月　日実施），□未実施□実施不可）
その他の検査

(7) その他特記事項

備　考（本人以外の情報提供者など）

以上のとおり診断します。　平成　年　月　日
担当医師氏名／担当診療科名
氏　名　印　（　科）
病院又は診療所の名称・所在地
tel　（　）
fax　（　）

Ⅲ　審判手続（任意後見監督人選任の手続）

1　手続案内・受付

手続案内・受付については後見と同様である（第２章参照）。

2　審　理

(1) 申立人からの事情聴取

申立人からは、申立ての経緯、本人の状況等が聴取される。そして、法定後見制度との比較において、任意後見制度の選択が適切であるかも検討されよう。なぜなら、わが国の任意後見制度は任意後見人に本人を代理する権限を与えるのみで本人の法律行為能力を制限しない制度であるから、判断能力が低下した本人が自ら、あるいは他人に利用されてある契約等をするおそれ

があるときなどには、任意後見制度では本人保護の目的を達することができないからである。また、任意後見契約締結後間もない任意後見監督人選任の申立てには、法定後見逃れの意図や親族間紛争の有無に気を配る必要がある。

その他については第2章も参照。

(2)　本人の陳述聴取・本人調査

家庭裁判所は、任意後見監督人を選任するには、本人の陳述を聴かなければならない（法220条1項1号）。任意後見契約の効力を生じさせることおよび任意後見監督人に選任される者についての本人の意向などを聴取することになる。本人の自己決定の尊重を手続上保障する趣旨である。

本人以外の申立てにより任意後見監督人を選任するには、あらかじめ本人の同意がなければならない（任意後見4条3項本文）。これも、本人の自己決定尊重の趣旨である。ただし、本人がその意思を表示することができないときはこの限りではない（同項ただし書）。

この本人の陳述聴取および同意の確認は、通常、調査官の面接調査により行われる。

(3)　任意後見受任者からの事情・意向聴取

任意後見受任者からは、任意後見契約締結の経緯、今後の任意後見事務に対する計画等を聴取して、その適格性に関する資料収集をする。前記任意後見受任者事情説明書の提出もその1つの方法である。

家庭裁判所は、任意後見契約の効力が生ずることについて、任意後見受任者の意見を聴かなければならない（法220条3項）。

(4)　任意後見監督人候補者からの事情・意向聴取

任意後見監督人からは、今後の任意後見監督事務に対する計画等を聴取して、その適格性に関する資料収集をする。任意後見監督人候補者事情説明書（前記Ⅱ4⑦）の提出もその1つの方法である。

家庭裁判所は、任意後見監督人を選任するには、任意後見監督人となるべき者の意見を聴かなければならない（法220条2項）。任意後見契約の効力を生じさせることや任意後見監督人就任についての候補者の意見を聴くことになろう。

⑸　親族への意見照会

原則として親族への意見照会は行っていない。本人の意思で任意後見受任者と契約を結んでいるのであるから、本人の自己決定を尊重し、他人は干渉すべきではないとの理由による。

また、第三者の専門家等を任意後見監督人に選任する場合にはその候補者について親族の意見を聴く必要性も少ない。ただ、親族が、根拠を示して、任意後見契約の効力、任意後見受任者および任意後見監督人候補者の適格性に疑問を唱えている場合には、その意見を聴くことはあり得る。

⑹　本人の判断能力

任意後見監督人を選任するには、本人の精神の状況について医師その他適当な者の意見を聴かなければならない（法219条）。前述のように、診断書を申立ての添付書類としているのはそのためである。調査官が本人の陳述を聴く場合（前述）には、本人の判断能力の程度も観察されることになる。

鑑定は必要的とされていない。任意後見制度は、法定後見の後見または保佐の制度と異なり、任意後見人に任意後見契約で定められた代理権を付与するにとどまるもので本人の行為能力を制限するものではないこと、補助の制度と同様に本人申立て以外の場合には本人の同意を要件とする保護的措置が講じられていることがその理由である。ただし、本人の判断能力が、補助類型程度にさえも低下しているか否か疑問があるときは鑑定をすることも考えられる。

⑺　任意後見受任者の適格性

任意後見人に次のような事由があるときは、任意後見監督人を選任できない（任意後見４条１項３号、民847条１号～３号）。

①　未成年者

②　家庭裁判所で免ぜられた法定代理人、保佐人または補助人

③　破産者

④　行方の知れない者

⑤　本人に対し訴訟をし、またはした者およびその配偶者並びに直系血族

⑥　不正な行為、著しい不行跡その他任意後見人の任務に適しない事由がある者

任意後見受任者は任意後見契約で決められているので、家庭裁判所の権限では交替させられないところ、不適格な任意後見受任者に対しては、任意後見監督人を選任しないことによって、その不適格者が任意後見人に就職するのを防止し、本人の保護を図るのである。

(8)　任意後見監督人となるべき者（候補者）の適格性

(A)　欠格事由

任意後見監督人候補者に次の事由がある場合には任意後見監督人となることができない（任意後見7条4項、民847条）。

①　未成年者
②　家庭裁判所で免ぜられた法定代理人、保佐人または補助人
③　破産者
④　本人に対し訴訟をし、またはした者およびその配偶者並びに直系血族
⑤　行方の知れない者

(B)　適任性

任意後見監督人選任の際には次の事情が考慮される（任意後見7条4項、民843条4項。成年後見人選任の基準である民法843条4項が準用されている。各項目については第2章参照）。

①　本人の心身の状態、生活および財産の状況
②　候補者の職業および経歴
③　候補者と本人との利害関係の有無
④　候補者が法人であるときは、その事業の種類・内容並びに法人およびその代表者と本人との利害関係の有無
⑤　本人の意見
⑥　その他一切の事情

3　審　判

審理の結果、任意後見監督人を選任するのを相当と認めるときは選任の審判をし、そうでないときは申立てを却下する審判をする。

《審判書記載例7－3》　任意後見監督人選任の審判書

平成○年(家)第0001号　任意後見監督人の選任申立事件

審　　　判

住所　○○県△△市△△町1丁目1番地の1
申　立　人　　　　夏　　空　　明　　男
本籍　○○県△△市△△町2丁目2番地
住所　○○県△△市△△町2丁目2番地の2
本　　　人　　　　春　　野　　花　　子
昭和○年○月○日生

当裁判所は，本件申立てを別紙理由のとおり相当と認め，次のとおり審判する。

主　　　文

本人の任意後見監督人として次の者を選任する。
住所　○○県△△市△△町3丁目3番地の3
（事務所）○○県△△市△△町4丁目4番地の4　△△ビル505
氏名　青　　空　　晴　　男

平成○年○月○日
○○家庭裁判所家事部
裁判官　大　　丘　　忠　　介　　印

（別紙）

理　　　由

1　任意後見契約の締結及び登記について
本人と申立人との間において，○○地方法務局所属公証人△△が平成○年○月○日作成した同年第×××号任意後見契約公正証書により任意後見契約が締結され，その登記がされている。

2　本人の判断能力について
診断書その他一件記録によれば，本人は，アルツハイマー型認知症により知的能力が低下し，事理を弁識する能力が不十分な状況にあるものと認められる。

3　任意後見監督人の選任について
(1)　一件記録によれば，次の事実が認められる。

①　本人の監護状況
　○○県△△市所在の「△△病院」に入院中
②　任意後見監督人候補者
　弁護士青空晴男であって，任意後見監督人選任に同意し，欠格事由及び不適格事由は認められない。
③　本人は，任意後見監督人選任について意向を陳述する能力がなく，任意後見受任者（申立人）は，法に規定する欠格事由及び不適格事由は認められず，本件任意後見契約の効力が生ずることについて異存がない。

⑵　以上の事実によれば上記候補者を任意後見監督人に選任するのが相当である。

4　審判の告知

⑴　任意後見監督人選任の審判

次の者に対し告知する（法74条１項・222条１号）。

①　任意後見監督人に選任された者
②　任意後見受任者
③　本人

⑵　申立てを却下する審判

申立人に対し告知する（法74条１項）。

5　即時抗告

⑴　任意後見監督人選任の審判

任意後見監督人を選任する旨の審判に対しては、即時抗告をすることができる旨の規定はない。

⑵　申立てを却下する審判

任意後見契約法４条１項の規定による任意後見監督人選任の申立てを却下する審判に対しては、申立人が即時抗告をすることができる（法223条本文・１号）。なお、欠員補充や追加的任意後見監督人選任の申立て（任意後見４条４項・５項）を却下する審判に対しては即時抗告ができない。

Ⅳ　登記嘱託

任意後見監督人選任の審判が効力を生じたときは、書記官は、遅滞なく後見登記法に定める登記の嘱託を行う（法116条１項１号、規77条１項３号）。

登記手数料は1400円である（登記手数料令17条１項１号）。

第８章　任意後見関係の付随事件

Ⅰ　任意後見監督人の選任（補充的選任、追加的選任）

１　事件の概要

⑴　補充的選任

任意後見監督人が欠けたときは、家庭裁判所は、本人、その親族もしくは任意後見人の請求により、または職権で、任意後見監督人を選任する（任意後見４条４項、法別表第一112の項）。任意後見監督人が欠けたときとは、その死亡、辞任または解任によって任意後見監督人が１人もいなくなったときであり、この場合は任意後見監督人の選任は必要的である。

⑵　追加的選任

任意後見監督人が選任されているときでも、家庭裁判所は、必要があると認めるときは、前記⑴と同じ者の請求により、または職権で、任意後見監督人を選任することができる（任意後見４条５項、法別表第一113の項）。この場合は任意後見監督人の選任は任意的である。

２　申立手続

⑴　申立権者

本人、その親族、任意後見人である（任意後見４条４項・５項）。

⑵　管　轄

任意後見契約の効力を発生させるための任意後見監督人の選任の審判（以下、「基本事件の審判」という）をした家庭裁判所である（法217条２項、任意後見12条）。

⑶　申立費用

申立てに要する費用は次のとおりである。

① 申立手数料　　収入印紙　800円（民訴費用3条1項、別表1・一五）
② 予納郵便切手　　500円×3枚、100円×5枚、82円×10枚、62円×2枚、20円×8枚、10円×10枚、1円×16枚（合計3220円）

⑷ 添付書類

申立てにあたり添付する書類は次のとおりである。家庭裁判所により異なるので、以下には一般例を示す。

① 申立人の戸籍謄本
② 本人の戸籍謄本、住民票の写しまたは戸籍附票の写し、後見登記事項証明書（任意後見）
③ 任意後見監督人候補者の住民票の写し（世帯全部、省略のないもの）または戸籍附票の写し

その他、各裁判所によっては任意後見監督人候補者事情説明書等の提出が求められる。

3 審判手続（任意後見監督人選任の手続）

⑴ 審　理

(A) 申立人からの事情聴取

申立人からは、申立ての経緯、本人の状況等が聴取される。

(B) 本人の陳述聴取・本人調査

家庭裁判所は、任意後見監督人を選任するには、本人の陳述を聴かなければならない（法220条1項1号）。任意後見監督人に選任される者についての本人の意向などを聴取することになる。本人の自己決定の尊重を手続上保障する趣旨である。

本人の陳述聴取は、通常、調査官の面接調査により行われる。

(C) 任意後見監督人候補者からの事情・意向聴取

任意後見監督人候補者からは、今後の任意後見監督事務に対する計画等を聴取して、その適格性に関する資料収集をする。任意後見監督人候補者事情説明書（第7章参照）の提出もその1つの方法である。

また、家庭裁判所は、任意後見監督人を選任するには、任意後見監督人となるべき者の意見を聴かなければならない（法220条2項）。

(D)　親族の意見照会

原則として親族への意見照会は行っていない。ただ、親族が、根拠を示して、任意後見監督人候補者の適格性に疑問を唱えている場合には、その意見を聴くことはあり得る。

(E)　任意後見監督人となるべき者（候補者）の適格性

(a)　欠格事由

任意後見監督人候補者に次の事由がある場合には任意後見監督人となることができない（任意後見7条4項、民847条）。

①　未成年者
②　家庭裁判所で免ぜられた法定代理人、保佐人または補助人
③　破産者
④　本人に対し訴訟をし、またはした者およびその配偶者並びに直系血族
⑤　行方の知れない者

(b)　適任性

任意後見監督人選任の際には次の事情が考慮される（任意後見7条4項、民843条4項。成年後見人選任の基準である民法843条4項が準用されている。各項目については第2章参照）。

①　本人の心身の状態、生活および財産の状況
②　候補者の職業および経歴
③　候補者と本人との利害関係の有無
④　候補者が法人であるときは、その事業の種類・内容並びに法人およびその代表者と本人との利害関係の有無
⑤　本人の意見
⑥　その他一切の事情

(2)　審　判

審理の結果、任意後見監督人を選任するのを相当と認めるときは選任の審判をし、そうでないときは申立てを却下する審判をする。

(3)　審判の告知

(A)　任意後見監督人選任の審判

次の者に対し告知する。

①　任意後見監督人に選任された者（法74条１項）

②　申立人（同項）

(B)　申立てを却下する審判

申立人に対し告知する（法74条１項）。

(4)　即時抗告

任意後見監督人選任の審判、申立てを却下する審判いずれに対しても即時抗告ができない。

4　登記嘱託

任意後見監督人選任の審判が効力を生じたときは、書記官は、遅滞なく後見登記法に定める登記の嘱託を行う（法116条１号、規77条１項３号）。

登記手数料は不要である。

5　申立書記載例・参考書式等

申立書、任意後見監督人候補者事情説明書、任意後見監督人候補者への意見聴取書、審判書、指示書等については、第６章Ⅶおよび第７章を参照。

Ⅱ　任意後見監督人の辞任許可

1　事件の概要

任意後見監督人は、正当な事由があるときは、家庭裁判所の許可を得て、その任務を辞することができる（任意後見７条４項、民844条）。正当な事由とは、後見事務を遂行し得ない遠隔地で職務に従事する場合、任意後見監督人の職務が長期間になった場合、老齢・疾病・身体障害等による負担加重などである。

2　申立手続

(1)　申立権者

辞任の許可を求める任意後見監督人である。

(2)　管　轄

基本事件の審判をした家庭裁判所である（法217条２項）。

⑶　申立費用

申立てに要する費用は次のとおりである（任意後見監督人１名につき）。

①　申立手数料　　収入印紙　800円（民訴費用３条１項・別表１・一五）

②　予納郵便切手　　500円×３枚、100円×５枚、82円×10枚、62円×２枚、20円×８枚、10円×10枚、１円×16枚（合計3220円）（または窓口で指示されたとおり）

③　登記手数料　　収入印紙　1400円

⑷　添付書類

申立てにあたり添付する書類は次のとおりである。家庭裁判所により異なるので、以下には一般例を示す。

①　申立人の戸籍謄本、住民票の写しまたは戸籍附票の写し（注２）

②　本人の戸籍謄本、住民票の写しまたは戸籍附票の写し、後見登記事項証明書（注２）

（注２）　開始申立て時に提出してあり、記載内容に変更がない場合は不要としている庁もある。

3　審判手続

⑴　審理・審判

家庭裁判所は、任意後見監督人を辞任する正当な事由があるか否かを審理し、許可または申立却下の審判をする。

⑵　審判の告知

申立人に対してする（法74条１項）。

⑶　即時抗告

認容審判・却下審判のいずれに対しても、不服の申立てはできない。

4　登記嘱託

任意後見監督人の辞任を許可する審判が効力を生じた場合、書記官は、遅滞なく、後見登記法に定める登記嘱託をしなければならない（法116条２号、規77条１項４号）。

上記審判に基づく登記手数料は1400円である（登記手数料令17条１項２号）。

5　辞任により任意後見監督人が１人もいなくなったとき

任意後見監督人の補充的選任をする（任意後見４条４項）。

6　申立書・審判書記載例

申立書・審判書記載例は、成年後見人等と同様である（第６章Ⅸ参照）。

Ⅲ　任意後見監督人の解任、解任の審判前の保全処分

1　任意後見監督人の解任

⑴　事件の概要

任意後見監督人に不正な行為、著しい不行跡その他その任務に適しない事由があるときは、家庭裁判所は、一定の者の請求により、これを解任することができる（任意後見７条４項、民846条、法別表第一117の項）。

解任事由については、第６章Ⅹ参照。

⑵　申立手続

(A)　申立権者

任意後見人、本人、その親族、検察官である（任意後見７条４項、民846条）。

(B)　管　轄

基本事件の審判をした家庭裁判所である（法217条２項）。

(C)　申立費用

申立てに要する費用は次のとおりである（任意後見監督人１名につき）。

①　申立手数料　　収入印紙　800円

②　予納郵便切手　　500円×３枚、100円×５枚、82円×10枚、62円×２枚、20円×８枚、10円×10枚、１円×16枚（合計3220円）（性質上、解任審判または申立てを却下する審判いずれにも即時抗告が予想されるので、それを踏まえて予納が指示される）

(D)　添付書類

申立てにあたり添付する書類は次のとおりである。家庭裁判所により異なるので、以下には一般例を示す。

①　申立人の戸籍謄本（本人の親族が申立人であるとき）

②　本人の戸籍謄本、住民票の写しまたは戸籍附票の写し、後見登記事項証明書

(3)　職権による立件手続

(A)　立件の端緒

任意後見監督の過程において解任事由が存在する疑いが生じた場合が多い。

(B)　調査官の報告

調査官は、解任事由があると思料するときは、その旨を家庭裁判所（裁判官）に報告しなければならず、その報告は所定の事項（①解任すべき任意後見監督人、本人および任意後見人の氏名および住所（法人である任意後見監督人および任意後見人にあっては、名称または商号および主たる事務所または本店）、②任意後見監督人選任の年月日、③解任すべき事由、④その他参考となる事項）を記載した報告書によらなければならない（規118条・79条）。

(4)　審判手続

(A)　審理・審判

家庭裁判所は、任意後見監督人を解任すべき事由（前記１参照）の存否を審理する。

家庭裁判所は、任意後見監督人を解任するには、その陳述を聴かなければならない（法220条１項２号）。

解任を相当とするときは解任の審判をする。そうでないときは申立却下の審判をする。

(B)　審判の告知

申立認容の審判は次の者に対し告知する。

①　解任される任意後見監督人（法74条１項）

②　申立人（同項）

申立却下の審判は申立人に対して告知する（法74条１項）。

(C)　即時抗告

解任の審判、解任申立てを却下する審判のいずれに対しても即時抗告ができる（法223条２号・３号）。

申立権者は次のとおりである。

①　解任の審判に対しては、任意後見監督人（法223条２号）

②　申立却下の審判に対しては、申立人、本人およびその親族（同条３号）

(5)　登記嘱託

任意後見監督人を解任する審判が確定した場合、書記官は、遅滞なく、後見登記法に定める登記嘱託をしなければならない（法116条１号、規77条１項５号）。

任意後見監督人を解任する審判に基づく登記手数料は不要である（登記手数料令16条２項２号）。

2　解任の審判前の保全処分

(1)　事件の概要

任意後見監督人解任事件を本案として、その審判の効力が生ずるまでの間、任意後見監督人の職務の執行を停止し、その職務代行者を選任する保全処分をすることができる（法225条１項・127条）。任意後見監督人の職務執行停止は、その不適切・不正な行為が行われることにより本人の利益が害されるおそれがあって、緊急にこれを防止する必要がある場合に、職務代行者の選任は、任意後見監督人が事実上または法律上任務を果たせなくなって、緊急にこれに代わって職務の遂行をする者を必要とする場合に、それぞれその必要性を生ずる。

職務執行停止と職務代行者選任は「又は」と択一的に規定されているが（法127条１項）、必要があればいずれもできると解される。任意後見人については職務代行者を選任することはできない（法225条２項）。

なお、家庭裁判所は、いつでも、その選任した職務代行者を改任することができる（法225条１項・127条３項）。

(2)　申立手続

(A)　申立権者

任意後見監督人の解任の申立てをした者である。

(B) 職権による保全処分の可否

職権によってもできると解すべきことは、成年後見人等解任の審判前の保全処分（第５章参照）と同様である。

(C) 管　轄

本案である解任事件の係属する家庭裁判所である（法105条１項）。

(D) 申立費用

申立てに要する費用は次のとおりである（任意後見監督人１名につき）。

① 申立手数料　　不要

② 予納郵便切手　　500円×３枚、100円×５枚、82円×10枚、62円×２枚、20円×８枚、10円×10枚、１円×16枚（合計3220円）（または窓口で指示されたとおり）

③ 登記手数料　　収入印紙　1400円

(E) 添付書類

本案事件においてその添付書類が提出されていれば足りる。

(3) 職権による立件手続

本案事件が立件され（前述）、かつ、保全の必要性・緊急性が認められるときに立件される。

(4) 審判手続

(A) 審　理

申立人は、①求める保全処分、②当該保全処分を求める事由を明らかにし、③その事由を疎明しなければならない（法106条１項・２項）。家庭裁判所も、職権で、事実の調査および証拠調べをすることができる（同条３項）。

解任の対象者である任意後見監督人等の陳述を聴くことは必要的ではないと解される。保全処分においては、密行性が必要とされる場合があるからである。

(B) 審判の告知

申立認容の審判は次の者に対し告知をする。

① 職務執行停止の保全処分の審判を受ける任意後見監督人（法74条１項）

② 選任された職務代行者（同項）

③ 申立人（同項）

申立却下の審判は申立人に対して告知する（法74条１項）。

⒞　即時抗告

職務執行停止の保全処分の審判に対しては、解任の審判に対して即時抗告の申立てができる者、すなわち任意後見監督人は即時抗告ができる（法110条２項）。

職務執行停止の保全処分申立却下の審判に対しては、申立人は即時抗告をすることができる（法110条１項）。

職務代行者選任の保全処分の審判またはその申立てを却下する審判に対しては、即時抗告をすることができない（法110条１項２号）。

⑸　登記嘱託

任意後見監督人の職務の執行を停止する保全処分またはその職務代行者を選任する（改任を含む）審判が効力を生じ、または効力を失った場合には、書記官は、遅滞なく、後見登記法に定める登記嘱託をしなければならない（法116条１号、規77条２項２号）。

登記手数料は1400円である（登記手数料令17条１項３号）。

⑹　申立書・審判書記載例

申立書・審判書は、成年後見人等の解任、解任の審判前の保全処分と同様である（第６章Ｘ参照）。

Ⅳ　任意後見人の解任

１　事件の概要

任意後見人に不正な行為、著しい不行跡その他その任務に適しない事由があるときは、家庭裁判所は、一定の者の請求により、これを解任することができる（任意後見８条）。

職権ではできないことに注意を要する。

解任事由については、成年後見人等の解任事由（第６章Ｘ）参照。

２　申立手続

⑴　申立権者

任意後見監督人、本人、その親族、検察官である（任意後見８条）。

⑵　管　轄

基本事件の審判をした家庭裁判所である（法217条２項）。

⑶　申立費用

申立てに要する費用は次のとおりである（任意後見人１名につき）。

①　申立手数料　　収入印紙　800円（民訴費用３条１項・別表１・一五）

②　予納郵便切手　　500円×３枚、100円×５枚、82円×10枚、62円×２枚、20円×８枚、10円×10枚、１円×16枚（合計3220円）（性質上、解任審判または申立てを却下する審判のいずれにも即時抗告が予想されるので、それを踏まえて予納が指示される）

⑷　添付書類

申立てにあたり添付する書類は次のとおりである。家庭裁判所により異なるので、以下には一般例を示す。

①　申立人の戸籍謄本（本人の親族が申立人であるとき）

②　本人の戸籍謄本、住民票の写しまたは戸籍附票の写し、後見登記事項証明書

3　審判手続

⑴　審理・審判

家庭裁判所は、任意後見人を解任すべき事由（前記１参照）の存否を審理する。

家庭裁判所は、任意後見人を解任するには、その陳述を聴かなければならない（法220条１項３号）。

解任を相当とするときは解任の審判をする。そうでないときは申立却下の審判をする。

⑵　審判の告知

申立認容の審判は次の者に対し告知する。

①　解任される任意後見人（法74条１項）

②　申立人（同項）

③　本人（法222条３号）

④　任意後見監督人（同号）

申立却下の審判は申立人に対して告知する（法74条１項）。

⑶　即時抗告

解任の審判、解任申立てを却下する審判いずれに対しても即時抗告ができる（法223条４号・５号）

申立権者は次のとおりである。

①　解任の審判に対しては、任意後見人、本人（法223条４号）

②　申立却下の審判に対しては、申立人、任意後見監督人並びに本人およびその親族（法223条５号）

4　登記嘱託

任意後見人を解任する審判が確定した場合、書記官は、遅滞なく、後見登記法に定める登記嘱託をしなければならない（法116条１号、規77条１項５号）。

任意後見人を解任する審判に基づく登記手数料は不要である（登記手数料令16条２項２号）。

5　解任の審判前の保全処分

任意後見監督人解任の審判前の保全処分（第６章Ｘ）参照。

ただし、職務代行者の選任はできないこと（法225条２項・127条１項・２項）に注意すべきである。

6　申立書・審判書記載例

申立書・審判書は成年後見人等の解任と同様である（第６章Ｘ参照）。

Ｖ　任意後見契約の解除の許可

1　事件の概要

任意後見契約法４条１項により任意後見監督人が選任される前においては、本人または任意後見受任者は、いつでも、公証人の認証を受けた書面によって、任意後見契約を解除することができる（任意後見９条１項）。契約発効前であっても公証人の認証を受けた書面によることを要するものとしたのは、当事者の真意に基づく解除であることを担保するためである。

任意後見監督人が選任された後においては、本人または任意後見人は、正当な事由がある場合に限り、家庭裁判所の許可を得て、任意後見契約を解除することができる（任意後見9条2項、法別表第一121の項）。

2　申立手続

⑴　申立権者

本人、任意後見人である。

⑵　管　轄

基本事件について審判をした家庭裁判所である（法217条2項）。

⑶　申立費用

申立てに要する費用は次のとおりである（任意後見契約1件につき）。

①　申立手数料　　収入印紙　800円（民訴費用3条1項・別表1・一五）

②　予納郵便切手　　82円×10枚（合計820円）

⑷　添付書類

申立てにあたり添付する書類は次のとおりである。家庭裁判所により異なるので、以下には一般例を示す。

①　本人、任意後見人の戸籍謄本、住民票の写し**（注3）**

②　後見登記事項証明書**（注3）**

③　正当な事由を証する書面等がある場合にはその写し

（注3）　開始申立て時に提出してあり、記載内容に変更がない場合は不要としている庁もある。

【申立書記載例８－５】　任意後見契約の解除についての許可の審判申立書

受付印	**家事審判申立書　事件名**（任意後見契約の解除についての許可）
収入印紙　円 予納郵便切手　円 予納収入印紙　円	この欄に収入印紙800円分を貼る。 （貼った印紙に押印しないでください。）

準口頭		関連事件番号　平成　年（家　）第　号

△　△　家庭裁判所 御中 平成　○　年　○　月　○　日	申立人 （又は法定代理人など） の記名押印	冬　山　雪　夫　㊞

添付書類	（審理のために必要な場合は，追加書類の提出をお願いすることがあります。）

申立人	本籍 （国籍）	（戸籍の添付が必要とされていない申立ての場合は，記入する必要はありません。） △　△　都道府(県)　△△市△△町２丁目２番地	
	住所	〒○○○－○○○○ △△市△△町２丁目２番地の２	電話　○○○（○○○）○○○○ （　方）
	連絡先	〒　－	電話　（　） （　方）
	フリガナ 氏名	フユヤマ　ユキオ 冬　山　冬　夫	大正・(昭和)・平成　○年○月○日生 （○○歳）
	職業	無職	
※ 任意後見人	本籍 （国籍）	（戸籍の添付が必要とされていない申立ての場合は，記入する必要はありません。） △　△　都道府(県)　△△市△△町３丁目３番地	
	住所	〒○○○－○○○○ △△市△△町３丁目３番地の３	電話　○○○（○○○）○○○○ （　方）
	連絡先	〒　－	電話　（　） （　方）
	フリガナ 氏名	ホシゾラ 星　空　あかり	大正・(昭和)・平成　○年○月○日生 （○○歳）
	職業	会社員	

（注）　太枠の中だけ記入してください。※の部分は，申立人，法定代理人，成年被後見人となるべき者，不在者，共同相続人，被相続人等の区別を記入してください。

申　立　て　の　趣　旨
申立人が下記任意後見契約を解除することを許可するとの審判を求める。
記
公正証書を作成した公証人の所属　〇〇地方法務局
証書番号　平成〇年第×××号，証書作成年月日　平成〇年〇月〇日，登記番号　第××－△△号，本人　冬山雪夫，任意後見人　星空あかり

申　立　て　の　理　由
1　申立人（本人）と任意後見人は，申立ての趣旨記載の任意後見契約を締結した。
2　本人について任意後見監督人選任の申立てがされ，青空晴夫が任意後見監督人に選任され，本件任意後見契約が発効した。
3　しかし，任意後見人は，受任事務の履行をしないので，申立人は本件任意後見契約を解除したい。よって，本件任意後見契約の解除を許可するとの審判を求める。

3　審判手続

⑴　審理・審判

(A)　正当な事由の存否

正当な事由の例としては、①任意後見人が老齢化、疾病または遠隔地への転居等により後見事務の遂行に支障が生じたとき、②債務不履行があるとき、③当事者間に紛争が生じるなど信頼関係が崩れたとき、④解除の合意が成立したとき、などが挙げられる。

(B)　本人および任意後見人の陳述聴取

家庭裁判所は、任意後見契約解除の許可の審判をするには、本人および任意後見人の陳述を聴かなければならない（法220条１項４号）。

(C)　審　判

許可を相当と認めるときはその旨の審判をする。そうでないときは申立却下の審判をする。

《審判書記載例８－５》　任意後見契約の解除についての許可の審判書

平成○年(家)第0001号　任意後見契約の解除についての許可の審判申立事件

審　　　判

本籍　○○県△△市△△町２丁目２番地
住所　○○県△△市△△町２丁目２番地の２
申立人（本人）　冬　山　雪　夫
昭和○年○月○日生
住所　○○県△△市△△町３丁目３番地の３
任意後見人　星　空　あかり

主　　　文

申立人が下記任意後見契約を解除することを許可する。

記

公正証書を作成した公証人の所属　○○地方法務局
証書番号　平成○年第×××号

証書作成年月日	平成○年○月○日
登記番号	第××－△△△号
本人	冬　山　雪　夫
任意後見人	星　空　あかり

理　　　由

1　一件記録及び審問の結果によれば，以下の事実が認められる。

⑴　本人と申立人との間において，○○地方法務局所属公証人△△が平成○年○月○日作成した同年第×××号任意後見契約公正証書により任意後見契約が締結され，その登記がされた。

⑵　本人について任意後見監督人選任の申立てがされ，青空晴男が任意後見監督人に選任され，本件任意後見契約が発効した。

⑶　しかし，任意後見人は，本件任意後見契約の委任事項（代理行為目録）第○項の事務を履行しておらず，その不履行については正当な理由がない。

2　以上の事実によれば，本件任意後見契約の解除を許可するのが相当であるから，主文のとおり審判する。

平成○年○月○日

○○家庭裁判所家事部

裁判官　大　　丘　　忠　　介　　印

⑵　審判の告知

申立認容の審判は次の者に対し告知する。

① 申立人（法74条１項）

② 本人、任意後見人および任意後見監督人（法222条４号）

申立却下の審判は申立人に対して告知する（法74条１項）。

⑶　即時抗告

次の者は即時抗告の申立てをすることができる。

① 解除の許可の審判に対しては、本人および任意後見人（法223条６号）

② 申立てを却下する審判に対しては、申立人（同条７号）

4　解除の効力の発生・登記

解除の許可の審判確定後、その審判を受けた申立人からの解除の意思表示により、任意後見契約は終了する。そして、解除の許可の審判書謄本、その確定証明書および配達証明付内容証明郵便等を添付して、任意後見契約終了の登記を申請する。

Ⅵ　数人の任意後見監督人の権限行使の定めの審判およびその取消しの審判事件

１　事件の概要

任意後見監督人は１人に限定されていないので、当初から数人選任することができるし、前述のとおり（前記Ⅰ参照）、すでに任意後見監督人が選任されている場合でも追加的に選任することができる。

複数の任意後見監督人がおかれる場合としては、一応、成年後見人等を選任する場合を参考にされたい（第６章Ⅺ参照）。なお、任意後見契約は任意代理の委任契約であるから、複数の任意後見受任者を選任することができると解されており、その場合には各任意後見受任者にそれぞれ別の任意後見監督人を付することなども考えられる。

複数の任意後見監督人を選任する場合には、権限の共同行使または分掌の定めをすることができる（任意後見７条４項、民859条の２第１項、法別表第一118の項）。共同行使の定めをしたときは各任意後見監督人が一致してでなければ有効に法律行為をすることができず、事務の分掌の定めをしたときはその事務の範囲内でしか有効に法律行為をすることができない。これらの制限に反して法律行為をすれば越権代理（無権代理）行為となる。ただし、民法859条の２第３項は準用されていない。

２　職権による立件

複数の任意後見監督人の権限の行使に関する定めの審判は、職権で立件され、当事者に申立権はない（民859条の２第１項）。したがって、この申立てをしても、それは職権の発動を促す意味を有するにすぎず、逆にその発動を求めるときも正式の申立てを要せず、上申書等で足りると解される。

3　複数の任意後見監督人の選任および権限の行使に関する定めを求める場合

任意後見監督人選任の申立書には、任意後見監督人候補者を記載する欄がないが、複数の任意後見監督人の選任および権限の行使に関する定めの審判を求める場合には、別紙あるいは上申書等に、複数の任意後見監督人の選任を求める理由、権限の共同行使または分掌を求める場合にはその旨および理由を記載すべきである。権限の共同行使の態様、権限の分掌の態様については、成年後見人の場合（第６章Ⅺ）を参照されたい。

4　審判手続

⑴　審理・審判

複数の任意後見監督人の選任並びに権限の共同行使または分掌の定めの要否、その態様等について審理し、審判をする。

⑵　権限の行使の定めの審判の告知

権限行使の定めの審判を受けた任意後見監督人に対してする（法74条１項）。

5　登記嘱託

権限行使の定めの審判が効力を生じた場合には、書記官は、遅滞なく、後見登記法に定める登記嘱託をしなければならない（法116条１号、規77条１項６号）。

登記手数料は不要である（登記手数料令16条２項３号）。

6　権限行使の定めの審判の取消し

家庭裁判所は、職権で、複数の成年後見人等の権限行使の定めの審判を取り消すことができる（任意後見７条４項、民859条の２第２項、法別表第一118の項）。

審判手続および登記嘱託は前記４・５に準ずる。

7　上申書・審判書主文記載例

上申書・審判書主文記載例については、成年後見人等と同様である（第６章XI参照）。

VII　任意後見監督人に対する報酬付与の審判申立事件

任意後見監督人に対する報酬付与の審判申立事件は、成年後見人等に対する報酬付与の審判申立事件と同様である（第６章XIV参照）。

第９章　法定後見の終了・成年後見人等の任務の終了

Ⅰ　事件の概要

1　法定後見の終了

法定後見は、①本人の死亡（失踪宣告を含む）、および②開始審判の取消しによって終了する。いずれも基本事件が終了する。前者は当然の終了事由であり、後者は審判による終了事由である。

2　成年後見人等の任務の終了

成年後見人等の任務は、①成年後見人等の死亡（失踪宣告を含む）、②成年後見人等の辞任・解任、③成年後見人等の欠格事由の発生により終了する。

3　管理の計算（後見の計算）義務の発生

法定後見の終了または当該成年後見人等の任務が終了したときは、後述する管理の計算（後見の計算）義務が発生する（民870条等）。

Ⅱ　後見開始の審判取消申立事件

1　事件の概要

後見開始の原因が消滅したときは、家庭裁判所は、一定の者の申立てにより、後見開始の審判を取り消さなければならない（民10条、法別表第一２の項）。

2　申立手続

(1)　申立権者

本人、配偶者、４親等内の親族、成年後見人、未成年後見人、成年後見監

督人、未成年後見監督人、検察官である（民10条）。

⑵　管　轄

後見開始の審判をした家庭裁判所である（法117条２項）。

⑶　手数料等

申立てに要する手数料等は次のとおりである。

① 申立手数料　　収入印紙　800円（民訴費用３条・別表１・一五）

② 予納郵便切手　　500円×３枚、100円×５枚、82円×10枚、62円×２枚、20円×８枚、10円×10枚、１円×16枚（合計3220円）（または窓口で指示されたとおり）

⑷　添付書類

申立てにあたり添付する書類は次のとおりである。家庭裁判所により異なるので、以下には一般例を示す（【　】は、東京家庭裁判所の例である）。

① 申立人の戸籍謄本（注１）【不要】

② 本人の戸籍謄本、住民票の写しまたは戸籍附票の写し、後見登記事項証明書【戸籍抄本、住民票】（注１）

③ 取消しの理由についての資料（診断書等）

（注１）　開始申立て時に提出してあり、記載内容に変更がない場合は不要としている庁もある。

【申立書記載例９－２】　後見開始の審判取消しの審判申立書

（東京家裁後見サイト）

受付印	後　見　開　始　の　審　判　の　取　消　の　申　立
収　入　印　紙　800円 予納郵便切手 3220円	この欄に収入印紙800円分を貼る。 （貼った印紙に押印しないでください。）

準口頭		関連事件番号　平成　　年（家　　）第　　　　号

東京　　　　　家庭裁判所 御中 平成　○　年　○　月　○　日	申　立　人 の　記　名　押　印	秋　山　　もみじ　　㊞

添付書類	

申立人	住　所	〒○○○－○○○○ △△市△△町｜｜番地｜	電話　○○○（○○○）○○○○ （　　　　方）
	連絡先	〒　　－	電話　　　（　　） （　　　　方）
	フリガナ 氏　名	アキヤマ 秋　山　　もみじ	大正 (昭和) 平成　○年○月○日生 （○○歳）
	職　業	主　婦	
	成年被後見人との関係		
成年被後見人	本　籍	△市△△町｜｜番地	
	住　所	〒○○○－○○○○ △△市△△町｜｜番地｜	電話　○○○（○○○）○○○○ （　　　　方）
	連絡先	〒　　－	電話　　　（　　） （　　　　方）
	フリガナ 氏　名	アキヤマ　フユロウ 秋　山　　冬　朗	明治 大正 (昭和)　○年○月○日生 （○○歳）
	職　業	無　職	

（注）　太わくの中だけ記入してください。

申　立　て　の　趣　旨
本人について後見開始の審判を取り消すとの審判を求める。

申　立　て　の　理　由
1　本人は，〇〇家庭裁判所において，平成〇年〇月〇日，交通事故に起因する脳挫傷により，知的能力が著しく低下し，精神上の障害により事理を弁識する能力を欠く常況にあるとして，後見開始の審判を受け，申立人が本人の成年後見人に選任された。 2　その後，本人は，脳の機能が改善し，事理を弁識する能力が回復した。よって，上記後見開始の審判を取り消すとの審判を求める。

（注）　太わくの中だけ記入してください。

3　審判手続

⑴　審理・審判

後見開始の原因が止んだことの審理については、後見開始のときとは異なり、本人の行為能力の制限を緩和する場合であるから、医師による鑑定は必要とされていない。通常は診断書や本人調査の結果をもとに判断することになる。

本人および成年後見人の陳述を聴かなければならない（法120条１項２号）。

後見開始の原因が止んだと認定できるときは後見開始の審判取消しの審判をし、そうでないときは申立却下の審判をする。

《審判書記載例９－２》　後見開始の審判取消しの審判書

平成○年(家)第0001号　後見開始の審判取消申立事件

審　　　　判

住所　△△県△△市△△町11番地１
申立人（成年後見人）　　秋　　山　　も　み　じ
本籍　△△県△△市△△町11番地
住所　△△県△△市△△町11番地１
成年被後見人　　秋　　山　　冬　　朗
昭和○年○月○日生

主　　　　文

当裁判所が平成○年○月○日成年被後見人についてした後見開始の審判を取り消す。

理　　　　由

１　医師による診断書その他一件記録によれば，次の事実が認められる。
⑴　本人は，当裁判所において，平成○年○月○日，交通事故に起因する脳挫傷により，知的能力が著しく低下し，精神上の障害により事理を弁識する能力を欠く常況にあるとして，後見開始の審判を受けた。
⑵　その後，本人は，脳の機能が改善し，事理を弁識する能力が回復した。

２　上記事実によれば，本件申立てはこれを相当と認め，主文のとおり審判する。

平成○年○月○日

○○家庭裁判所家事部

裁判官　大　丘　忠　介　印

⑵　審判の告知

後見開始の審判取消しの審判は次の者に告知する。

①　成年後見人、成年後見監督人（法122条２項２号）

②　成年被後見人（法74条１項）

③　申立人（同項）

申立却下の審判は申立人に告知する（法74条１項）。

⑶　即時抗告

後見開始の審判取消しの審判に対しては即時抗告は認められていない。本人の行為能力の制限をなくす審判だからである。

申立てを却下する審判に対しては、民法10条に規定する者は即時抗告をすることができる（法123条１項３号）。

４　登記嘱託

後見開始の審判取消しの審判が効力を生じたときは、書記官は、遅滞なく、後見登記法に定める登記の嘱託を行わなければならない（法116条１号、規77条１項１号）。

登記手数料は不要である（後見開始の登記手数料に含まれる。登記手数料令14条２項３号）。

Ⅲ　保佐開始の審判取消申立事件

１　事件の概要

保佐開始の原因が消滅したときは、家庭裁判所は、一定の者の申立てにより、保佐開始の審判を取り消さなければならない（民14条、法別表第一20の項）。

2　申立手続

⑴　申立権者

本人、配偶者、４親等内の親族、未成年後見人、未成年後見監督人、保佐人、保佐監督人、検察官である（民14条）。

⑵　管　轄

保佐開始の審判をした家庭裁判所である（法128条２項）。

⑶　手数料等

申立てに要する手数料等は次のとおりである。

①　申立手数料　　収入印紙　800円（民訴費用３条・別表１・一五）

②　予納郵便切手　　500円×３枚、100円×５枚、82円×10枚、62円×２枚、20円×８枚、10円×10枚、１円×16枚（合計3220円）（または窓口で指示されたとおり）

⑷　添付書類

申立てにあたり添付する書類は次のとおりである。家庭裁判所により異なるので、以下には一般例を示す。

①　申立人の戸籍謄本（注２）

②　本人の戸籍謄本、住民票の写しまたは戸籍附票の写し、後見登記事項証明書（注２）

③　取消しの理由についての資料（診断書等）

（注２）　開始申立て時に提出してあり、記載内容に変更がない場合は不要としている庁もある。

3　審判手続

⑴　審理・審判

保佐開始の原因が止んだことの審理については、保佐開始のときとは異なり、本人の行為能力の制限を緩和する場合であるから、医師による鑑定は必要とされていない。通常は診断書や本人調査の結果をもとに判断することになる。

本人および保佐人の意見を聴かなければならない（法130条１項４号）。

保佐開始の原因が止んだと認定できるときは保佐開始の審判取消しの審判をし、そうでないときは申立却下の審判をする。

⑵　審判の告知

保佐開始の審判取消しの審判は次の者に告知する。

①　保佐人、保佐監督人（法131条４号）

②　被保佐人（法74条１項）

③　申立人（同項）

申立却下の審判は申立人に告知する（法74条１項）。

⑶　即時抗告

保佐開始の審判取消しの審判に対しては、即時抗告は認められていない。本人の行為能力の制限をなくす審判だからである。

申立てを却下する審判に対しては、民法14条１項に規定する者は即時抗告をすることができる（法132条１項４号）。

4　登記嘱託

保佐開始の審判取消しの審判が効力を生じたときは、書記官は、遅滞なく、後見登記法に定める登記の嘱託を行わなければならない（法116条１号、規77条１項１号）。

登記手数料は不要である（保佐開始の登記手数料に含まれる。登記手数料令14条３項５号）。

5　申立書・審判書記載例

後見開始の審判取消申立事件（前記Ⅱ）参照。

Ⅳ　補助開始の審判取消申立事件

1　事件の概要

補助開始の原因が消滅したときは、家庭裁判所は、一定の者の申立てにより、補助開始の審判を取り消さなければならない（民18条、法別表第一39の項）。

2　申立手続

(1)　申立権者

本人、配偶者、４親等内の親族、未成年後見人、未成年後見監督人、補助人、補助監督人、検察官である（民18条）。

(2)　管　轄

補助開始の審判をした家庭裁判所である（法136条２項）。

(3)　手数料等

申立てに要する手数料等は次のとおりである。

①　申立手数料　　収入印紙　800円（民訴費用３条・別表１・一五）

②　予納郵便切手　　500円×３枚、100円×５枚、82円×10枚、62円×２枚、20円×８枚、10円×10枚、１円×16枚（合計3220円）（または窓口で指示されたとおり）

(4)　添付書類

申立てにあたり添付する書類は次のとおりである。家庭裁判所により異なるので、以下には一般例を示す。

①　申立人の戸籍謄本**（注３）**

②　本人の戸籍謄本、住民票の写しまたは戸籍附票の写し、後見登記事項証明書**（注３）**

③　取消しの理由についての資料（診断書等）

（注３）　開始申立て時に提出してあり、記載内容に変更がない場合は不要としている庁もある。

3　審判手続

(1)　審理・審判

補助開始の原因が止んだことの審理については、本人に不利益を課す審判ではないから、医師による鑑定は不要である。通常は診断書や本人調査の結果をもとに判断することになる。

本人および補助人の陳述を聴かなければならない（法139条１項３号）。

補助開始の原因が止んだと認定できるときは補助開始の審判取消しの審判

をし、そうでないときは申立却下の審判をする。

⑵　審判の告知

補助開始の審判取消しの審判は次の者に告知する。

①　補助人、補助監督人（法140条４号）

②　被補助人（法74条１項）

③　申立人（同項）

申立却下の審判は申立人に告知する（法74条１項）。

⑶　即時抗告

補助開始の審判取消しの審判に対しては即時抗告は認められていない。本人に不利益を課す審判ではないからである。

申立てを却下する審判に対しては、民法18条１項に記載する者は即時抗告をすることができる（法141条１項３号）。

4　登記嘱託

補助開始の審判取消しの審判が効力を生じたときは、書記官は、遅滞なく、後見登記法に定める登記の嘱託を行わなければならない（法116条１号、規77条１項１号）。

登記手数料は不要である（補助開始の登記手数料に含まれる。登記手数料令14条４項５号）。

5　申立書・審判書記載例

後見開始の審判取消申立事件（前記Ⅱ）参照。

Ⅴ　成年被後見人等について他の類型の開始審判をする場合の前審判の取消し

家庭裁判所は次の場合には職権で後見等の開始審判を取り消さなければならない。

①　後見開始の審判をする場合において、本人が、被保佐人または被補助人であるときは、本人についてされている保佐開始または補助開始の審判（民19条１項、法別表第一20の項・39の項）

② 保佐開始の審判をする場合において、本人が、成年被後見人または被補助人であるときは、本人についてされている後見開始または補助開始の審判（民19条２項前段、法別表第一２の項・39の項）

③ 補助開始の審判をする場合において、本人が、成年被後見人または被保佐人であるときは、本人についてされている後見開始または保佐開始の審判（民19条２項後段、法別表第一２の項・20の項）

④ 任意後見監督人を選任する場合において、本人が、成年被後見人、被保佐人または被補助人であるときは、本人についてされている後見開始、保佐開始または補助開始の審判（任意後見４条２項）

《審判書記載例９－５》　後見開始と前審判（準禁治産宣告）の取消しの審判書

平成○年(家)第0001号　後見開始の審判申立事件

審　　　判

住所　△△県△△市△△町11番地１

申 立 人　　秋　　山　　もみじ

本籍　△△県△△市△△町11番地

住所　△△県△△市△△町11番地１

本　　人　　秋　　山　　冬　　朗

昭和○年○月○日生

本件について，当裁判所は，申立てを別紙理由のとおり相当と認め，次のとおり審判する。

主　　　文

1　本人について後見を開始する。

2　本人の成年後見人として申立人を選任する。

3　当裁判所が，本人について平成○年○月○日にした準禁治産宣告を取り消す。

平成○年○月○日

△△家庭裁判所家事第△部

裁判官　大　　丘　　忠　　介　　印

（別紙）

理　　　由

1　後見開始について

医師による鑑定の結果その他一件記録によれば，本人は，頭部外傷に起因する精神障害により判断能力が低下し，自己の財産を管理・処分する能力がなく，回復の可能性はきわめて低いと認められ，本人は精神上の障害により事理を弁識する能力を欠く常況にあるから後見を開始するのが相当である。

2　成年後見人の選任について

⑴　一件記録によれば，次の事実が認められる。

①　本人の監護状況

○○県△△市所在の身体障害者療護施設「△△苑」（社会福祉法人△△設営）に入所中

②　財産状態

現在判明しているものは一件記録中の財産目録記載のとおり

③　本件申立ての動機・目的

保佐人の死亡，本人の判断能力の低下

④　成年後見人候補者

本人の長女（申立人）であって，成年後見人となるにつき欠格事由及び不適格事由は認められない。

⑵　以上の事実によれば，上記候補者を成年後見人に選任するのが相当である

3　保佐開始の審判の取消し

民法19条１項により，当裁判所が本人について平成○年○月○日にした保佐開始の審判（準禁治産宣告）を取り消すこととする。

Ⅵ　管理の計算（後見の計算）期間の伸長事件

1　事件の概要

⑴　成年後見人等の管理の計算（後見の計算）の義務

後見の任務が終了したときは、成年後見人またはその相続人は、２カ月以内にその管理の計算をしなければならない（民870条本文）。ただし、この期間は、家庭裁判所において伸長することができる（同条ただし書）。これは、

保佐人、補助人に準用されている（民876条の5第3項・876条の10第2項）。

管理の計算は、成年後見監督人等があるときはその立会いをもって行わなければならない（民871条等）。

⑵　成年後見人等の管理の計算の報告義務

⒜　報告義務

管理の計算の義務は、報告義務をも包含すると解され、さらに報告の相手方から訴求することもできると解されている。なす債務であるから、執行は、直接強制ではなく、間接強制の方法によることになろう。

⒝　報告をすべき者

成年後見人等であった者またはその相続人である。

⒞　報告の相手方

報告の相手方は次のとおりである。

① 本人死亡のときはその相続人または相続財産管理人

② 開始審判取消しのときは本人またはその法定代理人

③ 成年後見人等の任務終了（死亡、辞任・解任、欠格事由の発生）のときは後任の成年後見人等

④ 後見監督の見地から家庭裁判所（民863条等）

⑶　管理の計算の期間伸長

後見等終了後2カ月以内に管理の計算（報告を含む）ができないときは、成年後見人等は家庭裁判所にその期間の伸長を申し立てなければならない（民870条等、法別表第一の16項・35項・54項）。

2　申立手続

⑴　申立てをすべき者

成年後見人等またはその相続人である。

⑵　管　轄

後見等開始の審判をした家庭裁判所である（法117条2項・128項2項・136条2項）。

⑶　申立費用

申立てに要する費用は次のとおりである（成年後見人等1名につき）。

①　申立手数料　　収入印紙　800円（民訴費用3条1項・別表1・一五）

②　予納郵便切手　　82円×10枚（合計820円）

⑷　添付書類

申立てにあたり添付する書類は次のとおりである。家庭裁判所により異なるので、以下には一般例を示す。

①　後見登記事項証明書

②　申立理由の裏付資料

【申立書記載例９－６】　成年後見人の管理計算期間の伸長の審判申立書

受付印	**家事審判申立書　事件名（管理計算期間の伸長）**
	（この欄に申立手数料として１件について800円分の収入印紙を貼ってください。） （貼った印紙に押印しないでください。）
収入印紙　　円 予納郵便切手　　円 予納収入印紙　　円	（注意）登記手数料としての収入印紙を納付する場合は，登記手数料としての収入印紙は貼らずにそのまま提出してください。

準口頭		関連事件番号　平成　　年（家　　）第　　　号

△　△　家庭裁判所 御中 平成　○　年　○　月　○　日	申立人 （又は法定代理人など） の記名押印	秋　山　　もみじ　　㊞

添付書類	（審理のために必要な場合は，追加書類の提出をお願いすることがあります。）

申立人	本籍 （国籍）	（戸籍の添付が必要とされていない申立ての場合は，記入する必要はありません。） △　△　都道府（県）　△△市△△町１１番地	
	住所	〒○○○－○○○○ △△市△△町１１番地１	電話　○○○（○○○）○○○○ （　　方）
	連絡先	〒　－	電話　（　） （　　方）
	フリガナ 氏名	アキヤマ 秋　山　　もみじ	大正・（昭和）・平成　○年○月○日生 （○○歳）
	職業	主　婦	
※ 成年被後見人	本籍 （国籍）	（戸籍の添付が必要とされていない申立ての場合は，記入する必要はありません。） △　△　都道府（県）　△△市△△町１１番地	
	住所	〒　－ （最後の住所）△△市△△町１１番地１	電話　（　） （　　方）
	連絡先	〒　－	電話　（　） （　　方）
	フリガナ 氏名	アキヤマ　フユロウ 秋　山　　冬　朗	大正・（昭和）・平成　○年○月○日死亡（生） （　　歳）
	職業		

（注）　太枠の中だけ記入してください。※の部分は，申立人，法定代理人，成年被後見人となるべき者，不在者，共同相続人，被相続人等の区別を記入してください。

申　立　て　の　趣　旨
申立人が成年被後見人の財産管理の計算をする期間を平成○年○月まで伸長するとの審判を求める。

申　立　て　の　理　由
１　申立人は，○○家庭裁判所において，平成○年○月○日において，成年被後見人の成年後見人に選任され，その職務を行ってきた。
２　成年被後見人は，平成○年○月○日死亡し，後見が終了した。
３　成年被後見人の財産は，多種類に及びその整理に多大な労力と時間を要するので，法定の期間内に財産の管理計算をすることは困難であり，終了するには，平成○年○月○日ころまでかかる見込みである。
４　よって，管理計算の期間を３か月程度伸長するとの審判を求める。

3　審判手続

⑴　審理・審判

家庭裁判所は、計算の期間伸長の要否、伸長する期間を審理し、審判をする。

《審判書記載例９－６》　成年後見人の管理計算期間の伸長の審判書

平成○年㈮第0001号　成年後見人の管理計算期間の伸長の審判申立事件

審　　　　判

住所　△△県△△市△△町11番地１
申立人（成年後見人）　　秋　　山　　もみじ
本籍　△△県△△市△△町11番地
（最後の住所）　△△県△△市△△町11番地１
成年被後見人（亡）　　秋　　山　　冬　　朗
平成○年○月○日死亡

本件について，当裁判所は，その申立てを相当と認め，次のとおり審判する。

主　　　　文

申立人が成年被後見人亡秋山冬朗の財産管理の計算をする期間を平成○年○月○日まで伸長する。

平成○年○月○日
△△家庭裁判所家事△部
裁判官　大　　丘　　忠　　介　印

⑵　審判の告知

申立人に対して告知する（法74条１項）。

⑶　即時抗告

認容審判・却下審判のいずれに対しても不服の申立てはできない。

第10章　後見監督

I　事件の概要

1　後見監督の意義

成年後見人・保佐人・補助人および任意後見人等の事務が適正に行われるように監督する事務を後見監督という。

2　法定後見監督

(1)　報告・財産目録の徴収・調査

後見監督のために、成年後見監督人または家庭裁判所は、いつでも、①成年後見人に対し後見の事務の報告もしくは財産の目録の提出を求め、または②後見の事務もしくは成年被後見人の財産の状況を調査することができる。これは、保佐人および補助人に準用されている（民863条１項・２項・876条の５・876条の10、法別表第一14の項・34の項・53の項）。

成年後見人等がこれに応じなければ、その任務に適しない事由があるものとして、解任事由となる（民846条等）。

家庭裁判所は、適当な者に、後見事務の調査もしくは成年被後見人の財産の状況の調査をさせまたは臨時に財産管理をさせることができる。これらの調査または管理をした者に対し、成年被後見人の財産の中から報酬を与えることができる（法124条１項・２項）。この調査は調査官に行わせることができる（同条３項）。むしろ、通常は調査官が行うのが原則である。

(2)　後見等事務について必要な処分の命令

家庭裁判所は、成年後見監督人、成年被後見人もしくはその親族その他の利害関係人の請求により、または職権で、成年被後見人の財産の管理その他後見の事務について必要な処分を命ずることができる。これは、保佐人および補助人に準用されている（民863条１項・２項・876条の５・876条の10、法別表第一14の項・34の項・53の項)。

成年後見人等がこれに応じなければ、その任務に適しない事由があるものとして、解任事由となる（民846条等)。

調査官は、上記処分の必要があると思料するときは、その旨を家庭裁判所に報告しなければならない（規80条1項・2項・79条2項)。

⑶　成年後見人・保佐人・補助人への指示

家庭裁判所は、成年後見人・保佐人・補助人に対し、本人の療養看護、その財産管理その他後見等事務に関し相当であると認める事項を指示することができる（規81条・85条・86条)。成年後見人等選任にあたり、後見等事務の内容や報告の方法等について、一般的に指示することが想定される。一種の審判ではあるが、職権で、立件をせずに、適宜の時期・方法でなされる。

3　任意後見監督

⑴　任意後見監督人による後見監督

任意後見監督人は、任意後見人の事務を監督し、いつでも、任意後見人に対しその事務の報告を求め（任意後見7条1項1号・2号)、または任意後見人の事務もしくは本人の財産の状況を調査することができる（同条2項)。

⑵　家庭裁判所による後見監督

家庭裁判所は、必要があると認めるときは、任意後見監督人に対し、任意後見人の事務に関する報告を求め、任意後見人の事務もしくは本人の財産の状況の調査を命じ、その他任意後見監督人の職務について必要な処分を命ずることができる（任意後見7条3項)。

家庭裁判所は、任意後見監督人に対し、任意後見契約法7条1項2号に規定する報告の時期および内容を指示しなければならない（規117条1項)。家庭裁判所は、いつでも、任意後見監督人に対し、任意後見監督人の職務に関し相当であると認める事項を指示することができる（同条2項)。

4　後見監督の効率的処理

後見監督を要する法定後見および任意後見の基本事件の数は、本人の死亡や後見開始審判の取消し等による減少分を除いて累積的に増加しているので、家庭裁判所にとって後見監督は重い負担となっていく。後見監督の手段としては、上記のとおり、後見等事務の報告の徴収や調査の権限が付与されているが、多数の事件につき個別的・偶然的に処理するのでは、労力や時間がかかりすぎるうえ、監督漏れの事件を生ずるおそれがある。

そこで、実務においては、事案に応じて、定期的に報告を求めることの要否、報告を徴収する時期およびその内容等を基準に事件を区分し、コンピュータにこれを入力しておき、その時期が到来した事件について後見監督事件をまとめて立件し、報告等を徴収する照会書等を一斉に発送し、提出された報告書等を集中的に点検し、問題が発見された事件についてはさらに個別的に後見監督を行うといった処理をしている。

定期的に立件された後見監督事件とは別に、個別的事件において、成年後見監督人等、親族または利害関係人から、後見等事務に関する問題が家庭裁判所に提起された場合には、職権で後見監督事件が立件されることがある。

上記のようにして、後見監督事件は、職権により、定期的あるいは個別的に立件されているので、一定の者の処分の請求（民863条２項）により、審判の形式で必要な処分を命ずることは稀である。

参考として、東京家裁後見サイトに掲載されている後見事務報告書および財産目録・収支状況報告書等を参考書式として紹介する。

〔参考書式10－1－1〕　後見事務報告書　（東京家裁後見サイト）

開始事件　事件番号　平成　　年（家）第　　　　号　【本人氏名：　　　　　　　　】

後見等事務報告書

（報告期間：平成　　年　　月　　日～平成　　年　　月　　日）

平成　　　年　　　月　　　日

住　所

□成年後見人

□保佐人

□補助人　　　　　　　　　　　印

日中連絡のつく電話番号

1　本人の生活状況について（全員回答してください。）

(1)　前回の定期報告以降，本人の住所又は居所に変化はありましたか。

□　以下のとおり変わらない　　□　以下のとおり変わった

（「以下のとおり変わった」と答えた場合）住所又は居所が変わったことが確認できる資料（住民票，入院や施設入所に関する資料等）を，この報告書と共に提出してください。

【住民票上の住所】

【現在，実際に住んでいる場所】（入院先，入所施設などを含みます。）

(2)　前回の定期報告以降，本人の健康状態や生活状況に変化はありましたか。

□　変わらない　　□　以下のとおり変わった

2　本人の財産状況について

（財産管理に関する代理権が付与されていない保佐人・補助人は回答不要です。）

(1)　前回の定期報告以降，定期的な収入（年金，賃貸している不動産の賃料など）に変化はありましたか。

□　変わらない　　□　変わった

（「変わった」と答えた場合）いつから，どのような定期的な収入が，どのような理由により，１か月当たりいくらからいくらに変わりましたか。以下にお書きください。また，額が変わったことが確認できる資料をこの報告書と共に提出してください。

変わった時期	変わった収入の種類	変わる前の額（1か月分/円）	変わった後の額（1か月分/円）	変わった理由	額が変わったことの分かる資料
年　月					
年　月					
年　月					

※年金など2か月に1回支払われるものについても，1か月あたりの金額を記載してください。

(2)　前回の定期報告以降，1回につき10万円を超える臨時の収入（保険金，不動産売却，株式売却など）がありましたか。

□　ない　　　□　ある

（「ある」と答えた場合）いつ，どのような理由により，どのような臨時収入が，いくら入金されましたか。以下にお書きください。また，臨時収入があったことが確認できる資料をこの報告書と共に提出してください。

収入があった日	臨時収入の種類	収入額（円）	収入があった理由	収入の裏付資料
・　・				
・　・				
・　・				
・　・				

(3)　前回の定期報告以降，本人が得た金銭は，全額，今回コピーを提出した通帳に入金されていますか。

□　はい　　　□　いいえ

（「いいえ」と答えた場合）入金されていないお金はいくらで，現在どのように管理していますか。また，入金されていないのはなぜですか。以下にお書きください。

(4)　前回の定期報告以降，定期的な支出（生活費，入院費，住居費，施設費など）に変化はありましたか。

□　変わらない　　　□　変わった

（「変わった」と答えた場合）いつから，どのような定期的な支出が，どのような理由により，1か月当たりいくらからいくらに変わりましたか。以下にお書きください。また，額が変わったことが確認できる資料をこの報告書と共に提出してください。

変わった時期	変わった支出の種類	変わる前の額（1か月分/円）	変わった後の額（1か月分/円）	変わった理由	額が変わったことの分かる資料
年　月					
年　月					
年　月					

(5)　前回の定期報告以降，１回につき10万円を超える臨時の支出（医療費，修繕費，自動車購入，冠婚葬祭など）がありましたか。

□　ない　　□　ある

（「ある」と答えた場合）いつ，どのような理由により，どのような臨時支出が，いくら出金されましたか。以下にお書きください。また，臨時支出があったことが確認できる資料をこの報告書と共に提出してください。

支出があった日	臨時支出の種類	支出額（円）	支出があった理由	支出の裏付資料
・　・				
・　・				
・　・				
・　・				

(6)　前回の定期報告以降，本人の財産から，本人以外の人（本人の配偶者，親族，後見人自身を含みます。）の利益となるような支出をしたことがありますか。

□　ない　　□　ある

（「ある」と答えた場合）誰のために，いくらを，どのような目的で支出しましたか。以下にお書きください。また，これらが確認できる資料をこの報告書と共に提出してください。

3　同意権・取消権について（保佐人，補助人のみ回答してください。）

(1)　前回の定期報告以降，同意権を行使しましたか（今後，行使する予定がありますか。）。

□　行使していない（予定していない）　　□　行使した（予定がある）

（「行使した（予定がある）」と答えた場合）その時期と内容はどのようなものですか。以下にお書きください。また，これらが確認できる資料をこの報告書と共に提出してください。

(2)　前回の定期報告以降，取消権を行使しましたか（今後，行使する予定がありますか。)。

□　行使していない（予定していない）　　□　行使した（予定がある）

（「行使した（予定がある）」と答えた場合）その時期と内容はどのようなものですか。以下にお書きください。また，これらが確認できる資料をこの報告書と共に提出してください。

....

....

....

4　あなたご自身について（全員回答してください。）

次の⑴から⑶までについて，該当するものがありますか。

⑴　他の裁判所で成年後見人等を解任されたことがありますか。

□　ない　　□　ある

⑵　裁判所で破産の手続をとったが，まだ免責の許可を受けていないということがありますか。

□　ない　　□　ある

⑶　あなた自身や，あなたの配偶者，親又は子が，本人に対して訴訟をしたことがありますか。

□　ない　　□　ある

5　その他（全員回答してください。）

上記報告以外に裁判所に報告しておきたいことはありますか。

□　特にない　　□　以下のとおり

....

....

....

※　□がある箇所は，必ずどちらか一方の□をチェック（レ点）するか，又は塗りつぶしてください。

※　完成したら，裁判所に提出する前にコピーを取って，次回報告まで大切に保管してください。

※　報告内容に不明な点などがある，必要な資料が提出されないなどの場合には，詳しい調査のため調査人や監督人を選任することがあります。

〔参考書式10－1－2〕 財産目録記載例　　　　　　　　（東京家裁後見サイト）

※保佐人・補助人は代理権＝財産管理権を有する範囲で記載する。

開始事件　事件番号　平成28年（家）第8＊＊＊＊号　【本人氏名：　後　見　太　郎　】

財 産 目 録　（平成30年1月31日現在）

平成30年2月5日　作成者氏名　　後　見　次　郎　　印

本人の財産の内容は以下のとおりです。

1　預貯金・現金

金融機関の名称	支店名	口座種別	口座番号	残高（円）	管理者
○○銀行	××支店	普通	2345678	3,034,900	後見人
●●銀行	■■支店	定期	8765432	300,000	後見人
●●信託銀行		後見信託	1122333	10,000,000	後見人
現　金				52,147	後見人
			合　計	13,387,047	
			前回との差額	1,379,022	（増・(減)）

（2から7までの各項目についての記載方法）
・初回報告の場合→すべて右の□をチェックし，別紙も作成してください。
・定期報告の場合→財産の内容に変化がない場合→左の□にチェックしてください。
該当財産がない場合には，（）内の□にもチェックしてください。
財産の内容に変化がある場合→右の□にチェックした上，前回までに報告したものも含め，該当する項目の現在の財産内容すべてを別紙にお書きください。

2　有価証券（株式，投資信託，国債など）

■　前回報告から変わりありません（□該当財産なし）　□　前回報告から変わりました（別紙のとおり）

3　不動産（土地）

□　前回報告から変わりありません（□該当財産なし）　■　前回報告から変わりました（別紙のとおり）

4　不動産（建物）

■　前回報告から変わりありません（□該当財産なし）　□　前回報告から変わりました（別紙のとおり）

5　保険契約（本人が契約者又は受取人になっているもの）

□　前回報告から変わりありません（□該当財産なし）　■　前回報告から変わりました（別紙のとおり）

6　その他の資産（貸金債権，出資金など）

■　前回報告から変わりありません（■該当財産なし）　□　前回報告から変わりました（別紙のとおり）

7　負債（立替金など）

□　前回報告から変わりありません（□該当なし）　■　前回報告から変わりました（別紙のとおり）

（別紙）

2　有価証券（株式，投資信託，国債など）

種　類	銘柄等	数量（口数，株数，額面等）	評価額（円）
合　計			

別紙を作成する場合でも，変化のない項目は記載不要です。

3　不動産（土地）

所　在	地　番	地　目	地積（㎡）	備　考
●●区●●町●丁目	○○○番２	宅地	123.24	

4　不動産（建物）

所　在	家屋番号	種　類	床面積（㎡）	備　考

別紙を作成する場合でも，変化のない項目は記載不要です。

5　保険契約（本人が契約者又は受取人になっているもの）

保険会社の名称	保険の種類	証書番号	保険金額（受取額）（円）	受取人
■■生命	がん保険	＊＊＊＊＊＊	1,000,000	本人
□□生命	生命保険	＊＊＊＊＊＊	4,500,000	本人

変化がなかった財産も含めてあらためて当該項目の現在の財産の内容すべてを記載してください。
例：■■生命（報告期間内に新規契約）→記載する。
　　□□生命（前回報告と同じ）　　　→記載する。

6　その他の資産（貸金債権，出資金など）

種　類	債務者等	数量（債権額，額面等）

7　負債（立替金など）

債権者名（支払先）	負債の内容	残額（円）	返済月額・清算予定
なし			
合　計			

〔参考書式10－１－３〕　収支状況報告書　　　　　（東京家裁後見サイト）

開始(選任)事件　事件番号平成　　　　年(家)第　　　　　　号　【本人氏名：　　　　　　】

収支状況報告書

（報告期間：平成　　年　　月　　日～平成　　年　　月　　日）

平成　　年　　月　　日　作成者氏名　　　　　　　　　　　　　印

1　収入

区分，内容	金額（円）	入金口座
【定期収入】 年金（厚生・国民　　　　　　　　） 年金（その他　　　　　　　　　　） 資料 親族の立替・援助 株等の配当金 その他（　　　　　　　　　　　　） その他（　　　　　　　　　　　　） その他（　　　　　　　　　　　　）		
（小計）	0	
【臨時収入】（医療還付金等があればこの欄に記載） 不動産売却金 保険金 その他（　　　　　　　　　　　　） その他（　　　　　　　　　　　　） その他（　　　　　　　　　　　　）		

A　合計　　　　　　0　円

2　支出

区分，内容	金額（円）	引落口座
【定期支出】 生活費（水道・光熱費を含む） 施設費 医療費 所得税 住民税 固定資産税 保険料（介護保険料・国民健康保険料等） 住居費（家賃・住宅ローン等） その他（　　　　　　　　　　　　） その他（　　　　　　　　　　　　） その他（　　　　　　　　　　　　） その他（　　　　　　　　　　　　）		
（小計）	0	
【臨時支出】 手術費用 施設入所一時金 後見人報酬 その他（　　　　　　　　　　　　） その他（　　　　　　　　　　　　） その他（　　　　　　　　　　　　）		

B　合計　　　　　　0　円

A－B＝　　　　　　0　円

〔参考書式10－1－4〕 **後見等監督事務報告書**　（東京家裁後見サイト）

基本事件　平成　　年(家)第　　　　　　号　成年被後見人等

監督事務報告書

平成　　年　　月　　日

報告者（後見・保佐・補助　監督人）　　　　　　　　　　　　印

住所　　　　　　　　　　　　　　TEL　　（　　　）

1．後見人，保佐人，補助人（以下「後見人等」という。）が行っている事務は次のとおりである。

(1)　本人の生活，療養看護面について，後見人等から

□　報告を受けている。□　以下の点が不明である。

(2)　本人の財産面について，後見人等から

□　報告を受けている。□　報告がない。又は以下の点が不明である。

2．後見人等の事務の執行状況は，

□　適正に執行されている。□　次の点に問題がある。

3．本人の生活や財産について，困っていることは，

□　特になし。　□　以下のことで困っている。

4．その他，後見等監督事務に関して気になっていることは，

□　特になし。　□　以下のことが気になっている。

〔参考書式10－１－５〕　任意後見監督事務報告書

（　　）

（基本事件　　　　　　　　　本人　　　　　　　　　　）

任意後見監督事務報告書

平成　　年　　月　　日

報告者（任意後見監督人）　　　　　　　　　　　　印

住所　　　　　　　　　　　　　　　　　　TEL　　（　　）

１．任意後見人が行っている事務は，次のとおりである。

⑴　本人の生活，療養看護面について，任意後見人から，

□　報告を受けている。　□　報告がない。又は以下の点が不明である。

⑵　本人の財産面について，任意後見人から，

□　報告を受けている。　□　報告がない。又は以下の点が不明である。

２．任意後見人の事務の執行状況は，

□　適正に執行されている。　□　報告がない。又は以下の点が不明である。

３．本人の生活や財産について，困っていることは，

□　特になし。　□　以下のことで困っている。

４．その他，後見事務に関して気になっていることは，

□　特になし。　□　以下のことが気になっている。

〔参考書式10－１－６〕 任意後見監督人に対する指示書

平成○年(家)第0001号　任意後見監督人の選任申立事件

指　示　書

当裁判所は，任意後見契約に関する法律第７条第１項第２号に基づく任意後見監督人青空晴男の当裁判所への報告の時期及びその内容について，同任意後見監督人に対し，次のとおり指示する。

１　時期

平成○年○月○日を初回とし、以後１年ごと

２　内容

当該期間（初回は契約発効から平成○年○月○日まで）における任意後見人夏空明男による本人の身上監護事務及び本人の財産の管理事務の執行状況（出金については使途の正当性・妥当性の有無を含む。）

平成○年○月○日

○○家庭裁判所家事部

裁判官　大　丘　忠　介　印

Ⅱ　成年後見人の財産目録の作成の期間の伸長

1　事件の概要

(1)　成年後見人の財産目録作成の義務

成年後見人は、就職後、遅滞なく成年被後見人の財産の調査に着手し、１カ月以内にその調査を終わり、かつ、その目録を調製（作成）しなければならない（民853条１項）。

成年後見監督人があるときは、財産の調査および財産目録の作成は成年後見監督人の立会いをもって行わなければ、その効力を生じない（民853条２項）。

財産目録は、その後の後見事務遂行の出発点であり、成年後見人は、財産目録の作成が終わるまでは、急迫の必要がある行為のみをする権限を有する。ただし、これをもって財産目録作成前であることを知らない第三者に対抗することはできない（民854条）。

⑵　財産目録の提出義務

成年後見監督人または家庭裁判所は、いつでも成年後見人に対し、財産目録の提出等を求めることができる（民863条１項、法別表一14の項）。財産目録は、後見監督事務の重要な手がかりでもある。

⑶　財産目録作成の期間

就任後遅滞なく財産の調査を開始し、着手後１カ月以内に財産目録を作成しなければならない。この期間内にできないときは、家庭裁判所に期間の伸長を申し立てなければならない（民853条１項ただし書、法別表一９の項）。

2　申立手続

⑴　申立てをすべき者

成年後見人である。

⑵　管　轄

後見等開始の審判をした家庭裁判所である（法117条２項・128条２項・136条２項）。

⑶　申立費用

申立てに要する費用は次のとおりである（成年後見人１名につき）。

①　申立手数料　　収入印紙　800円（民訴費用３条１項・別表１・一五）

②　予納郵便切手　　82円×10枚（合計820円）

⑷　添付書類

申立てにあたり添付する書類は次のとおりである。家庭裁判所により異なるので、以下には一般例を示す。

①　後見登記事項証明書

②　申立理由の裏付資料

【申立書記載例10－2】　成年後見人の財産目録作成期間の伸長の審判申立書

受付印	家事審判申立書　事件名（財産目録作成期間の伸長）
	（この欄に申立手数料として1件について800円分の収入印紙を貼ってください。） （貼った印紙に押印しないでください。） （注意）登記手数料としての収入印紙を納付する場合は，登記手数料としての収入印紙は貼らずにそのまま提出してください。
収入印紙　円 予納郵便切手　円 予納収入印紙　円	

準口頭		関連事件番号　平成　年（家　）第　号

△　△　家庭裁判所 御中 平成　○　年　○　月　○　日	申立人（又は法定代理人など）の記名押印	秋　山　　もみじ　㊞

添付書類	（審理のために必要な場合は，追加書類の提出をお願いすることがあります。）

申立人	本籍（国籍）	（戸籍の添付が必要とされていない申立ての場合は，記入する必要はありません。） △　△　都道府㊇県　△△市△△町ｌｌ番地	
	住所	〒○○○－○○○○ △△県△△市△△町ｌｌ番地ｌ	電話　○○○（○○○）○○○○ （　方）
	連絡先	〒　－	電話　（　） （　方）
	フリガナ 氏名	アキヤマ 秋　山　　もみじ	大正・㊇昭和・平成　○年○月○日生 （○○歳）
	職業	主　婦（成年後見人）	
※ 成年被後見人	本籍（国籍）	（戸籍の添付が必要とされていない申立ての場合は，記入する必要はありません。） △　△　都道府㊇県　△△市△△町ｌｌ番地	
	住所	〒　－ △△県△△市△△町ｌｌ番地ｌ	電話　○○○（○○○）○○○○ （　方）
	連絡先	〒　－	電話　（　） （　方）
	フリガナ 氏名	アキヤマ　フユロウ 秋　山　　冬　朗	大正・㊇昭和・平成　○年○月○日生 （○○歳）
	職業	無	

（注）太枠の中だけ記入してください。※の部分は，申立人，法定代理人，成年被後見人となるべき者，不在者，共同相続人，被相続人等の区別を記入してください。

申　立　て　の　趣　旨
申立人が成年被後見人の財産目録を作成する期間を平成〇年〇月〇日まで伸長するとの審判を求める。

申　立　て　の　理　由
1　申立人は，〇〇家庭裁判所において，平成〇年〇月〇日，成年被後見人の成年後見人に選任され，同月△日財産の調査に着手した。
2　しかし，成年被後見人の財産は，多種類に及びその調査に多大な労力と時間を要するので，法定の期間内に財産目録を作成することは困難であり，完了にはあと3か月程度を要する見込みである。
3　よって，財産目録作成の期間を3か月程度伸長するとの審判を求める。

3　審判手続

(1)　審理・審判

家庭裁判所は、作成期間伸長の要否、伸長する期間を審理し、審判をする。

《審判書記載例10－2》　成年後見人の財産目録作成期間の伸長の審判書

平成○年(家)第0001号　成年後見人の財産目録作成期間の伸長申立事件

審　　　判

住所　△△県△△市△△町11番地1
　　　　申立人（成年後見人）　　秋　　山　　も　み　じ
本籍　△△県△△市△△町11番地
住所　△△県△△市△△町11番地1
　　　　成年被後見人　　秋　　山　　冬　　朗
　　　　昭和○年○月○日生

本件について，当裁判所は，その申立てを相当と認め，次のとおり審判する。

主　　　文

申立人が成年被後見人の財産目録を作成する期間を平成○年○月○日まで伸長する。

平成○年○月○日
　　　　△△家庭裁判所家事△部
　　　　　　裁判官　大　　丘　　忠　　介　　印

(2)　審判の告知

申立人に対し告知する（法74条1項）。

(3)　即時抗告

認容審判・却下審判のいずれに対しても不服の申立てはできない。

Ⅲ　後見、保佐、補助の事務に関する処分申立事件

1　事件の概要

後見監督のために、家庭裁判所は、いつでも、成年後見人に対し後見の事務の報告もしくは財産の目録の提出を求め、または後見の事務もしくは成年被後見人の財産の状況を調査することができ、一定の者の請求により、または職権で、成年被後見人の財産の管理その他後見の事務について必要な処分を命ずることができる（法863条１項・２項）。このことは、保佐人および補助人に準用されている（前記Ⅰ参照）。

ただ、実務においては、申立てによる場合は稀である。

2　申立手続

⑴　申立権者

後見監督人、保佐監督人、補助監督人、本人もしくはその親族その他の利害関係人である。

⑵　管　轄

後見等開始の審判をした家庭裁判所である（法117条２項・128条２項・136条２項）。

⑶　申立費用

申立てに要する費用は次のとおりである（本人１名につき）。

①　申立手数料　　収入印紙　800円（民訴費用３条１項・別表１・一五）

②　予納郵便切手　　82円×10枚（合計820円）

⑷　添付書類

申立てにあたり添付する書類は次のとおりである。家庭裁判所により異なるので、以下には一般例を示す。

①　後見登記事項証明書

②　申立理由の裏付資料

【申立書記載例10－3】　成年後見人に対する後見事務に関する処分の申立書（成年後見監督人による申立ての場合）

受付印	家事審判申立書　事件名（後見事務に関する処分）
	（この欄に申立手数料として1件について800円分の収入印紙を貼ってください。） （貼った印紙に押印しないでください。） （注意）登記手数料としての収入印紙を納付する場合は，登記手数料としての収入印紙は貼らずにそのまま提出してください。
収入印紙　円	
予納郵便切手　円	
予納収入印紙　円	

準口頭		関連事件番号　平成　年（家　）第　号

△　△　家庭裁判所 御中 平成　○　年　○　月　○　日	申立人 （又は法定代理人など） の記名押印	秋　空　青　士　㊞

添付書類	（審理のために必要な場合は，追加書類の提出をお願いすることがあります。）

申立人	本籍（国籍）	（戸籍の添付が必要とされていない申立ての場合は，記入する必要はありません。） △　△　㊞都 道 府 県　△区△3丁目3番	
	住所	〒○○○－○○○○ 東京都△区△3丁目3番	電話　○○○（○○○）○○○○ （　方）
	連絡先	〒○○○－○○○○ 東京都△区△4－4－4　秋空法律事務所	電話　○○○（○○○）○○○○ （　方）
	フリガナ 氏名	アキゾラ　アオシ 秋　空　青　士	大正 ㊞昭和 平成　○年○月○日生 （○○歳）
	職業	弁護士（成年後見監督人）	
※ 成年後見人	本籍（国籍）	（戸籍の添付が必要とされていない申立ての場合は，記入する必要はありません。） △　△　都 道 府 ㊞県　△△市△△町11番地	
	住所	〒○○○－○○○○ △△県△△市△△町11番地1	電話　○○○（○○○）○○○○ （　方）
	連絡先	〒　－	電話　（　） （　方）
	フリガナ 氏名	アキヤマ 秋　山　もみじ	大正 ㊞昭和 平成　○年○月○日生 （○○歳）
	職業	主婦	

（注）太枠の中だけ記入してください。※の部分は，申立人，法定代理人，成年被後見人となるべき者，不在者，共同相続人，被相続人等の区別を記入してください。

※ 成年被後見人	本　籍	△△　都道府県（県 circled）　△△市△△町11番地	
	住　所	〒○○○－○○○○ △△県△△市△△町11番地1	電話 ○○○（○○○）○○○○ （　　方）
	連絡先	〒　－	電話　（　　） （　　方）
	フリガナ 氏　名	アキヤマ　フユロウ 秋山　冬朗	大正 昭和（circled） 平成 ○年○月○日生
	職　業	無	
※	本　籍	都道府県	
	住　所	〒　－	電話　（　　） （　　方）
	連絡先	〒　－	電話　（　　） （　　方）
	フリガナ 氏　名		大正 昭和 平成　年　月　日生
	職　業		
※	本　籍	都道府県	
	住　所	〒　－	電話　（　　） （　　方）
	連絡先	〒　－	電話　（　　） （　　方）
	フリガナ 氏　名		大正 昭和 平成　年　月　日生
	職　業		
※	本　籍	都道府県	
	住　所	〒　－	電話　（　　） （　　方）
	連絡先	〒　－	電話　（　　） （　　方）
	フリガナ 氏　名		大正 昭和 平成　年　月　日生
	職　業		

（注）　太枠の中だけ記入してください。※の部分は，申立人，相手方，法定代理人，事件本人又は利害関係人の区別を記入してください。

申　立　て　の　趣　旨
成年被後見人の成年後見人秋山もみじに対し，後見事務報告書，財産目録及び年間収支報告書を家庭裁判所及び成年後見監督人に提出することを命ずる審判を求める。

申　立　て　の　理　由
1　成年後見人は，△△家庭裁判所において，平成○年○月○日，成年被後見人の成年後見人に選任され，申立人は同日成年後見監督人に選任された。 2　選任後1年を経過したので，申立人が成年後見人に対し，後見事務報告書，財産目録及び年間収支報告書の提出を求めたところ、成年後見人は言を左右にしてこれに応じない。 3　そこで，御庁において，成年後見人に対し，上記書面を御庁及び申立人に提出することを命ずる審判をされたく，申し立てる。

3　審判手続

(1)　審理・審判

家庭裁判所は、調査官調査等により審理し、処分の要否・内容等を審理し、審判をする。

《審判書記載例10－3》　成年後見人に対する後見事務に関する処分の審判書

平成○年(家)第0001号　成年後見人に対する後見事務に関する処分申立事件

審　　　判

住所　東京都△区△３丁目３番３号
申立人（成年後見監督人）　秋　空　青　士
住所　△△県△△市△△町11番地１
成年後見人　秋　山　も　み　じ
本籍　△△県△△市△△町11番地
住所　△△県△△市△△町11番地１
成年被後見人　秋　山　冬　朗
昭和○年○月○日生

本件について，当裁判所は，その申立てを相当と認め，次のとおり審判する。

主　　　文

成年後見人は，成年被後見人の後見事務報告書，財産目録及び年間収支報告書を，平成○年○月○日までに，当裁判所及び成年後見監督人に提出せよ。

平成○年○月○日
△△家庭裁判所家事△部
裁判官　大　丘　忠　介　印

(2)　審判の告知

処分を命ずる審判は、成年後見人、保佐人または補助人に告知することを要する（法74条１項）。

申立却下の審判は申立人に告知する（法74条１項）。

⑶　即時抗告

認容審判・却下審判のいずれに対しても即時抗告はできない。

■資料１■　鑑定書記載例

（最高裁判所事務総局家庭局「成年後見制度における鑑定書作成の手引」より）

①統合失調症・後見開始の審判

		記載上の注意
1　事件の表示	東京　家庭裁判所 平成12年（家）　第××××号 後見開始の審判・保佐開始の審判申立事件 （　　　　　　　　）	
2　本人	氏名　　甲　野　一　郎　　　㊚・女 M・T・Ⓢ・H 40 年 × 月 × 日生 （ 34 歳） 住所 東京都△△区○○町×丁目×番××号	
3　鑑定事項及び鑑定主文	鑑定事項 ①　精神上の障害の有無，内容及び障害の程度 ②　自己の財産を管理・処分する能力 ③　回復の可能性 鑑定主文 ①　妄想型統合失調症の慢性期にある。 ②　自己の財産を管理・処分することができない。 ③　回復の可能性は極めて低い。	○　鑑定事項に対応する形で記載する。
4　鑑定経過	受命日　平成12年６月７日 作成日　平成12年６月28日　所要日数22日 本人の診察 平成12年６月12日，本人入院中のＡ病院にて約60分の問診実施 参考資料 Ａ病院診療録 本人主治医（丙野乙江医師）に対する面接聴取（平成12年６月12日） 本人の父（甲野太郎）に対する電話聴取（平成12年６月16日）	○　いつ何をしたのかの概要と前後関係が分かる限度の記載でよい。
5　家族歴及び	本人は，東京都△△区○○町でサラリー	

生活歴	マン家庭の3人同胞の第2子長男として出生。生来，明るく活発な性格で，成績も良く○○高校に入学し，3年生までは特に問題は見られなかった。 　家族歴としては精神科疾患の負因は認められない。	
6　**既往症及び現病歴**	**既往症** 　薬物依存症をはじめ特記事項なし **現病歴** 　昭和58年7月（高校3年時）ころに「近所の人が自分のうわさをしている」などと言うようになり，「隣の家がうるさいから対抗してやる」と言って夜中にステレオを大音量でかけるなどの奇異な行動が見られ始めた。このため，同年8月にA病院外来で統合失調症と診断された。3か月程度の通院と薬物療法によって奇異な言動や行動は沈静化し，通院を中断したが，翌年，大学受験に失敗し，その後自宅に閉じこもって無為な生活を始めた。昭和61年ころになると「盗聴器が仕掛けられている」「テレビで自分のことを言っている」などの奇異な言動が目立つようになり，5月10日夜に「組織のトップから『やってしまえ』という指示がきている」などと言い，暴れたことをきっかけに，A病院に医療保護入院となった。	○　統合失調症の発症経過を示す部分である。
	入院時のCT検査，脳波検査で異常なし。入院当初は活発な幻聴の存在が認められ，独語や空笑も観察された。「毒が入れられている」と言い拒食あり。興奮や易怒性を示すことが多かった。薬物療法により，このような幻覚妄想に基づいた行動は落ち着きを見せ，平成3年ころからは興奮もみられなくなった。一方で，社会技能訓練や作業療法が試みられているものの，積極的に参加することはなく，閉鎖病棟の自室で一日中ベッドに横になっていることが多い。平成5年に試験的に1か月程度開放処遇としたが，日中に近所のパン店に出かけて万引きをしてしまう事件を4回繰り返したことをきっかけに，閉鎖処遇となっ	○　ここは，本事例の場合，本人の現在の状況がどの程度持続しているのかを示す部分である。

	た。感情の平板化や自閉などの陰性症状が目立つようになっている。	
7　生活の状況及び現在の心身の態状	**日常生活の状況** 主治医らの判断によって本人は閉鎖処遇となっている。入浴や洗面などの身の回りのことは自発的にやろうとせず，職員の指導がないとやらない。A病院の診療録によれば，病院の売店で自由に買い物をさせたところ一度に全額を生菓子パンにつぎ込んで買いだめしようとしたことがある。このような状態のため，病院内の日常の小遣いの使い方については職員の介助を受けている。 **身体の状態** ①　**理学的検査**　異常なし ②　**臨床検査（尿，血液など）** 平成11年5月15日の検査（A病院で実施）で軽度の貧血が認められたが精神症状に影響を与える程度のものではない。その他異常なし ③　**その他** 器質的疾患は入院時に否定されており，その他の検査は不要	○　精神医学的判断及び能力判定に影響する本人の問題状況が端的に示されるように，本人の日常生活の状況を記載する。 ○　鑑定受命前にA病院で実施された検査結果を利用している。
（7　生活の状況及び現在の心身の状態）	**精神の状態** ①　**意識／疎通性**　鑑定に当たって拒否的な態度はなく，あいさつや鑑定人からの簡単な質問には一応答える。しかし，会話を続けるうちに質問とは関係のないことをぶつぶつとつぶやくようになる。小声であり聴取は極めて難しい。ときに「ノーベル賞で5億の賞金が入る」などの言葉を聞き取ることができるが，その内容は幻覚妄想に支配されたものと思われる。しばしば場に不適切な空笑を交える。 ②　**記憶力**　疎通性が悪く十分な検査はできない。氏名，生年月日は正答した。住所はスイスに国籍があると答える。両親の住所として尋ねると正答するので，住所の誤答は妄想によるものと思われる。	○　本事例では，本人の疎通性の悪さが，本人の鑑定に対する拒否的な態度によるものでないことを示す意味で，鑑定に対する態度を記載している。

	③　**見当識**　日付と場所は正答するが，疎通性が悪く，それ以上の十分な検査はできない。 ④　**計算力**　疎通性が悪いので十分な検査はできない。一桁の足し算を尋ねると，質問に続けて勝手に脈絡のない数字を並べていく。 ⑤　**理解・判断力**　現在の首相の名前，衣服を洗濯しなければならない理由などの一般的な理解を尋ねると的確に回答する。しかし生菓子パンの買いだめについて「パンは蓄え……生命のみなもと……人はパンのみにて生くるものにあらず」と言い，生菓子パンでは腐るのではないかとの問いにも「パンは100年の保存食です」と答える。鑑定人の役割は「医者」と答えるのみであり，鑑定の実施についてはそれ以上の理解はないと思われる。自らの財産については「５億の収入がある，いつでも自由に使える」と答える。一見，理解力があるようにみえる部分もあるが，自らの置かれている状況や行動の説明はできず，とりわけ財産とその管理についての理解はほとんどなく，多分に妄想の影響下にある。 ⑥　**現在の性格の特徴**　現在は興奮や易怒性はみられず，おとなしい。 ⑦　**その他（気分・感情状態，幻覚・妄想，異常な行動等）** 　主治医丙野医師の話では，最近の精神状態は今回の問診時の程度でほぼ固定しているという。また，同医師によれば，ときおり聞き取れる本人の話を総合すると，自分が「国際的な組織」のメンバーであるということが妄想の中心となっているらしく，そのトップからの指示に従って本人は入院していると言うことがあるという。今回の問診でも，本人にその点について質問したが，疎通の悪さから，はっきりとした回答がないまま独語を始めていた。	○　財産を処分・管理する能力を判定する観点からの「理解」力が示されるように記載する。

	⑧　**知能検査，心理学的検査**　検査不要	
8　説明	本人は昭和58年ころに被害妄想，幻聴を主症状として発症し，昭和61年に病勢の増悪をみたため入院治療を受け，その後，感情の平板化などの陰性症状も示すようになっている。このような症状と経過によると，本人は統合失調症に罹患しており，現在はその慢性期にあると診断される（国際疾病分類第10版（ICD-10）によればF20.0「妄想型統合失調症」に該当する。）。	○　病歴についての要約と精神医学的診断を示している。
	本人は前記の症状を示しており，そのため，意思の疎通も困難であり，社会生活上状況に即した合理的な判断をする能力は欠落しており，自己の財産を処分・管理する能力はないものと判定できる。	○　自己の財産を処分・管理する能力についての考察である。
	本人の精神障害は，昭和61年以降進行しており，現段階では統合失調症の慢性期にあるが，長期間の治療にもかかわらず好転の兆しが見えないことから，その回復可能性は極めて低いと考えられる。	○　回復の可能性についての考察である。

以上のとおり鑑定する。

住所　東京都××区△△町○丁目○番○号

所属・診療科　B病院精神科

氏名　○　○　○　○　**印**

②認知症・後見開始の審判　　　　　　　　　　　　　　　　記載上の注意

1　事件の表示	東京　家庭裁判所 平成12年(家)　第××××号 〔後見開始の審判〕・保佐開始の審判　申立事件 (　　　　　　　　　　)	
2　本人	氏名　　乙　野　二　郎　　　㊚・女 M・T・Ⓢ・H　5　年　×　月　×　日生 (　70　歳) 住所 東京都○○区○○町×丁目×番××号	
3　鑑定事項及び鑑定主文	鑑定事項 ①　精神上の障害の有無，内容及び障害の程度 ②　自己の財産を管理・処分する能力 ③　回復の可能性 鑑定主文 ①　アルツハイマー型認知症を発病しており，知的能力はほとんどない。 ②　自己の財産を管理・処分することができない。 ③　低い。	○　鑑定事項に対応する形で記載する。
4　鑑定経過	受命日　平成12年5月25日 作成日　平成12年6月18日　所要日数25日 本人の診察 平成12年5月29日，本人入院中のA病院にて問診・検査実施 参考資料 A病院診療録 妻（乙野和子）の陳述 (平成12年5月28日) 弟（乙野三郎）の陳述 (平成12年6月10日)	○　いつ何をしたのかの概要と前後関係が分かる限度の記載でよい。
5　家族歴及び生活歴	(家族歴) 特記事項なし (生活歴) ○○県△△市にて生育。昭和8年に現住所地に一家が移り雑貨店を開き，中学卒業	

	後から雑貨店の仕事を継続。昭和31年に和子と結婚し，昭和59年に母が死亡してから現在まで和子と二人暮らし。 平成8年1月まで生活に問題なし。	
6　**既往症及び現病歴**	**既往症** 特記事項なし **現病歴** 平成8年1月　雑貨店の売上金を保管する金庫の置き場所を忘れるようになる。 同年5月　雑貨店でお釣りを出すとき計算ができなくなったり，扱っている品物の名前を忘れるようになる。 同年8月　夏であるにもかかわらずエアコンを暖房に設定し，エアコンが動かなくなったと言い出すようになる。 同年11月　隣町に住む弟の家に行った帰り，自宅までの帰り道が分からなくなることが多くなる。A病院に通院を始める。 平成9年4月　前記の金庫の置き場所を忘れ，見つからなくなったとき，妻が隠したとか盗まれたと言い出すようになる。 同年8月　知人の顔が分からなくなる。A病院に入院。アルツハイマー型認知症との診断。 同年12月　会話ができなくなり，話しかけても内容が理解できなくなる。 平成10年4月　寝たきりになる。	○　このような箇条書きの体裁でもよい。
7　**生活の状況及び現在の心身の状態**	**日常生活の状況** 寝たきりであるため，食事や排便など生活全般について介護が必要である。話しかけると反応はするが，言葉による受け答えができない。	○　精神医学的判断及び能力判定に影響する本人の問題状況が端的に示されるよ

	身体の状態 ①　**理学的検査** 肺炎を併発，膝を立てた状態のまま関節拘縮。 ②　**臨床検査（尿，血液など）** 異常なし ③　**その他** 頭部CTスキャン（平成９年８月Ａ病院で実施）の結果から，びまん性の脳萎縮が認められる。	うに，本人の日常生活の状況を記載する。 ○　鑑定受命前にＡ病院で実施された検査結果を利用している。
（7　生活の状況及び現在の心身の状態）	**精神の状態** ①　**意識／疎通性** 話言葉を通じて物事を理解し，表現することがほとんどできない。筆談その他の方法によっても，本人の意思表出を確認することは困難である。 ②　**記憶力** 年齢，経歴など答えられず。 ③　**見当識** 家族の名前，診察当日の日付，場所について答えられず。 ④　**計算力** ほとんどできない。 ⑤　**理解・判断力** 疎通が困難で，理解も極めて障害されていると判断される。 ⑥　**現在の性格の特徴** 特記事項なし ⑦　**その他（気分・感情状態，幻覚・妄想，異常な行動等）** 特記事項なし	

	⑧　**知能検査，心理学的検査** 長谷川式認知症スケール（HDS-R）4点（筆談を交えて実施）
8　**説明**	平成8年1月ころにアルツハイマー型認知症を発病したと考えられ，記銘力障害のほか，時や場所の見当識障害に始まり，人の見当識障害が加わり，重度の認知症に至る典型的な経過をたどった。 加えて自然言語は重度の障害があり，筆談によっても，極めて不十分なコミュニケーションしかできない状況にある。

以上のとおり鑑定する。

住所　　東京都▽▽区□□町×丁目○番×号

所属・診療科　　ABC 病院精神科

氏名　　○　▽　○　△　　**印**

③知的障害・保佐開始の審判

		記載上の注意
1　事件の表示	東京　家庭裁判所 平成12年（家）　第××××号 後見開始の審判・（保佐開始の審判）申立事件 （　　　　　　　　　　　）	
2　本人	氏名　　乙　山　花　子　　　㊚・女 M・T・Ⓢ・H 19 年 ○ 月 × 日生 （ 55 歳） 住所 東京都△□区○○町□丁目×番○×号	
3　鑑定事項及び鑑定主文	鑑定事項 ①　精神上の障害の有無，内容及び障害の程度 ②　自己の財産を管理・処分する能力 ③　回復の可能性 鑑定主文 ①　知的障害（中等度） ②　自己の財産を管理・処分するには常に援助が必要である。 ③　ないものと考えられる。	○　鑑定事項に対応する形で記載する。
4　鑑定経過	受命日　平成12年6月1日 作成日　平成12年6月30日　所要日数30日 本人の診察 平成12年6月12日及び同月19日，本人宅で診察 参考資料 甲病院診療録 兄（乙山太一）からの聴取結果（平成12年6月21日）	○　いつ何をしたのかの概要と前後関係が分かる限度の記載でよい。
5　家族歴及び生活歴	東京都△△郡××町（現○○市）で，雑貨店を営む両親の間に，3人同胞の第2子長女として出生した。両親は既に死亡。本人に結婚歴はない。 本人は，2歳の時原因不明の高熱を出し，その後発達の遅れが気付かれた。小中学校を通じて授業についていくことができなかった。中学卒業後，近所の食堂などで	

	働いたが長続きせず，20歳ころから父の指示で店番や簡単な品物整理などをして家業を手伝い，小遣いを得ていた。平成10年に父が死亡し，店をたたんだため無職となった。 　申立人によると，本人は，昭和60年，居酒屋で知り合った男性に「貸してほしい」と言われるままに金を渡すため，父が預金通帳を管理するようになった。しかし，本人は金融機関から100万円近く借金し，借用書もなしでその男性に渡していた。家族が気付いた時，本人は自分で返済するあてなど考えず，「いい人なので貸した」と言うばかりであった。そのうち男性は行方不明となり，父が借金の肩代わりをした。父の死後は，兄が従来の本人の預金通帳に加え，遺産で相続した土地建物の権利証等についても管理をする必要に迫られている。 　昭和52年７月26日（35歳時），東京都心身障害者福祉センターにて判定を受け，東京都から愛の手帳３度（知能指数が概ね35から49，身辺生活の処理が大体可能，知的能力としては，表示をある程度理解し，簡単な加減ができる程度）の交付を受けている。 　また，本人は，てんかんの発作を起こしたため，昭和40年から，てんかんの治療のため甲病院に通院している。抗てんかん剤の継続投与を受けており，その後は特に発作は起こしていない。脳波にも異常はない。	
6　既往症及び現病歴	**既往症** 　生活歴に併せて記載 **現病歴** 　生活歴に併せて記載	○　本事例の場合，既往症・現病歴は，生活歴と重なるので，このように記載して重複を避ける。
7　生活の状況及び現在の心身の状態	**日常生活の状況** 　父の死後は父名義の住宅に一人で暮らしている。近くに住む兄夫婦がしばしば様子を見に来て面倒を見ているが，身の回りの	○　精神医学的判断及び能力判定に影響する本人の問題状況が端

	ことは，食事も含め自分で行っている。入浴は，言われれば一人でできるものの，兄夫婦が促さないとなかなかしようとしない。鑑定人が自宅を訪問したときの様子では，自宅の中は足の踏み場もないほど物が散乱していたが，本人は，そのことを意に介するふうもなかった。 　預金通帳は父の死後いったん自分で管理することもあったが，すぐに紛失してしまったり，残高があるだけ払い戻してしまうことがあり，兄が管理している。自宅の土地建物の権利証についても，知り合って間もない知人から貸してほしいと言われて，貸しそうになり，以来，兄が管理している。 **身体の状態** 　①　**理学的検査**　異常なし 　②　**臨床検査（尿，血液など）**　異常なし 　③　**その他**　脳波（異常なし，平成3年5月，甲病院）	的に示されるように，本人の日常生活の状況を記載する。 ○　鑑定受命前の検査結果を利用している。
（7　生活の状況及び現在の心身の状態）	**精神の状態** 　①　**意識／疎通性** 　　日常会話に必要な言語は有しており，会話は可能であるが，複雑又は抽象的な内容にわたる会話は困難である。 　②　**記憶力** 　　氏名，住所，生年月日は正答できた。過去に起こった出来事についておおざっぱな記憶も保たれていた。しかし，鑑定人が分かりやすく話し，一度は復唱できたのに，短時間のうちにその話の内容を答えられなくなるなど，記銘力は標準より劣っている。 　③　**見当識**	

	対人的見当識，時間的見当識，場所的見当識ともに保たれている。 ④　**計算力** ２桁程度の加減算はできるが，かけ算やわり算はできない。 ⑤　**理解・判断力** 言葉を通じての理解は可能であるが，抽象的な事柄の理解は困難である。不動産登記が何を意味するのか説明できず，土地建物の権利証の重要性についての認識に乏しい。また，借金をして男性に渡したことについては，今でもだまされたとは思っていないと言う。 ⑥　**現在の性格の特徴** おとなしく，内向的 ⑦　**その他（気分・感情状態，幻覚・妄想，異常な行動等）** 特記事項なし ⑧　**知能検査，心理学的検査** 田中ビネー式知能検査総合DIQ＝45	○　財産を処分・管理する能力を判定する観点からの「理解」力が示されるように記載する。
8　説明	本人は，４歳のころから精神発達に遅滞が見られていること，田中ビネー式知能検査の結果，総合 DIQ＝45であったこと，昭和52年に，東京都心身障害センターで３度（中度）との判定を受けていること，その他本人の現在の精神の状態，特に疎通性の程度や，抽象的な思考ができないことによれば，本人は知的障害（中等度）と診断できる。 日常的な生活は一応自立しており，意思疎通も可能であるが，本人の知的障害は前記の程度であること，抽象的又は複雑な思考はできないこと，男性の言いなりとなって多額の借金をしてまで金銭を渡したことがあること，登記や権利証などの意味や重要性を理解していないことなどによれば，	○　精神医学的診断を示している。 ○　自己の財産を処分・管理する能力についての考察である。

	自己の財産を管理・処分するには常に援助が必要であると考える。 　脳波に特に異常はなく，治療も継続しているので，てんかんが精神症状に影響している可能性は認められない。本人の年齢（55歳）によれば，将来状態が回復する可能性はないものと考えられる。	○　回復可能性について，簡潔に記載する。

以上のとおり鑑定する。

住所　　東京都×□区△○町○丁目△番▽号

所属・診療科　　XYZ 病院精神科

氏名　　○　▽　×　□　　**印**

④認知症・保佐開始の審判

		記載上の注意
1　事件の表示	東京　家庭裁判所 平成12年（家）　第××××号 後見開始の審判・保佐開始の審判　申立事件 （　　　）	
2　本人	氏名　甲　川　美　子　　男・㊛ M・T・ⓈH　2　年　○　月　×　日生 （　73　歳） 住所 東京都△×区○□町×丁目○番□号	
3　鑑定事項及び鑑定主文	鑑定事項 ①　精神上の障害の有無，内容及び障害の程度 ②　自己の財産を管理・処分する能力 ③　回復の可能性 鑑定主文 ①　脳血管性認知症の中等症であり，知的能力に著しい障害がある。 ②　自己の財産を管理・処分するには常に援助が必要。 ③　回復の可能性は極めて低い。	○　鑑定事項に対応する形で記載する。
4　鑑定経過	受命日　平成12年7月7日 作成日　平成12年8月9日　所要日数34日 本人の診察 平成12年7月10日，本人宅，問診（約70分） 平成12年7月14日，鑑定人所属のE病院，検査 平成12年8月1日，本人宅，問診（約50分） 参考資料 D病院診療録 長男（甲川一郎）に対する面接聴取（平成12年7月10日）	○　いつ何をしたのかの概要と前後関係が分かる限度の記載でよい。
5　家族歴及び生活歴	本人は××県△△市の地主の家に5人同胞の第1子として出生した。生来，気丈な性格で成績も優秀であった。旧制女子高等学校を卒業後，東京で高校の教師をしてい	

	た甲川太郎と見合い結婚をして2子をもうけた。以後，専業主婦をしていたが，昭和60年に夫が心筋梗塞で死亡してからは独居。現在は所有するアパートの一室に住み，家賃収入（月25万円程度）で生活を賄っている。現在の資産は所有のアパート（築30年）と300万円程度の貯金のみである。家族歴としては精神科疾患の負因は認められない。
6　既往症及び現病歴	**既往症** 昭和57年（55歳時）に高血圧を指摘され，以降，D病院内科で通院治療。その他，特記すべき事項はない。 **現病歴** 本人は平成4年1月23日に家で倒れ，D病院で脳梗塞と診断された。意識は直後から回復。入院治療を受け，右側上下肢の腱反射に軽度の亢進が見られる以外に明らかな後遺症は残さなかった。以後は現在までD病院で既往歴にある高血圧の治療と平行して降圧剤，血小板凝集抑制剤，脳代謝賦活剤の投与を受けている。現在までの間に明らかな脳梗塞の発作のエピソードや神経学的所見上での症状の悪化は指摘されていない。 平成8年夏，本人はテレビの通信販売で掃除機を買い求めたが，送られてくるまでの間に購入したことを忘れ，別の掃除機を購入し，息子がクーリングオフの手続をしたことがあった。以降，息子が，徐々に，本人の健忘や性格変化に気付くようになった。本人も物忘れを気にするようになり，平成9年1月には大切なものをなくさないようにと，本人の希望で通帳と実印を貸金庫に保管したが翌月にはそのことを忘れて「なくなった，盗まれた」と言い家中を捜し回った。平成9年9月には元本保証と高配当をうたった戸別訪問による投資詐欺にあい，預託金100万円を損失した。平成10年までは確定申告も自分でできていたが平成11年には書類に誤りが多く，結局，息子がこれを作成した。平成11年5月には新聞

	を契約したことを忘れていて４社同時に契約が重なった。 なお平成８年４月14日のＤ病院でのＣＴ所見では，初回入院時のものと比較して梗塞巣が広範囲になっていることが指摘されている。	
7　生活の状況及び現在の心身の状態	**日常生活の状況** 本人は独居し，日常の衣食住に関して問題なし。面接時の礼節も整っており，日用品の購入についてもおおむね障害なく行っている。預託金詐欺事件以来，現金の出し入れは息子が行い，彼が本人の財布に週ごとに約１万円の生活費を入れている。アパートの管理は本人が取り仕切っているが，アパートの外階段が一部壊れ，平成10年５月に借主の子どもがけがをしたので，借主が修理依頼を繰り返したが，「子どものしつけが悪い」と言って１年間にわたり放置した。セールスで訪れた業者に本人が階段修理をさせたところ，業者から380万円を請求された。工事費用が高額であることに息子が気付き，別の業者に見積もりを出したところ同種の工事内容で100万円であったため，現在係争中である。	○　精神医学的判断及び能力判定に影響する本人の問題状況が端的に示されるように，本人の日常生活の状況を記載する。
（7　生活の状況及び現在の心身の状態）	**身体の状態** ①　**理学的検査**　腱反射に左右差あり ②　**臨床検査（尿，血液など）**　異常なし ③　**その他**　鑑定時のＣＴ検査所見では前・側頭葉中心に多発梗塞巣が散在し，脳萎縮も見られる。Ｄ病院での平成４年１月23日及び平成８年４月14日の所見と比較すると，経時的に梗塞巣の範囲が広がり，脳萎縮の程度も高度になっていることが分かる。 **精神の状態** ①　**意識／疎通性** あいさつや鑑定人からの質問に答えることができる。話は迂遠，冗長であり，話題が別に移りがちである。特に息子の嫁が自分に冷たいとこぼす話題	○　鑑定受命前の検査結果を利用している。

に終始する。

② **記憶力**

氏名，住所，生年月日は正答。夫の死亡年齢も覚えている。しかし，同胞の氏名と子どもの氏名を混同する。

③ **見当識**

場所は正答。日時については月日は正答するが，年は回答できず。

④ **計算力**

１桁の足し算は正答。HDS-R では100から７を引くことはできるが，それ以上進めると，誤答して「数学は苦手」と言った。

⑤ **理解・判断力**

全体を通じて質問に応じた回答をするので一見，理解が良いような印象を受ける。しかし理解内容を検討するとそれは著しく損なわれていることが分かる。すなわちアパートの修理については「必要がないのに息子が言うから修理を頼んだ」と言う。借主の子どもがけがをしたことや借主からの苦情についても本人は意に介さず，修理をしなければ危険であったという認識もない。自分の資産の総額を把握しておらず通常の金利がどの程度あるかということも理解していない。修理費用の380万円も業者の言うままに契約をしたようであり，その内訳や支払の見通しもうまく説明できない。

○　財産を処分・管理する能力を判定する観点からの「理解」力が示されるように記載する。

⑥ **現在の性格の特徴**

息子によれば，もともとは社交的で世話好きであり，「親切な大家さん」として入居者にも親しまれていたが，2年ほど前から「頑固さ」が目立つようになり入居者とのトラブルが増えたという。今回の問診でも気難しさが目立った。

⑦ **その他（気分・感情状態，幻覚・妄想，異常な行動等）**

上記のような状態について，平成12年７月14日に鑑定人の所属するＥ病院

	で検査を実施しつつ，同年８月１日にも再度，本人宅で問診を実施して，再度評価したところ，これが特に変動するものではないことが確かめられた。息子の話でも状態像に大きな変動はないということであった。 ⑧　**知能検査，心理学的検査** 長谷川式認知症スケール（HDS-R）で13点
８　**説明**	本人は平成４年１月23日に脳梗塞の発作を起こして倒れている。その後目立った後遺症はみられなかったが，平成８年ころより健忘症状と性格変化を呈するようになってきた。このような症状と経過によると，本人は脳血管性認知症に罹患しており，その程度は中等症であると診断される（国際疾病分類第10版（ICD-10）によればF01.3「皮質および皮質下混合性血管性認知症」に該当する。）。これは，せん妄のような一過性で症状の程度に変動の著しい障害，あるいはうつ状態における仮性認知症のような回復可能性の高い障害によるものではない。 本人は前記の症状を示しており，意思の疎通はほぼ可能であるが，社会生活上状況に即した合理的な判断をする能力は低下しており，自己の事務を処理する能力は著しく障害されているものと判定できる。 本人の精神障害は現段階では認知症の中等症の程度にあるが，平成４年１月以降それは徐々に進行しており，回復可能性は極めて低いと考えられる。

以上のとおり鑑定する。

住所　東京都×□区△○町○丁目△番▽号

所属・診療科　Ｅ病院精神科

氏名　○　×　△　□　**印**

■資料2■　鑑定書記載例（要点式）

（認知高齢者・後見開始の審判）（最高裁判所事務総局家庭局「成年後見制度における鑑定書式《要点式》」より）

	記載ガイドライン
東 京　**家庭裁判所**　　**支部** **平成18年(家)第××××号　後見開始の審判　申立事件**	○事件番号を記載する。
氏名　丙 田 和 子　　□**男** ☑**女** □**明** □**大** ☑**昭** □**平** 2 **年**○**月**○**日生**（ 78 **歳**） **住所**　東京都△△区□□町○丁目△番□□号	○被鑑定人（本人）の人定事項を記載する。 ○年齢は鑑定書作成時のものを記載する。
鑑定事項及び鑑定主文	
鑑定事項 **①精神上の障害の有無，内容及び障害の程度** **②自己の財産を管理・処分する能力** **③回復の可能性** **④その他（　　　　　　　　）**	○鑑定事項は①から③が通常であるが，別途裁判所が④としてその他の事項を指定する場合もある。
鑑定主文 ☑**①につき，精神上の障害(**□**認知症**　□**その他**　　　　**)** **があり，その程度は重い。** **②につき，自己の財産を管理・処分することはできない。** **③につき，回復の可能性は低い。** □**次のとおり**	○「次のとおり」をチェックする場合，鑑定事項に対応して以下の事項を記載する。 ①診断名，障害の程度 ②自己の財産を管理・処分することが「できない」，「常に援助が必要」，「援助が必要な場合がある」，「できる」のいずれに該当するか ③回復の見込みの有無

鑑定経過	
本人の診察 **実施日**：平成18年６月28日 **場　所**：特別養護老人ホームＡ園 **内　容**：☑**問診**　□**検査**　□**その他**（　　　　　　　　） **参考資料**　当院診療録，Ａ園ケースワーカー作成の記録	○診察を複数回実施した場合には，適宜その日時も書き込む。 ○参考にした資料を挙げる。
既往歴及び現病歴等	
学歴・婚姻歴・職歴等：□**参考事項なし**　☑**参考事項あり** 婚姻し３人の子をもうけ，55歳ころまで就労	○学歴・婚姻歴・職歴等は，必要に応じて確認した範囲内で，特に参考にした事項を記載する。
既往症：☑**特記事項なし**　□**特記事項あり**	○精神上の障害に関係のない疾患の既往症は記載しない。
現病歴 平成15年１月　物忘れが目立つようになり，当院を受診，診察及び脳ＣＴ検査にて認知症と診断される。 平成17年２月　夜間に妄想状態となることが多くなり，外出時に迷子になることも目立つようになる。 平成17年８月　特別養護老人ホームＡ園に入所	○現病歴には，現在の精神上の障害の発現時期，経過，内容及び程度，人格変化と異常行動の有無等を簡潔に記載する（箇条書きでもよい）。
その他：☑**特記事項なし**　□**特記事項あり**	○その他，精神医学的診断及び能力判定に特に関係のある特記事項があれば，簡潔に記載する。
生活の状況及び現在の精神の状態等	
日常生活の状況：☑**全介助**　□**その他**	○精神医学的診断及び能力判定に

身体の状態

① **理学的検査：☑特記事項なし　□特記事項あり**

② **臨床検査：☑特記事項なし　□特記事項あり**

③ **その他**

脳CT検査（平成15年１月当院で実施）の結果から，脳萎縮が認められた。

精神の状態

① **意識／疎通性**

□意思疎通不可

☑ごく簡単な内容の会話のみ，時折成り立つ。

② **記憶力**

☑自己の年齢（☑回答不可　□回答可）

☑年齢は24歳と誤答。自己の経歴についても回答不可である。

③ **見当識**

☑日時（☑回答不可　□回答可）

☑場所（☑回答不可　□回答可）

☑家族の名前についても回答不可。障害は重篤である。

④ **計算力**

□計算は全くできない。

☑ほとんどできない。

⑤ **理解・判断力**

☑理解不能

□

⑥ **知能検査，心理学的検査**

☑ＨＤＳ－Ｒ　３点　□その他の検査（　　　　　　）

⑦ **その他**

☑特記事項なし

□

説　明

平成15年ころにアルツハイマー型認知症を発病し，現在は記憶障害，日時・場所の見当識障害等があり症状は重篤である。自立した経済活動は困難である。

影響する本人の問題状況が端的に示されるように，必要に応じて，本人の日常生活の状況（日常生活動作，経済活動，社会性など）について簡潔に記載する。

○検査不要，検査不能，検査を実施して異常所見がない場合のいずれも「特記事項なし」をチェックする。

○下段のチェック欄には，上段のチェック欄（「□意思疎通不可」など）に当てはまらない場合やそれ以外の項目について記載すべき場合にその内容を記載する。また，上段のチェック欄を補充する内容を記載してもよい。

○「既往歴及び現病歴等」及び「生活の状況及

び現在の精神の状態等」を踏まえ，鑑定主文を導く根拠を簡潔に説明する。

平成18年6月30日

以上のとおり鑑定する。

住所　東京都△△区□□町×丁目○番△△号

所属・診療科　○×クリニック・内科　**氏名**　○　○　○　○　**印**

■資料3■　任意後見契約代理権目録（例）

日本公証人連合会編『新版　証書の作成と文例　家事関係編〔改訂版〕』175頁～176頁より

代理権目録（任意後見契約）

1　土地、建物、預貯金、動産等全ての財産の保存・管理及び処分に関する事項
2　銀行等の金融機関、証券会社、保険会社等との全ての取引に関する事項
3　定期的な収入の受領、定期的な支出を要する費用の支払に関する事項
4　生活に必要な送金、物品の購入、代金の支払、その他日常関連取引（契約の変更・解除を含みます。）に関連する事項
5　医療契約、入院契約、介護契約（介護保険制度における介護サービスの利用契約、ヘルパー・家事援助者等の派遣契約を含みます。）、その他の福祉サービス利用契約、福祉関係施設入退所契約に関する事項
6　要介護認定の申請及び認定に関する承認又は審査請求に関する事項
7　シルバー資金融資制度等の福祉関係融資制度利用に関する事項
8　登記済権利証・登記識別情報、実印・銀行印、印鑑登録カード、住民基本台帳カード、個人番号（マイナンバー）カード、個人番号（マイナンバー）通知カード、預貯金通帳、キャッシュカード、有価証券・その預り証、年金関係書類、健康保険証・介護保険証、その他の土地・建物賃貸借契約書等の重要な契約書類の保管及び各事務処理に必要な範囲内の使用に関する事項
9　居住用不動産の購入及び賃貸借契約並びに住居の新築・増改築に関する請負契約に関する事項
10　登記及び供託の申請、税務申告、各種証明書の請求に関する事項
11　遺産分割の協議、遺留分減殺請求、相続放棄、限定承認に関する事項
12　配偶者、子の法定後見（補助・保佐・後見）開始の審判申立てに関する事項
13　新たな任意後見契約の締結に関する事項
14　以上の各事項に関して生ずる紛争の処理に関する事項（弁護士に対する民事訴訟法第55条第2項の特別授権事項の授権を含む訴訟行為の委任、公証証書の作成嘱託を含みます。）
15　復代理人の選任、事務代行者の指定に関する事項
16　以上の各事項に関連する一切の事項

(注)　任意後見契約の代理権目録は、委任事項をやや具体的、個別的に記載した例であり、事項は多いが、不要なものは削ることが予定されている（同書174頁）。

■資料４■　後見制度支援信託の概要

家庭裁判所では、平成23年に、後見制度支援信託を導入することとし、平成24年から、信託銀行等により上記信託のための信託商品が提供された。現在、この信託を利用するに適した事案を選択して運用されているので、その概要としくみを紹介する。

①　後見制度支援信託の概要

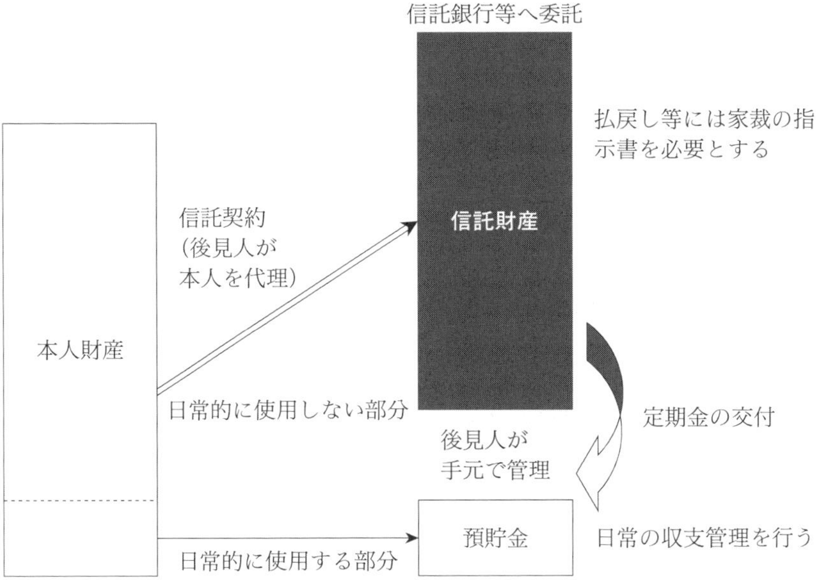

浅香竜太ほか「後見制度支援信託の目的と運用」金法1939号35頁図表７

②　後見制度支援信託のしくみ

＜信託契約締結時＞

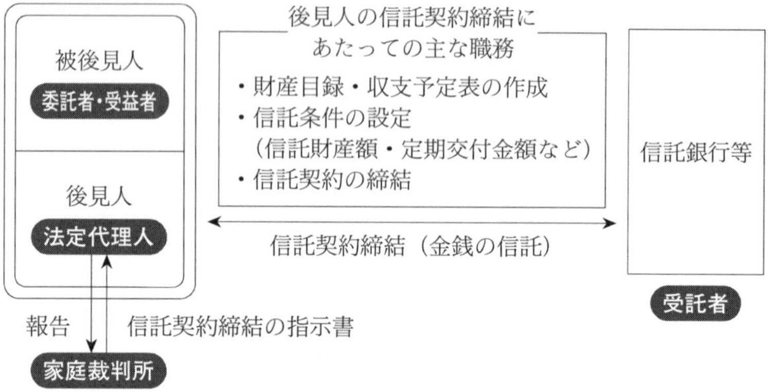

＜信託期間中・信託終了時＞

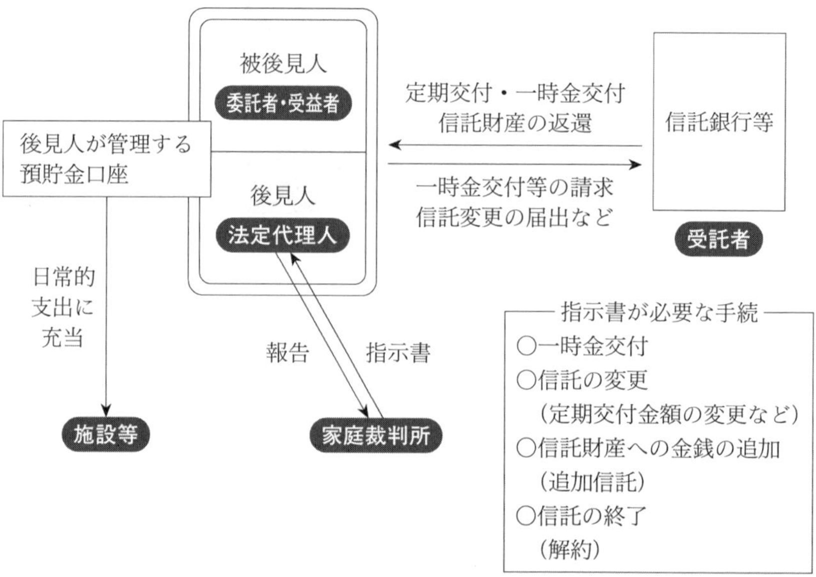

寺本恵「後見制度支援信託の概要」金法1939号44頁図

■資料5■　成年後見人等の報酬額のめやす（東京家庭裁判所）

平成25年1月1日
東　京　家　庭　裁　判　所
東京家庭裁判所立川支部

1　報酬の性質

家庭裁判所は、後見人及び被後見人の資力その他の事情によって、被後見人の財産の中から、相当な報酬を後見人に与えることができるものとされています（民法862条）。成年後見監督人、保佐人、保佐監督人、補助人、補助監督人及び任意後見監督人についても、同様です。

成年後見人等に対する報酬は、申立てがあったときに審判で決定されます。報酬額の基準は法律で決まっているわけではありませんので、裁判官が、対象期間中の後見等の事務内容（財産管理及び身上監護）、成年後見人等が管理する被後見人等の財産の内容等を総合考慮して、裁量により、各事案における適正妥当な金額を算定し、審判をしています。

専門職が成年後見人等に選任された場合について、これまでの審判例等、実務の算定実例を踏まえた標準的な報酬額のめやすは次のとおりです。

なお、親族の成年後見人等は、親族であることから申立てがないことが多いのですが、申立てがあった場合は、これを参考に事案に応じて減額されることがあります。

2　基本報酬

(1)　成年後見人

成年後見人が、通常の後見事務を行った場合の報酬（これを「基本報酬」と呼びます。）のめやすとなる額は、月額2万円です。

ただし、管理財産額（預貯金及び有価証券等の流動資産の合計額）が高額な場合には、財産管理事務が複雑、困難になる場合が多いので、管理財産額が1000万円を超え5000万円以下の場合には基本報酬額を月額3万円～4万円、管理財産額が5000万円を超える場合には基本報酬額を月額5万円～6万円とします。

なお、保佐人、補助人も同様です。

(2)　成年後見監督人

成年後見監督人が、通常の後見監督事務を行った場合の報酬（基本報酬）のめやすとなる額は、管理財産額が5000万円以下の場合には月額1万円～2万円、管理財産額が5000万円を超える場合には月額2万5000円～3万円とします。

なお、保佐監督人、補助監督人、任意後見監督人も同様です。

３　付加報酬

成年後見人等の後見等事務において、身上監護等に特別困難な事情があった場合には、上記基本報酬額の50パーセントの範囲内で相当額の報酬を付加するものとします。

また、成年後見人等が、例えば、報酬付与申立事情説明書に記載されているような特別の行為をした場合には、相当額の報酬を付加することがあります（これらを「付加報酬」と呼びます。）。

４　複数成年後見人等

成年後見人等が複数の場合には、上記２及び３の報酬額を、分掌事務の内容に応じて、適宜の割合で按分します。

以上

執筆者（第二版・第三版）

坂野　征四郎（さかの　せいしろう）
弁護士・虎ノ門法律経済事務所
〔事務所所在地〕
虎ノ門法律経済事務所
〒105-0003　東京都港区西新橋１-20-３　虎ノ門法曹ビル９階
TEL：03-5501-2461　FAX：03-5501-2479

執筆者（初版）

（当時の所属）

坂野征四郎
さいたま家庭・地方裁判所川越支部判事（前東京家庭裁判所後見センター判事）

古谷健二郎
長野地方・家庭裁判所佐久支部判事（元東京家庭裁判所後見センター判事補）

市川　智祥
横浜家庭裁判所訟廷管理官（前東京家庭裁判所後見センター主任書記官）

小木　知一
静岡家庭裁判所訟廷管理官（前東京家庭裁判所後見センター主任書記官）

福本　　修
最高裁判所事務総局秘書課課長補佐（前東京家庭裁判所後見センター主任書記官）

津川　健美
千葉家庭裁判所八日市場支部書記官（前東京家庭裁判所後見センター書記官）

松島　克宏
知的財産高等裁判所書記官（前東京家庭裁判所後見センター書記官）

鈴木　基良
東京地方裁判所書記官（前東京家庭裁判所後見センター書記官）

書式　成年後見の実務〔第三版〕

平成31年３月22日　第１刷発行
令和３年５月31日　第２刷発行

定価　本体3,800円＋税

著　者　坂野　征四郎
発　行　株式会社　民事法研究会
印　刷　藤原印刷株式会社

発行所　株式会社　民事法研究会
〒150-0013 東京都渋谷区恵比寿3-7-16
〔営業〕TEL 03(5798)7257　FAX 03(5798)7258
〔編集〕TEL 03(5798)7277　FAX 03(5798)7278
http://www.minjiho.com/　　info@minjiho.com

落丁・乱丁はおとりかえします。
カバーデザイン／袴田峯男　　ISBN978-4-86556-256-9　C3332　¥3800E